金融营销应用型专业人才培养用书

# 金融营销应用型本科教学改革创新理论与实践

王晓光　徐小龙　主编

中国财富出版社

**图书在版编目（CIP）数据**

金融营销应用型本科教学改革创新理论与实践／王晓光，徐小龙主编．—北京：中国财富出版社，2018.8

（金融营销应用型专业人才培养用书）

ISBN 978－7－5047－6663－2

Ⅰ.①金…　Ⅱ.①王…　②徐…　Ⅲ.①金融市场－市场营销学－教学改革－研究　Ⅳ.①F830.9

中国版本图书馆 CIP 数据核字（2018）第 110291 号

**策划编辑**　郑欣怡　　**责任编辑**　邢有涛　王伟莹
**责任印制**　尚立业　　**责任校对**　孙丽丽　　**责任发行**　敬　东

---

| | | | |
|---|---|---|---|
| **出版发行** | 中国财富出版社 | | |
| **社　　址** | 北京市丰台区南四环西路 188 号 5 区 20 楼 | **邮政编码** | 100070 |
| **电　　话** | 010－52227588 转 2048/2028（发行部） | | 010－52227588 转 321（总编室） |
| | 010－68589540（读者服务部） | | 010－52227588 转 305（质检部） |
| **网　　址** | http://www.cfpress.com.cn | | |
| **经　　销** | 新华书店 | | |
| **印　　刷** | 北京九州迅驰传媒文化有限公司 | | |
| **书　　号** | ISBN 978－7－5047－6663－2/F·2887 | | |
| **开　　本** | 710mm×1000mm　1/16 | **版　　次** | 2018 年 8 月第 1 版 |
| **印　　张** | 16.5 | **印　　次** | 2018 年 8 月第 1 次印刷 |
| **字　　数** | 270 千字 | **定　　价** | 56.00 元 |

---

# 前　言

为引导上海市属本科高校主动适应国家和地方的经济社会发展需求，上海市自2014年开始每年组织遴选一批本科专业进行改革试点和建设，改革试点工作主要围绕应用型人才培养目标，实施专业综合改革，创新人才培养模式，提高人才培养质量等方面。上海立信会计金融学院（原上海金融学院）工商管理学院的市场营销（金融营销）专业入选了2014年的首批上海市应用型本科试点专业。学院以此为契机，围绕应用型人才培养目标，实施专业综合改革试点，积累试点专业建设的有效经验和实践成果，形成应用型本科专业建设标准和教学规范，引领相关专业的改革建设不断深化。

本教学改革成果论文集是我院市场专业教师在市场营销（金融营销）应用型本科试点专业建设过程中所做的深入思考和探索。全书收集了多位老师的教学改革心得，并由王晓光校长进行总体设计编撰，市场营销专业全体教师也参加了本书的编写和校对工作，在此对参与本书工作的教师表示深深的谢意。

本书编写过程中参考了国内外市场营销（金融营销）研究与实践总结的大量成果，虽在参考文献中已尽量列出，但也难免遗漏，望各位读者多加指正。在此对这些成果的作者一并表示衷心的感谢，并对本书编辑的辛勤劳动表示崇高的敬意。

编　者

2018年5月8日

# 目录

Contents

# 应用型本科金融营销专业“双师型”师资队伍建设的研究与实践

谢 萌

**摘 要：** 应用型本科是对新型的本科教育和新层次的高职教育相结合的教育模式的新探索。在这个探索的过程中，涉及培养内容的变革、教学计划的调整以及教师队伍的培养和建设。其中，建设和发展“双师型”教师队伍显得尤为关键。但由于现存体制下的各种个人、企业以及政府的问题，导致“双师型”教师队伍建设困难和挑战重重。本文针对这些问题，提出了在应用型本科金融专业的建设中，如何培养“双师型”教师并提出激励方案。

**关键词：** 应用型本科 金融营销 “双师型”

目前，中国的高等教育正处在全面深化的综合改革阶段。为了加快转型发展、提升内涵质量，迫切需要深入推进高等教育布局调整和结构优化，不断提高高等学校的办学质量、效益和水平。

上海市为了适应新形势、新需求和新挑战，引导并激发高校更好地服务于国家战略，服务于上海及区域经济的社会发展，积极构建了科学合理的高等教育分类管理体系，形成政府统筹高等教育发展。根据《上海高等教育布局结构与发展规划（2015—2030 年）》，上海市将会尽快形成高校分类管理体系。按照人才培养的主体功能和承担科学研究类型等差异性，将高校划分为“学术研究、应用研究、应用技术和应用技能”四种类型；按照主干学科门类（本科与研究生）或主干专业大类（专科）建设情况，将高校划分为“综合性、多科性、特色性”三个类别。其中“应用研究型”高校以培养“应用研究”与开发人才为重点，可授予博士、硕士和学士学位，学校以“多科性”“特色性”为主。“应用技术型”高校以培养专业知识和技术应用人才为主体，一般可授予专业研究生和学士学位，学校布局面向行业以“特色性”或“多科性”为主。“应用技能型”高校主要培养专科层次的操作性专业技能人才，学校面向行业、职业以“特色性”为主。其中应用型本科是对新型的本科教育和新层次的高职教育相结合的教育模式的探索。

2015 年上海首批在市属高校试点 26 个专业，并公布了相关政策来探索应用型本科的模式。其中应用型专业建设任务主要包括人才方案的制订、课程体系的构建、教学方法的改革、打造特色师资队伍以及形成校企联合运行机制。

上海金融学院的金融营销专业也是这 26 个试点之一。和一般的专业不同，金融营销专业培养的学生既要有很强的实践能力，同时也需要有扎实的理论基础。虽然定义为“应用型”专业，但金融行业本身的特点决定了学生若是对金融行业有未来的职业发展规划，就必须通过严谨的理论培训而实现。这就对整体的教学计划、培养方案、师资培训等有了新的要求。这不仅涉及培养方案的修改、教学计划的制订、课程的设置，还包括最紧迫也最为重要的师资队伍的培养，而其中最为重要的就是“双师型”教师的培养。

本文重点要讨论的就是针对应用型本科金融营销专业如何去培养“双师型”师资队伍以及在培养过程中的激励方式。

## 一、“双师型”教师及教师队伍的定义和特点

对于“双师型”教师，目前学术界有多种解释。从外延上看，就是教师本人既有教师任职资格证书，又有相关职业资格证书；从内涵上看，就是教师既应该有一个教师的职业素养和专业水平，又有从事其他行业的职业素质。本文重点讨论的是内涵意义上的“双师型”教师。

“双师型”教师队伍包括两个层面的内涵：一个是个体层面的“双师型”教师队伍，即传统意义上的教师；另一个是整体层面的“双师型”教师队伍，

即在教师队伍既有专业教师又有企业一线的兼职教师。对于应用型本科院校而言，建立一支“专兼”结合、素质优良、结构合理的“双师型”教师队伍，是解决未来应用型院校发展的重要途径。

## 二、目前“双师型”教师的基本情况和培养中存在的普遍问题

“双师型”教师的概念其实在2001年就已经提了出来。当时，“双师型”教师主要是针对高职院校。因为高职院校的定位就是培养具有实际操作能力的学生，因此教师有一定的企业工作经验会对学生的培养方法有更明确的导向作用。高职院校对这些教师的培训都有一整套体系。但随着上海市推出的应用型本科教育的发展，本科阶段培养学生的目标也开始更注重学生实际动手能力和将理论运用到实践中的能力。但这些高校的教师原本更注重的是科研能力，因为高校的职称系统就是按照教师的科研能力来评价和考核的。教师要从科研转向“双师型”会存在很多实际的问题。而且高校对教师的聘任机制都要求对方具备高学历，导致了很多有丰富行业从业经验的人才无法进入高校体系。这些问题主要表现在以下几个方面：

（1）从个人角度而言，专业教师如果需要有一定的行业从业经验，就必须到企业进行锻炼。可是下企业锻炼需要众多支撑条件，既要有学校的支持又需要企业的配合，还需要专业教师自身意识的提高。对于大学专业教师而言，无论从评职称还是获得提拔，教育系统内部看中的都是该教师的科研能力，例如发表的文章、结项的课题或是主持研究的数量。到企业去接受培训不但会分散其科研的精力，还会导致专业教师和学校相关工作的脱节。职称的评定年限也有可能延后。这些都是非常现实的问题。

（2）从学校角度而言，目前上海大多数院校的教师主要来自“学术研究型”高校培养出来的硕士、博士研究生，缺乏相关企业的实践经验，这些教师中大部分人只能算作纯粹的专业理论教学者。一方面，现在高校引进人才的学历和职称门槛越来越高，有着丰富企业实践经验的人员经常因学历和职称等因素被拒之门外。这些因素都对师资队伍的整体结构建设不利。另一方

面，上海市属各高校的编制一直非常紧缺。很多一线教师都是承担着多门课程的讲授工作。在这种面临专业教师数量普遍不足的背景下，再要选送部分教师前往企业去实践锻炼，会进一步加剧师资短缺的情况，从而导致无法顺利完成教学任务。而且如果专业教师在企业锻炼之后，被企业的高薪所吸引，毅然放弃教师的工作投向企业，这对高校来说又是师资的流失。所以，目前有一些高校的做法是安排教师在暑假期间到企业去培训，可这又导致了教师无法真正投入到企业中，达不到培训的目的。

（3）从企业角度而言，企业本身就是以盈利为目的的社会组织。追求合理的利润是企业的主要目的。接纳高校教师前来企业进行顶岗锻炼，表面上看能给企业增加人力资源，但在企业眼里，由于是短期的顶岗锻炼、具有一定的学习性质，往往很难将教师真正当作企业的员工来对待，从而在管理上、工作安排上、任务考核中放低要求。大多数老板对“校企”合作开展项目研发以及教师到企业顶岗锻炼，对企业员工进行培训、增强员工素质等方面心存疑虑。再者，由于金融行业本身的安全性、技术性和私密性，企业也不会将教师安排在核心岗位，交代重要的工作任务。很多情况下还会将教师安排在一般的、与核心工作无关的工作岗位，较少让教师接触到企业的核心部分。这样一来，身处企业的教师其实根本没有得到锻炼的机会，也无从谈实践能力的提升了。

（4）从政府的角度而言，目前虽然一直在推进应用型本科的转型，但在政策上并未有同步的措施和政策。目前，企业参与教师下企业锻炼的内在需求不足的困境就与政府部门缺乏相应的财政或税收方面的激励政策，不能有效地调动企业主动吸纳教师的积极性有关。奖励和惩处配套政策的缺失使得企业在职业教育上承担的责任成为空谈。

## 三、应用型本科金融营销专业的特点以及所需要培养的师资的要求

金融营销专业是一个非常注重实际操作能力同时又需要有扎实理论基础的专业。上海市作为国际金融中心，在全球经济一体化大背景下金融业的竞

争不断加剧，从而对金融从业人员的素质也提出了更高的要求。这个专业就是为了培养金融一线从业人员而设立的。因为该专业属于应用性很强的专业，专业教师在授课的过程中不但需要有极强的专业水平，更需要有相关的从业经验。在培养学生的过程中，必须有实践的环节帮助学生学会具体问题具体分析，要求学生针对案例现场撰写出某类产品的营销策划书；或是带动学生进行不同年龄、不同性别、不同知识背景的消费者购买行为有何不同等具体问题解析，授课方法主要采取结合讨论、分析为主，但是也需要结合之前的知识点进行对比分析。专业教师要做到这一点，应当具有在金融一线前沿的工作经验。学生在与客户推荐产品、具体参与金融产品的营销与策划过程中才能真正感受到难点与重点，对学生的培养才能有的放矢。这些教师必须通过去保险公司、证券机构、银行系统的一线岗位学习，勇于参与实际操作，总结经验，才能结合当前的热点金融产品看到新问题，接触到主流、前沿的金融产品信息与营销手段，同时也可以有效规避可能存在的金融风险，在设计、研发金融产品时少走弯路。有从业经验的教师还能够为学生在就业问题上提供帮助或者提供更具针对性的指导。由于“双师型”教师对企业实际情况比较熟悉，因此，他们可以为学生提供更贴近实际、更具实用性的求职和职业规划指导，能帮助学生较快地适应社会。相对于大部分“三门”（家门—学校门—教师门）教师而言，“双师型”教师对企业的人力资源等相关制度更为熟悉，从而为学生提供具有针对性和可操作性的求职指导，使学生在就业竞争上更具信心和实力。

## 四、“双师型”师资队伍的培养方法和模式

由于“双师型”教师对于应用型本科金融营销专业学生培养的重要性，学校应大力发展“双师型”的队伍。概括来说有两方面，一方面是“走出去”，即积极选送专业教师到企业挂职锻炼或顶岗培训，增加实践经验；另一方面是“请进来”，即从企业招聘有丰富实践经验的人，经过教育心理学与教学方法的学习，充实到专业教师的队伍中。具体主要有以下几种措施和方法。

### （一）调整工作自主权，给予教师更大的工作弹性

“双师型”教师作为应用型本科院校改革的中坚力量，他们的工作范围与之前的专业教师有所不同，培养学生的目标也有差异，对教师本身的要求也更高。因此，学校的工作规划、绩效评估、工作的职责范围、工作的业务流程都要进行相应的调整，给予“双师型”教师更大的工作自主权和宽松的工作环境，使他们有一种被信任感和成就感。这里的自主权包括相对充分的授权以及工作方式和工作时间的灵活性。相对充分的授权意味着在专业范围内给予极大的自主权，给予其充分的学术自由的空间。更加弹性的工作方式和合作授课等授课方式，可以让教师灵活安排授课时间。使“双师型”教师容易从企、事业单位获得兼职的机会，能更好地发挥他们专业领域内的经验和教学手段，并且还能够激发其灵感，提升其科研能力。

### （二）改良现有的职称评定标准以及引进人才标准

目前，应用型本科院校的“双师型”教师和普通教师在职称评定上采用的是同一标准，仍然是以科研作为主要的考核条件，这样就不利于应用型本科推行“双师型”教师培养。院校应该考虑将“双师型”教师的职称评定和普通专业教师的职称评定区分开来，进行单列，制定与应用型本科人才培养模式相适应的教师考核标准，缩减教学和科研工作量，增加为企业服务的经历和在企业参与技术应用、新产品开发、社会服务、创造经济效益等考核指标内容。引导和鼓励教师下企业实践锻炼，并将教师在聘期内有不少于1年的下企业经历作为高级职称评定的必要条件，以此鼓励教师为企业和社会服务。同时，在招聘专业教师的环节，适当降低学位上的要求，以从业年份、从业经历等方面来衡量对方的能力，吸收更多的具有一线从业经验的人才加入到专业教师队伍中。

### （三）构建“企业派”教师和“学院派”教师的一对一组合

将教研室教师中来自企业的“企业派”教师与直接来自高校的“学院派”教师形成一对一的搭档，致力于相同的研究方向和研究领域。这样“企

业派”的教师可以将丰富的工作经历、工作经验及解决实际问题的能力与“学院派”教师扎实巩固的理论基础、教学经验及教学方法与技巧相融合，从而使得“企业派”教师重拾理论知识、积累并借鉴教学经验、掌握多种教学方法、提高教学技巧；“学院派”教师则能充分了解工作的要求、锻炼和提高实践能力，最终建设成“企业派”教师和“学院派”教师均具备“双师”素质的“双师”团队。在操作中，可以由“企业派”教师与“学院派”教师承担不同班级相同的课程，在课程教学大纲的编制、课程授课计划的制订、课程内容的选取和课程的教学设计、课程备课及授课中互相交流沟通、统一协作、共同完成。另外，“企业派”教师与“学院派”教师承担相同领域的不同课程，在课程资料的开发和课程的教学设计中相互建议和审核。除此之外，还可以双方共同制订人才培养方案，共同开发职业岗位标准和制定专业教学标准。通过开发职业岗位标准，可以明确专业的培养目标，即为企业培养什么人。制订的专业教学标准，包括人才培养标准与要求（学制、招生对象、培养目标、专业方向、培养规格及毕业要求）、人才培养模式、人才培养实施流程、人才培养实施规范、人才培养实施的条件与保障等内容。还可以共同编写项目化教材。教材采用基于典型工作任务的项目化教学，实施工作任务驱动，将专业理论贯穿于实践任务中。

### （四）成立“双师型”教师工作室及企业实践平台

针对金融营销专业，可以考虑成立“双师型”教师工作室。引进一系列实验室设备，如模拟银行、模拟股市、模拟期货等系统，由“企业派”教师根据自己多年在一线工作的经验，带领学生和专业教师进行多种实际操作训练。在培养具有创新精神、创造能力的高技能学生的同时，以此为依托带动“企业派”教师和“学院派”教师相融合的“双师”团队的建设。在“校企”合作模式下，建立企业师资培训基地。学校每年有计划地派遣教师通过挂职锻炼等方式到企业一线了解运作情况，强化实践技能，提高“双师型”教师素质。这类基地应作为今后应用型本科高校培养“双师型”教师的重要途径。在“校企”合作模式下，学校和企业结合产业发展和市场需求，联合申报科研课题，让教师真正有机会深入企业实践，得到第一手资料和数据，从事应用性技术的研究工作。这类科研项目制的合作方式是提升教师研究能力的重要途径。

## 五、考核评价和激励制度

除了设置科学系统的培养方案和制度，“双师型”教师队伍的培养还需要足够有效的激励制度。应用型本科本身就是在探索的过程中，承担这个重任的教师也在承担着重大的责任和挑战。是否能够有效激励他们，并给予他们足够的发展空间也是很关键的一个环节。

### （一）设置科学合理的薪酬激励

首先，“双师型”教师的薪酬应当公平合理。一份体现人才价值的公平、合理的薪酬是吸引和留住人才的一个重要前提。其次，构筑较高的收入基准。最后，“双师型”教师的绩效存在评价延时，因此薪酬激励应改简单的事后奖酬的模式为从价值创造、价值评价、价值分配的事前、事中、事末、事后四个阶段设计奖酬机制。为了满足“双师型”教师的薪酬需求，可以借鉴目前发达国家普遍推行的一种称为“全面薪酬战略”的薪酬支付方式。所谓全面薪酬战略，即组织支付的薪酬分为“外在”与“内在”两大类，“外在薪酬”主要指为员工提供的可量化的货币性价值。“内在薪酬”则是指那些给员工提供的不能以量化的货币形式表现的各种奖励价值，它是基于工作任务本身的报酬。比较而言，在应用型本科院校，“内在薪酬”对“双师型”教师具有更大的吸引力，由于教师在他们的心理契约中对学校的期望和需求是全面的，其中既包括物质需求，更包括高度的精神需求，因而实施“全面薪酬战略”是实现“双师型”教师全面激励和有效管理的最优模式。

### （二）个性化的福利激励

完善的福利系统对吸引和保留“双师型”教师非常重要，它是学校人力资源管理特色的一个重要标志，也是保障教师工作稳定的要求。学校对“双师型”教师可以进行分层分类福利激励，分层是将“双师型”教师划分为不同的层次，即将“双师”等级教师细分为中级、高级两个层次；分类则可按照来源、专业、特色来划分类别。根据教师教学经历和所持证书情况将“双师型”教师划分为“双师经历”教师、“双师资格”教师和“双师等级”教师三大类。针对不同层次、不同类别“双师型”教师的特点进行有效的菜单式福利，学校完全可以参考社会上某些公司的做法，列出一些福利项目，并规定不同等级的福利总值，让不同层次和类别的教师自由选择，各取所需。这种方式区别于传统的整齐划一的福利计划，具有很强的灵活性，针对“双师型”教师的激励将更有效。

### （三）良好的文化环境激励

以“双师型”教师和学校的战略性合作伙伴关系为前提，积极构建“双师型”教师创造个人成长与发展和发挥工作自主性的舞台。培育和保持一种自主与协作并存的校园文化，提高教师的活力和学校的凝聚力，努力培育和创造出一种强烈的、长期服务意愿的合作型文化。环境包括硬环境和软环境，学校不仅要为教师提供一个舒适的硬环境，还应努力营造一个良好的软环境，作为学校引进人才、留住人才的最重要的手段。在知识经济时代，知识型员工更看重软环境，拥有知人善任的杰出领导、和谐进取的组织文化、融洽高效的合作团队、弹性的工作制度的组织将更受知识型员工的青睐，这样的环境也更能激发员工的创新欲望和工作热情。

“双师型”教师队伍的培养是应用型本科未来发展的重要环节。虽然在这个过程中充满各种挑战和未知数，但高校只有推进人事制度改革，建立健全人才引进、培养、使用、激励、评价机制，完善教师分类评价制度，将教师的教学业绩水平、创新创业实践能力、产学研合作能力、科研成果转化能力和国际化能力等纳入评价体系，加强考核结果的运用，充分发挥绩效评价的导向作用，才能激发办学活力，提高应用型人才培养质量。

## 参考文献

[1] 邢赛鹏，陈琴弦．应用型本科专业双师型教师师资队伍建设的现状

及其分析［J］. 教育论坛，2015.

［2］郑翅翔，王慧君，苏彦. “四方联动”校企合作人才培养新模式研究——双师型团队老师对合作企业的诊断研究［J］. 青年与社会，2014（12）.

［3］仲旦彦，陈玉荣. 基于校企合作的“3+1”应用型人才培养模式的探索［J］. 大学教育，2014（6）.

# 金融营销应用型本科人才培养模式的国际比较研究

郭小婷

**摘　要：**随着我国经济正由劳动密集型向技术密集型和知识经济转变，经济的转型推动产业的升级，从而产生了巨大的应用型人才需求。大批有专业理论基础和实践技能的劳动力成为推动经济转型的关键要素。作为培养应用型人才的最高教学平台，应用型本科的建设正是在这样的背景下获得了关注。但是，我国应用新本科的人才培养模式到现在还没有形成。由于国外一些发达国家早已形成了应用型本科成熟的人才培养模式，并且成功地为用人单位培养出了高水平职业人才。为了进一步探讨适合我国国情的应用型本科人才培养模式该如何建设，本文试图通过国际比较的方法，归纳总结培养成熟应用型人才的模式。

**关键词：**金融营销　应用型本科　人才培养模式　国际比较

## 一、探索应用型本科人才培养模式的必要性

随着我国经济正由劳动密集型向技术密集型和知识经济转变，经济的转型推动了产业的升级，从而产生了对应用型人才的巨大需求。大批有专业理论基础和实践技能的劳动力成为推动经济转型的关键要素。作为培养应用型人才的最高教学平台，应用型本科的建设正是在这样的背景下获得了关注。但是，我国应用型本科的人才培养模式到目前为止还没有形成。

由于国外一些发达国家早已形成了应用型本科成熟人才的培养模式，并且成功地为用人单位培养出了高水平的职业人才。为了进一步探讨适合我国国情的应用型本科人才培养模式该如何建设，本文试图通过对应用型本科人才培养的方法进行国际比较，归纳总结培养成熟应用型人才的模式。

## 二、应用型本科人才培养模式的国际比较

本文主要选择澳大利亚、美国、英国、德国等市场经济发达国家和地区的应用型本科人才培养模式作为比较对象。

### （一）澳大利亚的应用型本科人才培养模式

澳大利亚高等教育质量获得了国际的认可。其在应用型人才培养方面也形成了成熟的模式。澳大利亚的高等教育大致可以分为技术与继续教育、大学教育和研究生教育三种形式。其应用型人才培养模式可以总结为“干中学”和“务实”的特色。

（1）“干中学”特色：以商科为例，学生的学习主要以完成各种贴近实际工作环境的作业和项目为主要的手段，作业（assignment）和辅导课（tutorial）是主要的作业形式。以市场营销课为例，教师布置的作业高度接近工作实践。例如，学生以营销主管的角色为广告公司准备一份报告，介绍公司产品的目标市场和市场定位策略。学生被要求根据产品特点、消费者行为特点等，利用相关理论细分市场并选择目标市场。每一门课的作业量非常大，一般每学期有 2 ~3 次作业，一年级新生的作业是写一篇 3000 字的报告。而辅导课是老师与学生间的互动。如营销管理课，学生针对老师指定的问题，准备好书面的解决方案，并在课堂上进行演示。

澳大利亚的教师认为学习是学生的事，教师的职责是在学生有需要的时候提供指导，上课的主要目的是告诉学生需要掌握的知识点。很多学生来听课，仅仅是因为听老师讲课比自己看书轻松一点。

（2）“务实”特色：“务实”表现为大学能够明确“应用”和“学术”之间的定位差异，并且根据学生的实际需要来确定定位。学术并非是衡量高

校教学质量的唯一或最高标准。培养学生的应用能力同样也可以获得社会的认可。

因此，与应用型本科的定位相对应，教学活动紧紧围绕应用型这个标准。课程以基本理论讲授为基础，重点放在培养学生应用基本理论解决实际问题的能力，教学内容的新颖性、理论深度和理论体系的完整性等学术指标就不太受重视了。

但是，对少数希望继续深造或对学术研究感兴趣的学生，学校通常也提供相应的学习辅助，例如，每门课都编撰了专门的学术论文集供学生阅读，在教学辅导书中也向学生推荐大量学术论文和著作，教师有专门的答疑时间，对学生在文献阅读中遇到的问题进行指导。“荣誉学生”（honors）机制就是针对优秀的学生继续学术研究方面的发展而设置的机制。学校组织教师专门对其进行学术上的培养，如果愿意的话荣誉学生可以直接攻读博士学位。

### （二）美国的应用型本科人才培养模式

美国应用型人才的培养模式最突出的特点是“市场需求导向性”。

高校的专业设置和教学内容完全反映社会对本专业的要求。“例如，美国本科会计专业的培养目标是为学生成为职业会计师做准备。其课程体系由一般教育、一般商业教育、一般会计教育和专业会计教育四部分组成。在开设传统会计课程之前，有《会计学的第一门课程》总体地介绍会计的环境、历史、发展、未来及当前所面临的问题，吸引学生对会计专业产生兴趣，建立认同感，为学生学习其他会计课程奠定基础。使学生对会计职业有个初步了解，便于学生考虑是否进入会计职业界。”因此，美国高校中的实用学科的发展很快，也很热门，计算机、能源、化学、食品和管理等专业都是受学生欢迎的专业。其原因是应用学科的学生容易找到工作，私人企业也愿意对实用的学科教育进行投资。

为了配合社会需求，美国高校采用的教学方法也灵活有效。除在传授各学科基本概念和原理的课程上使用传统的课堂讲授法之外，还使用了多样化的教学方法，如案例教学法、项目教学法、实验教学法、研讨教学法、小班辅导教学法等。以案例教学法为例，这种始创于美国哈佛商学院的教学方法最初是通过对工商管理案例进行分析讨论培养工商管理人才的，后因其在培养学生在具体问题情境中积极主动思考探索、分析解决问题的综合能力上的突出作用，而被广泛推广使用。项目教学法体现了应用型人才在未来实际工作中的一个显著特征，即有相当多数量的工作都是以项目的形式进行立项招标执行和审核的过程。项目教学法的优势在于既便于教师在教学过程中将教学内容和实践的要求相结合，也有利于培养学生独立或合作完成规划设计、执行管理、评估审核项目的综合能力。

实验教学法也是应用型专业中经常使用的教学方法，特别是工程专业，重在过程，课程中有大量与程序过程设计、执行控制相关的教学内容，都需要采用实验教学法。而实验教学法在重点培养学生设计开展实验能力的同时，还训练了学生解读结果、通过口头或书面形式表达展示实验成果的能力。

### （三）英国的应用型本科人才培养模式

英国的高等教育一直都享有很高的国际声誉。在应用型本科人才的培养模式上，突出的特点是：培养“独立自主”“推动学术应用”。

英国文化的传统历来有培养“绅士”的导向。大学生被认为理应有管理好自己生活和学习的能力，因此注重培养学生“独立自主”的人格。学校允许学生安排学习时间，自由选课、自由转换专业、自由选择论文题目。

师生双方都有很强的相对独立性。英国大学强调学生独立思考与理论应用能力。课堂多采用小班授课，灵活采用如协作式学习、专题讨论、调查报告、口头演讲等教学方法。整体上，英国课堂教学能理论联系实际，以学生为主体，重视学生学习积极性的发挥和团队合作精神的培养。在英国大学课堂中，教师们普遍重视学生的参与，启发学生独立发表自己的意见和看法。这种教学，有利于师生互动和学生创新思维的培养。

英国大学的实验课教学重视培养学生独立的自我探索能力，以及实践过程中的创造性思维。英国大学教师普遍具有很高的学术水平，能设计出一些难度系数大的实验。一些学生完成一个实验（如课程设计），甚至花一个月的时间。实验课主要实行自主性、设计性实验。学生可以自行设计题目，自由探索，如果遇到难题，可以咨询指导教师，寻求获得帮助。实验过程中，如果学生损坏了实验仪器，学校负责购买新的仪器设备。

受教育实用主义影响，英国大学的课程体系围绕市场需求和职业特点，设计了多个课程模块，以供学生多种选择。英国大学一向拥有高度的学术自治权力，能根据市场需要灵活地设置专业、调整课程。英国的高教制度和职业教育结合紧密，两者实现了学分互认。如果一个学生获得高级程序员资格证书，那么他在大学就可以免修一些相关的课程。

在推动学术应用方面，英国政府成立了全国性的教学公司推动校企合作；成立科学园，如剑桥科学园，作为企业和大学教师的应用研究的孵化器。一些中小企业的研发部门就设立在大学，高校与企业进行高新技术合作，或联合开发新产品。企业资助高等学校，例如有的企业直接投资建立一所大学，或者设立学生奖学金，资助教授职位等。

在校企合作的基础上，英国设计了“学习—工作—学习”这种“三明治”课程。学生在就读“三明治”课程期间的工作，可以灵活安排学习和工作的阶段。每个时段半年，工作完了再回到学校继续上课。校外工作能为学生带来职业体验和工作技能，学生修读“三明治”课程一般是带薪，也缓解了部分经济压力，所以很受学生的欢迎。

### （四）德国的应用型本科人才培养模式

德国应用科技大学作为一种高等应用型人才培养模式，特色突出，定位明确，应用型大学是当地技术开发和人才培养的中枢。

应用科技大学专业设置重实际应用。且大学与周边知名企业形成集群。如纽伦堡技术大学与西门子公司；曼海姆应用技术大学紧接巴斯夫（BASF）公司。亚琛应用科技大学成为区域性的学科教研中心、研发中心、技术转化中心。

应用科技大学对学生实践动手能力要求比较高，教学安排中实验课、短期实习、项目教学以及课程设计等占据了一半以上的学习时间。教授亲自编制实验指导书，指导学生实验和主持实验考核。

应用科技大学学制为四年，包括额外的实践学期，实践学期学习过程与管理均以企业为主导，有3个月的企业实习。毕业设计70%以上与企业有关，在企业完成。

德国《高等教育总法》规定，“应用科技大学教授的聘任条件包括大学毕业，具有教学才能，具有科研能力，获得博士学位或具有从事艺术工作的特殊能力；有从事学科教学相关的5年以上职业经历或者实践经验，其中在高校以外的领域工作3年以上，且做出了突出的成绩。”应用科技大学教师教学队伍中除了全职教师，还包括企业高级工程师、高层管理人员等的兼职教授。他们在应用科技大学开设某些课程，举行技术讲座，保证了大学里所传授的知识能密切联系经济技术发展。

## 三、根据中国国情，选择培养模式

通过与澳大利亚、美国、英国、德国应用型大学的比较可以发现，这四国的人才培养模式各具特色，但是都突出了“市场导向”和“实用至上”的设计原则。具体的教学形式既有方法上的相同之处，例如都有案例教学、企业实践、项目教学法等，但是在具体要求和学习管理方面又存在差异。校企合作的深度和范围也各有特色。

那么我国的本科院校如何培养应用型人才？

首先，学校本身需要明确定位，且要认识到应用型本科本身的重要性和必要性。其次，在设计人才培养模式、设计专业课程以及教学管理上，结合市场需求，把握应用型本科教育的规律是重点。

根据应用型本科人才培养模式与澳大利亚、美国、英国、德国应用型大学的比较研究，以上海立信会计学院金融营销专业为例，设计符合我国国情的金融营销专业人才培养模式，需对以下问题进行思考：

（1）定位明确。专业开设是为哪个行业服务，培养的人才承担哪些具体工作？用人单位要求相关岗位具有哪些资质和能力技术？回答这些问题，需要教学单位及时和行业沟通，了解行业的发展动向，在专业课程体系设置和教学方法以及教学内容上，有所侧重。结合我校在上海金融机构中校友较多的良好基础，建立畅通的行业沟通机制，开发学生的实践机会，努力推进校企合作，确定学校所在的服务地区经济发展以及行业发展中的作用和角色。在这基础上，开展人才培养方案的设计和教学方法教学内容的选择。

（2）构建应用型人才培养方案是特色发展的核心。应用型人才应当具备良好的综合专业素质和应用能力，才能适应行业发展的要求。教学特色由人才培养的目标定位来决定。在此基础上，不断完善应用型人才培养方案。一是设计侧重应用型能力的教学体系，让学生打下扎实的理论基础，使学生具备较为厚实的基础理论和必要的人文社会科学与自然科学知识。二是强调实践性学习，课程实验、课程设计、生产实习、毕业实习、毕业设计等在分数和毕业鉴定里的比重能够引导学生的重视程度。课堂内外相结合的实践教学体系，提高综合性、设计性实验比例，强化实践教学，加强学生应用能力的培养。三是如何保持课程体系的进步。注重培养专业技术应用能力，选择能够反映行业需要的课程内容，注意理论和实践的合理衔接，以培养专业技术应用能力为主线构建模块化课程体系。四是坚持专业素质拓展的教学体系管理原则。管理决定了教师和学生的行为规则。管理原则能够保证在教授技能的同时，是否能够兼顾情操的陶冶。在学生评分、学生管理工作中，重视学生的社会组织能力，鼓励学生关注创建真实的企业环境或者以真实的项目和现实问题为导向，提高学生解决实际问题的能力和综合素养，是提高金融营销专业质量的关键性保证。

（3）深化教学改革和教师培养是特色发展的有效途径。不断深化教学改革是实现应用型人才培养目标的重要途径。注重专业设置以市场需求为导向，凸显商科和应用特色；注重从应用角度改进教学方法与手段，以能力立意改革考试考查的内容与方式；注重探索理论教学与实践教学紧密结合的新途径、新方法，提高实践教学质量。围绕实现应用型人才培养目标的需要，坚持“基本建设首先满足人才培养需要”的原则，优化配置各种教育、教学资源，努力改善教学条件。通过产学研合作教育，紧密联系相关行业、企业，大胆探索和实践订单式、学结合等培养模式在商科类本科专业教育中的应用，为培养应用型人才提供良好的教育教学资源保障。教师培养是支撑应用型本科人才培养的基石。学生要参与实践，在“干中学”，教师也需要具有前瞻性和指导学生掌握最新技能的能力。因此，教师培养在提升人才培养质量上，是关键。进修、培训、实践参观、行业交流等都是教师可以接触行业发展，了解用人单位需求的重要渠道。

总之，金融营销专业正面临发展机遇，“应用”的内涵也在随时代发展而变迁。大数据、互联网金融等在消费行为分析和营销战略设计方面都具有进行革命性的作用。传统的课程能否让学生学到“大数据”“互联网+”时代下的应用技术和思维，是我校在建设应用型本科人才培养模式的工作中考虑的问题。

## 参考文献

[1] 赵良庆，蔡敬民，魏朱宝．应用型本科院校实践教学的思考和探索[J]．中国大学教学，2007（11）．

[2] 程建芳．借鉴国外经验强化应用型本科教育实践教学[J]．中国高教研究，2007（8）．

[3] 张庆久．德国应用科技大学与我国应用型本科的比较研究[J]．黑龙江高教研究，2004（8）．

[4] 李正，林风．美国高等工程教育改革探析[J]．高等工程教育研究，2008（2）．

[5] 黄振山．有关我国高职教育课程改革若干问题的思考——新加坡南洋理工学院“项目教学”的启示[J]．科技创新导报，2009（21）．

[6] 孔韬．与英国职业标准相衔接的 BTEC 教学体系构建[J]．职业技术教育，2012（17）．

# "应用型"本科院校（金融营销）校企合作人才培养模式探讨

朱捍华

**摘　要**：校企合作是培养高素质的应用型人才、实现应用型本科院校人才培养目标的一个重要途径。我校金融营销专业被列为上海市首批应用型本科试点建设专业，本文以此为立足点，分析了我校应用型本科金融营销专业开展校企合作的必要性、特殊性、存在的现状及问题，提出了构建我校应用型本科金融营销校企合作新模式的设想及其需解决的几个关键性问题。

**关键词**：校企合作　应用型本科　金融营销人才培养模式

校企合作是世界各国高等教育发展和高校人才培养的极具普适性的道路和手段。我国《高等教育法》第十二条明确规定，国家鼓励高等学校之间，高等学校与科学研究机构以及企业事业组织之间开展协作，实行优势互补，提高教育资源的使用效益。校企合作也是应用型本科院校实现应用型人才培养的重要途径，应用型本科院校在开展校企合作时与学术型大学及高职院校应有所区别，已成为教育界乃至全社会的共识。在高等教育多样化发展和社会经济发展人才需求多元化的背景下，应用型高校如何在明确自身定位的前提下，探索同时具有"应用型""本科教育""行业特点"和"专业指向"的校企合作模式对应用型本科专业建设及其人才培养甚为关键，也是我校应用型本科金融营销专业试点建设以及人才培养亟须面对和解决的问题。

## 一、应用型本科院校（金融营销）校企合作的必要性和特殊性

随着国际竞争日益加剧和我国经济结构的调整升级以及经济发展方式的转变，我国各行各业包括金融业在内的服务业都需要大批的技术技能型、应用型人才。而目前我国高等教育的现状是高等教育与社会需求脱节，培养出来的毕业生解决实际问题的能力和素质明显不能适应我国社会经济发展的需要。这一现状已成为制约我国经济发展和产业国际竞争力的一个瓶颈，大力发展应用型本科教育、推动高等教育的转型发展是破解这个制约瓶颈的国家高等教育发展战略。《国务院关于加快发展现代职业教育的决定》指出，“引导普通本科高等院校转型发展。采取试点推动、示范引领等方式，引导一批普通本科高等学校向应用技术类高校转型，重点举办本科教育”①。

发展应用型本科建设和推动普通本科院校向应用技术型高校转型的一个关键点是校企合作和产教融合。国内外的高等教育实践特别是西方发达国家的成功经验一再证明了，“校企合作、产教融合”是培养应用型人才十分有效和必需的一种途径。时任教育部副部长鲁昕指出，高校“要主动与地方政府、行业、企业建立更加紧密的合作关系，倾听他们的呼声，了解他们的需求，将产教融合、校企合作落实到学校管理、教学的各个层次、各个环节，深入到每一项制度、每一个专业、每一项课程、每一个教师，是学校成为产业的大学、城市的大学、社区的大学”②。由此可见，校企合作对我国高校特别是正在转型中的地方普通本科院校有着特别重要的意义，其必要性毋庸置疑。单从人才培养的功能来看，校企合作是基于市场和社会需求为目标导向的高等院校与企业相互合作共同培养社会和企业所需人才的一种方式，其基本要

---

① 国务院关于加快发展现代职业教育的决定．国发〔2014〕19 号．

② 鲁昕．地方高校转型发展是高等教育领域又一次深刻变革［J］．产教融合发展战略国际论坛，2014.

义是强调学校和企业充分利用对方的优势资源进行多方位的合作，以保证人才培养的规格和质量①。

上海立信会计金融学院“应用型”本科金融营销专业试点建设正是在这一大背景下上海市教委的一项举措，具有试验探索和示范引领的意义。作为一所地方普通本科院校，直接为本地的行业和企业服务、促进本地社会经济发展的办学方向，决定了学校的人才培养目标应该是培养适应上海社会经济发展需要的应用型创新人才。因此，校企合作也是包括我校在内的这一类型应用型本科院校实现培养应用型人才的教育教学目标之关键。

在开展校企合作过程中，由于人才培养规格、在我国高等教育及创新型国家建设战略体系中所处的地位、学校自身的发展历史、办学方向、所处地区以及学科专业领域的不同，应用型本科院校与学术性大学和高职、高专相比，以及应用型本科各院校之间，在选择和实现校企合作的模式、目标、侧重、内容、手段等方面均存在差异，显现出自身的特殊性。以上海立信会计金融学院为例，其特殊性表现：①应用型本科的定位决定了校企合作的重点既不同于学术性大学的科学研究，也不同于高职、高专的教学职能即培养技术型人才，而是居于两者之间，追求构建双方双向互助即学校为企业提供技术服务—企业为学校提供实践教学条件的合作模式。②地处上海的区域特征和金融行业特征影响了校企合作的范围。我校脱胎于中国人民银行，是一所以金融为特色的经管类地方本科院校，又地处上海，与上海的金融、贸易为支柱产业的区域特征相一致。作为一所服务地方经济发展的院校，应该把上海及长三角区域内的众多中小型企业作为我们校企合作的重点，而不是好高骛远地死盯着少数大型金融机构，做我们能做的又是别人想要的事。③专业指向的不同要求有与之相适应的校企合作领域和合作内容。我校金融营销专业被上海市教委列为上海市应用型本科试点建设专业，该专业以培养能胜任金融营销和金融营销管理工作的“应用型、复合型、创新型、国际化”专门人才为导向，学校的校企合作对象就应该是一些能够为学生提供金融营销实

① 边凌涛，高艳红．应用性高素质人才培养模式的构建及途径探析［J］．重庆与世界，2013（1）．

践教学条件和相应岗位锻炼机会的金融机构和单位。

因此，在设计和实施校企合作中，各院校应该认真审视自身的特殊性，充分考虑自身的需求、特点和资源，合理设定和设计校企合作的目标和模式，只有这样，才可能有效持续地开展校企合作，发挥其在人才培养中的积极作用。

## 二、我国应用型本科院校校企合作存在的问题

### （一）存在的问题

尽管从上到下，从政府到院校，从学界到业界，各方都在关注校企合作，都在强调校企合作对应用型高校人才培养的重要性，而且学校也在广开门路、积极开拓与校企合作的途径。然而，实际效果并不理想，校企合作的现状仍是“剃头挑子一头热”，特别是大批的应用型本科院校还游离于企业之外的状况还没有得到根本性的改善，其主要表现是：①校企合作流于形式，纸上谈兵的多，实质落实的少。往往是“桌上签合同立协议，事后放抽屉”。校企合作还停留在纸上，其主要功能是应付上级教育主管部门检查。②学校无力规模化地组织学生到企业进行专业实践和毕业实习，学生的专业实践和毕业实习主要还是靠学生自己寻找实习单位自主安排实习内容。学生这种自主分散的实践和实习，无法对接教学内容，与教学计划目标脱节，也使得学校无法跟踪指导学生的实践和实习，实践和实习的效果大打折扣。③学生的毕业论文或设计选题难以来自企业需求，其论文或设计不能解决企业实际问题，也就不能实现毕业论文或设计的教学目标，也达不到教学、科研与服务相结合的目的。④教师到企业开展现场实践教学和为企业提供技术服务的机会不多，渠道不畅，教师的实践教学主要还是依赖实验室模拟教学和对学生自主实践、实习的事前和事后指导。⑤企业对校企合作的热情不高，学校以一己之力难以推动企业参与校企合作，为学校人才培养提供必要的帮助和条件。

### （二）主要原因

上述问题和现象的存在有着更深层次的原因值得探究，其原因是多方面

的，大致而言，主要有学校、社会（政府）和企业三个方面。

（1）学校的因素是复杂多方面的。首先，学校自身认识上的阻力。有的学校领导层不认同、不甘心学校的应用型本科办学定位，一味地追求"高大上"的学术科研导向型本科教育，低视应用型本科建设，对应用型本科的校企合作不愿为、不作为。其次，学校缺乏合理的校企合作机制和校企合作模式的整体设计。领导、管理、工作和保障机制不到位，学校与院系的责任不明，部门之间的协调不畅，院系的主动性和危机意识不足，校企合作与人才培养方案和教学计划匹配度不高甚至相矛盾。所有这些，必然导致校企合作的"短视症"，一些短期的应付性措施和行为就会应运而生。再次，学校和院系缺乏有效的资源。对内，承担校企合作的管理团队和教师团队尚有不足或没有。对外，学校缺少足够的资源充当与企业合作的筹码，使得可合作的企业数量和项目数量有限，满足不了学生和教师的实习和教研的需要。最后，学校目前的人事考核制度也不利于教师发挥参与校企合作的积极性。

（2）社会（政府）未能很好地发挥"看得见的手"的作用。在德国、加拿大、英国、日本等经济发达国家，一方面，政府以法律的形式确定企业在应用型人才培养中的地位、作用和责任，企业接收实习生参与人才培养是企业的社会责任；另一方面，政府又通过税收政策等手段进行引导和协调。在我国，目前尚无这样一些有效的法律和政策手段去规定企业的责任和引导企业的行为。

（3）企业不承担高校人才培养的义务。没有社会责任和法律义务，在没有得到相应的激励、补偿和保障的情况下，企业就没有动力接受教师和学生到企业实践、实习或派人到学校开展实践教学活动，除非企业希望并能得到来自学校和学生的利益交换（如学校的经济补偿、教师的技术咨询服务和科研成果、学生的专业性顶岗劳动等）。

## 三、构建我校应用型本科金融营销校企合作的新模式

为有效推进我校应用型本科金融营销试点专业建设，我们可尝试建立这

样一种新型的校企合作模式：针对应用型本科校企合作普遍存在的问题及原因以及我校应用型本科金融营销试点专业建设的特殊性，从学生、学校和企业三者利益需求出发，以学校为主体，谋求与金融机构和金融行业协会合作成立金融营销校企合作中心；建立以人才培养为目的，以教学、科研和服务相结合的方式，用合作项目支撑和带动多平台多模块的实践教学系统的功能建设。

（1）设立“金融营销校企合作中心”，贯通上下组织系统。以现有的专业建设指导委员会为支撑，由学院牵头，联合政府有关部门、金融行业协会、市场营销协会、各类金融企业和人才市场中介机构等组织，联合成立以学校和企业为主体的“上海金融学院金融营销校企合作中心”作为常设机构。负责联络和协调政府和企业组织、学校相关部门和校外专家指导委员会及其相关事宜，统筹、规划和决策校企合作的重大事宜，开发校企合作项目，拓展校企合作渠道，对校内外发布以提供应用型人才培养质量为导向的实践教育类研究课题和以解决企业金融营销实际问题为导向的技术咨询类研究课题，负责处理校企合作的日常管理事务和组织校企文化共建活动。中心内部再设立校企合作工作站，对接和处理若干个项目小组的内外事务，具体负责协调管理各合作项目的日常事务，如学生顶岗实习的管理、安排教师到企业开展技术指导和学生实习指导、联络和接待企业人员来校工作和教学等工作。

（2）确立人才培养是校企合作的核心目标。从学校办学方向、人才培养定位以及我校试点建设应用型本科金融营销的实际出发，我校校企合作的目的应该是人才培养。明确了目的和方向，我们才能制订正确的行动方案，才会有所取舍，才会抓住要害，有的放矢地、正确地做正确的事。任何事情都不是孤立的，虽然我们的目标是以人才培养为目的开展侧重实践教学的校企合作，但一厢情愿又无合作基础地去追求这个目标，是无本之木、无源之水，其目标是不可能实现的。学校只有在为企业提供技术服务和共同开展项目研究的过程中，企业才能为学校提供实践教学的条件，学校人才培养的目标才能得以实现。

（3）建设以项目为支撑的功能模块。通过“校企合作中心”的规划方向和战略运作，不断开发与学校应用型本科金融营销专业建设相融相关的校企合作项目，如"上海市大学生市场营销大赛""金融营销职业人素质教育拓展计划""某某企业金融营销订单培养班""上海金融业市场营销人才发展报告""上海市金融营销经理人培训基地""中小金融企业和互联网金融的营销创新论坛"和"金融营销职业伦理和服务规范研究"等。以合作项目为支撑和纽带，"校、企、政"多方合作互动，在聚焦和参与多个项目中加深理解、相互磨合，共同推动校企合作向更深更广的领域发展。通过这样的项目合作，"校、企、政"可获取和实现各自的利益和目标，从而进一步激励三方合作的积极性和主动性。具体而言，从学校的角度，学校可在这些项目的支撑下推进以课程和实践教学为重点的教学改革、以培养"双师型"教师为目标的师资队伍建设、以就业为导向的学生服务体系和以提高学生职业素质为导向的学生管理体系建设等，构建教学改革、师资建设、就业指导、学生管理、素质拓展等模块及其子模块，通过这些模块的开发和建设，实现学校人才培养的目标。从企业角度，企业借助校企项目合作，可建设企业人力资源开发、企业营销诊断咨询、营销项目开发等功能平台，从而能够以最优成本培养和选用岗位匹配度高、能力素质好的企业员工，获取能够直接为企业所用的技术服务，由此将不断推动企业的市场竞争能力持续增强。

（4）建立一套可持续的运行保障机制。首先，要明确我校应用型本科金融营销试点专业校企合作的基本管理模式应该是"政府支持，学校主导，校企主体，多方参与，项目负责"。目前在政府没有实质性的政策法规来引导和规定企业必须承担的高校人才培养的责任和义务，企业自身又缺乏校企合作的主动性和积极性的情况下，学校必须主动担负起主导校企合作共同培养人才的责任，创新机制和手段，想方设法与企业建立合作，从满足企业自身需求出发，将企业带入到高校人才培养的校企合作体系中来，发挥好企业的主体作用。如成立以学校和企业为联合主体的"上海金融学院金融营销校企合作中心"，并成立由主管教学的校领导、工商管理学院领导和参与合作的企业领导组成校企合作领导委员会，对"中心"进行组织领导和业务指导；校企由双方代表和有关专家成立专业建设指导委员会，负责对校企合作中的人才培养、企业技术服务、课题研究等方面进行专业指导。其次，通过制定章程和协议，明确校企合作的组织形式、管理模式、责任义务、合作内容和方式，建立日常性联络制度，形成长效合作机制。再次，要落实资源保障机制。资源主要包括资金、政策和项目等，按照“保底、扩容、争多、优质”的原则，用足用好政策，广开门路，积极争取纵向和横向资金和项目；同时，还要制定并细化项目管理和资金管理办法，在资源保障上确保校企合作的可持续运行。比如，除学校常规预算项目外，学校还要在上海市政府拨付给我校“应用型”本科金融营销试点建设资金里，明确单列一块资金用于保障校企合作的基本运行；此外，学校还要积极谋求市场化道路，积极争取社会、企业的资金和项目支持，如通过按企业要求设立企业冠名的专项奖学金，引入企业对校企合作的资金支持。最后，要建立评估和奖励机制。对校企合作的整体管理水平和项目运行质量进行评估，建立跟踪监控档案，根据项目的不同，设置不同的考核方法、考察点和考察周期，根据评估效果来调整和修正管理方案。同时，校企双方要共同制定奖励制度和标准，共同考核共同评定，分别对在校企合作中表现突出、贡献大的教师、学生和企业员工进行不同项目、不同规格和不同等级的奖励，并将所获奖励与学生就业、教师和企业员工晋级和福利相关联，以此激励大家积极参与校企合作。

## 四、我校在构建应用型本科金融营销校企合作新模式中需解决的几个关键性问题

在构建和推进我校应用型本科金融试点专业校企合作新模式的过程中，由于历史和主客观的原因，尚还存在一些需要突破和解决的误区和问题。

（1）克服认识上的误区，明确应用型本科校企合作的定位和侧重点。虽然不同类型的高校对校企合作的侧重点和需求有差异，但校企合作对所有高校而言都是一项人才培养的长期战略和主导模式。所以，学校应该顺应国家经济结构调整和经济发展方式转变的大潮，认清应用型本科高校在整个高校体系中和创新型国家发展战略中的地位和作用，明确我们的人才培养规格，

主动走向市场，积极开拓以人才培养为目的的校企合作项目。

（2）克服在选择合作企业对象上的误区。地方应用型本科高校的办学宗旨和目标就是服务地方，不能片面地追求"高大上"的合作企业。据上海统计局2015年10月发布的《2014年上海市国民经济和社会发展统计公报》，截至2014年年底，各类金融单位1336家，全年新增96家，外资金融机构216家，金融业增加值比上一年增长了14%。上海金融快速发展特别是中小型新型金融机构的快速发展为金融营销人才培养提供了空间和机遇，比起传统的大型金融机构，这些新兴的中小型金融机构更需要我们的技术服务和人才，应该是我们的主要合作对象。

（3）破解学校企业资源和服务企业能力不足之困。一方面，对人才和科技的需要是企业参与校企合作的主要动因，如果学校服务企业的能力越强，与企业的联系和感情纽带越强，学校就会获得更多的企业资源；另一方面，学校服务企业的能力是在服务企业的过程中不断增强的。破解这种双重之困，需要学校有机结合和协调运作校企双方的认知因子、情感因子、社会因子，在强化自身能力建设的同时争取更多的有价值的企业资源。

（4）政府要发挥好主导协调作用。应用型本科试点建设项目是上海市教委主导推进的项目，我们要用好这个契机，主动向上级主管单位反映问题，提出建议，推动政府采取相关激励政策措施引导企业积极参与校企合作，同时出台相关法规制度规定企业参与人才培养的义务。政府应该统筹高校和企业的资源，发挥政府的组织、资源调控、公共管理等优势，为高校和企业的合作提供更多的公共服务，如搭建信息和资源共享平台等。

## 参考文献

［1］鲁昕．地方高校转型发展是高等教育领域又一次深刻变革［J］．产教融合发展战略国际论坛，2014（5）．

［2］边凌涛，高艳红．应用性高素质人才培养模式的构建及途径探析［J］．重庆与世界，2013（1）．

[3] 贺小燕．构建应用型本科校企合作人才培养模式［J］．重庆与世界，2014（4）．

[4] 陈萦．应用型本科院校校企合作模式的调查研究［J］．高校教育管理，2009（11）．

[5] 易新河，文益民，陈智勇．我国校企合作研究二十年综述［J］．高教论坛，2014（2）．

# 金融营销应用型本科人才培养探讨

徐小龙

**摘 要：**我国金融业的快速发展需要高质量的金融营销应用型本科人才培养做支撑。本科高校对金融营销应用型本科人才的培养，首先要明确培养定位。在培养过程中，要以理论教学为基础，以实践教学为主导，以专业应用能力培养为核心，综合运用多种教学方法。为了有效培养金融营销应用型本科人才，本科高校需要建设一支有特色的双结构型的金融营销师资队伍，建立相应的教学管理制度作保障。

**关键词：**金融营销 应用型本科 人才培养 教学方法

## 一、引言

长期以来，我国高校的专业设置都是以学科为导向，人才培养过程又是以专业为中心，忽视社会相关行业和岗位的需求。目前，我国高校的本科人才培养和社会需求的矛盾非常突出。一方面，高校培养的本科毕业生数量显得过剩；另一方面，企业招不到适合岗位的应用型本科人才。显然，按照学科和专业培养面向各行各业的通用本科人才，已经不能满足我国经济发展的人才需要。进入21世纪以来，我国金融业发展非常迅速，对金融营销应用型本科人才的需求很大。金融营销人才的质量和能力在相当大的程度上影响金融机构的市场竞争力和市场份额。我国培养市场营销人才的本科高校很多，但面向金融机构专门培养金融营销应用型人才的本科高校并不多，而且这些高校也是近年来才开始专注于培养金融营销人才。我国直到20世纪末才提出“应用型本科”概念（叶松令，2010）。本科高校对如何培养金融营销应用型本科人才还处于摸索之中，需要我们进行探索和研究。

## 二、金融营销应用型本科人才培养定位

我国金融机构的形态多种多样，经营规模亦不相同，对金融营销应用型人才存在差异化的需求。从现代职业教育体系和教育层次来看，我国对金融营销应用型人才的培养可以分为中职、高职、本科和专业硕士四个层次。金融营销应用型本科人才培养需要明确定位，与其他层次的应用型人才培养有明显的区分，以适应金融机构和企业的岗位需求（见下表）。

**金融营销人才培养定位**

| 层次 | 培养目标定位 | 对应岗位 | 培养方式 |
| --- | --- | --- | --- |
| 中职 | 操作型金融销售人员 | 小型金融企业或相关企业的销售岗位 | 顶岗实习 |
| 高职 | 技能型金融营销人员 | 中、小型金融企业的营销经理助理岗位 | 实训教学 |
| 本科 | 应用型金融营销人员 | 大、中型金融企业的营销经理岗位 | CO—OP 培养 |
| 专业硕士 | 研究型和战略型高层次金融营销人员 | 大、中型金融企业的高级营销经理岗位 | 研究型教学和研究型实践 |

中职学校培养的金融营销人员是以小型金融企业或者金融辅助企业的操作性销售岗位为主，这些岗位对金融营销理论要求不高，只要求学生掌握金融营销的基本操作技巧，能够完成事务性的金融营销工作任务或者技能要求不高的辅助性金融营销工作。中职学校培养的营销人员主要采用工学结合、顶岗实习的培养方式。高职学校培养的营销人员主要面向中、小型金融企业，培养适应一线销售岗位的学生，经过一定的工作经验积累，能够胜任金融营销经理助理岗位。高职层次以培养技能型营销人员为目标，学生既需要具备

基本的金融营销理论，又需要在金融市场上直接面对客户应用推销技能销售金融产品，培养过程主要采用实训方式。本科高校主要面向大、中型金融企业培养具有扎实金融营销理论基础，具备金融市场开拓、金融营销策划和金融营销管理等方面的能力，在积累一定的工作经验后能够胜任金融营销经理岗位。培养课程以金融理论和营销理论为基础，强化实训教学和实习训练，主要采用 CO—OP（一种由学校、公司和学员三方共同参与的项目）方式培养，即学校与金融企业合作，让学生真正参与金融企业的营销项目，进行带薪和带学分的实习。金融营销专业硕士是研究型和战略型的高级金融营销人才，具有坚实的经济理论、金融理论、管理理论和系统的金融营销理论基础，全面掌握金融营销管理技能，能够运用营销工程技术、应用统计方法进行金融企业的营销战略制定、营销方案设计与营销效果评估，具有很强的解决金融营销实际问题能力及创新意识，适应岗位为金融机构的高级营销岗位。对专业硕士培养采用小班化和“双师”制的个性化培养方式，以研究型教学为基础，以应用研究和研究型实践为重点。

中职、高职、本科和专业硕士四个层次的金融营销人才具有不同的培养目标定位，上一个层次的人才培养又为下一个层次的人才培养提供升级通道，形成“中职→高职→本科→专硕”一条线和“中本贯通→专硕”“高本贯通→专硕”两条路的层级性的现代金融营销教育职业体系。不同层次的毕业生的适应岗位具有不同的专注度和层级性，岗位层级由低到高，专注度从宽泛到专注。在这一职业体系中，应用型本科教育起着承上启下的作用。

## 三、金融营销应用型本科人才培养方法

### （一）以理论教学为基础

培养应用型本科人才，需要改变以理论传授为主导的培养方法，但不能忽视理论教学的重要性。应用型人才的任务就是将抽象的理论符号转换成具体的操作构思，将知识应用于实践（潘懋元、石慧霞，2009）。应用型本科人才不只是知其然，还应该知其所以然。要更好地应用理论于实践，必须先牢

固掌握理论基础。金融营销应用型本科人才需要扎实掌握金融理论与市场营销理论，并将两方面理论融会贯通、融为一体。在教学过程中，理论讲授是基本的教学方法。理论讲授要以阐明重点和讲透难点为根本。这种讲授并不是采用课堂灌输的方式，而是充分发挥学生的主体能动性，在学生自学、探究的基础上，引导学生归纳总结，帮助学生提纲挈领，梳理理论脉络，建立金融营销理论知识体系。

### （二）以实践教学为主导

有别于理论型人才的培养，实践教学在金融营销应用型本科人才培养中应该起着主导作用。学习的所有理论最终要表现为在工作中怎样应用。实践教学在于帮助学生将抽象的理论知识转化为具体的工作技能。通过实践教学，一方面，使学生将知识转化为操作技能；另一方面，让学生领悟书本中所没有的隐性知识和技巧，这样，学生在毕业进入金融机构时具有直接开展金融营销活动的能力。实践教学包括专业课程的课内实践教学、专业实验教学和专门的实践教学。每门专业课程要安排 1/4 至 1/3 的课时数开展课内实训、课内实验和参观实践活动。通过课内实践，使学生把课程理论知识放在实际背景中去理解和领悟。专业实验教学包括市场营销实验、金融营销实验、金融业务操作等，主要是在实验室借助相关软件，通过模拟市场营销活动、金融企业运营过程和金融营销业务流程提升学生对金融营销工作的感性认识，培养学生的专业理论应用能力。专门的实践教学包括专业实习和毕业实习，主要选择在金融企业进行，由金融企业营销骨干和学校专业教师共同担任指导教师，共同指导学生完成实战性的实习任务。

### （三）以专业应用能力培养为核心

应用型人才培养注重应用专业理论知识解决实际问题的综合能力和实践能力（宋克慧、田圣会和彭庆文，2012）。对金融营销应用型本科人才应强调专业应用能力的培养。作为一名合格的金融营销本科毕业生，应该具备以下 6 个方面的专业应用能力：①金融行业分析能力，金融行业包括银行、保险、证券、基金和信托等多个领域，学生应当具备分析金融行业背景的能力，从环境分析中抓住稍纵即逝的营销机会；②金融营销策划能力，即综合运用金融营销理论，识别金融市场的潜在需求，发挥金融企业的优势，提出合理的金融营销策划方案；③金融产品推销能力，即直接面对客户，通过有效沟通和应用推销技巧，高效达成金融产品销售的能力；④金融营销管理能力，即有意识地运用管理技巧，开展金融营销计划、执行和控制活动，激励和领导一个金融营销团队实现预定的营销目标；⑤金融营销创新能力，特别是在互联网环境下，如何借助互联网技术，通过金融营销手段和方式的创新，创造性地满足金融客户的需求；⑥团队合作能力，即具有良好的职业道德和团队精神，能够与他人共同协作完成具有挑战性的金融营销工作任务。这些专业应用能力培养使金融营销本科毕业生完全胜任各种一般性金融营销岗位的要求。

### （四）综合运用多种教学方法

单一的教学方法不可能训练出学生的专业应用能力。只有综合运用多种教学方法，才能培养好金融营销应用型本科人才。在课堂教学中，专业教师需要综合运用案例教学、探究式教学、互动式教学、工作坊（Workshop）式教学和基于问题（PBL）式教学等方法，将理论学习和实践应用合为一体，以学生为中心，发挥学生在课堂的能动作用，组建学习小组，引导学生自主参与，面向金融企业的营销实践进行专题设计，提出问题、共同交流、相互探讨、提出金融营销解决方案，并培养学生的团队协作精神。在课堂之外，通过完善网络学习平台，建设竞赛实践平台，给学生提供多层次的专业理论学习和专业实践训练的平台。利用精品课程和重点课程的教学网络平台，对专业课程教学资源进行整合，实现多层次教学互动。本科高校要与金融企业合作举办营销实践项目竞赛，组织学生参加各种规模和多层次的金融营销竞赛，促使学生在竞赛过程中提高专业理论水平和专业应用能力。

## 四、金融营销应用型本科人才的教师队伍建设

专业教师队伍质量直接影响应用型本科人才培养质量。金融营销应用型

本科人才培养需要建立一支具有较高专业理论水平和丰富实践经验的高素质教师队伍。目前，在科研主导的教师管理体制下，绝大多数本科高校的师资引进注重应聘者是否有博士学位，对专业实践经验并不十分看重。这种以学历为主导建立的师资队伍很难满足应用型本科人才培养的要求。从现实来看，引进既有高学历又具备丰富实践经验的人才来担任专业教师比较难。为此，本科高校可以采用“分批派出、柔性引进、提高质量、优化结构”的策略打造一支有特色的“双师型”金融营销师资队伍。

### （一）分批派出

本科高校建立专职教师到金融企业学习交流的制度，每学年安排一定数量的专业教师到金融企业顶岗实践或者挂职锻炼，参与金融企业的营销项目，以丰富专业教师的专业实践经验，提高他们将专业理论应用于实践的能力。给专业课程教师提供一定的时间和资金，让他们到金融企业走访和调研，编写金融企业的营销案例，以丰富专业教师的实践教学内容。本科高校要设法与国外知名的金融企业合作，建立国外金融营销实践基地，定期派出一定数量的专业教师赴国外金融企业实践基地进行交流访问，使他们通过交流与合作等方式了解国际知名金融企业的专业实践新动向。为了有利于金融营销应用型人才培养，全部专业课程教师都应拥有金融企业的任职经历。

### （二）柔性引进

本科高校可以采取柔性引进方式，从金融行业聘请实践经验丰富的营销专家担任专职教师。比如，从金融机构聘请已经退休的营销部门高管担任专职教师，专门负责讲授相关专业课程，而不必承担一般专业教师所要完成的科研任务和其他教学任务。根据金融行业营销岗位和专业课程的需要，聘请具有丰富实践经验的金融行业专家和金融企业领导担任兼职教师，开设金融营销讲座，为学生的专业实训、专业实验、专业实习和毕业设计承担指导工作。本科高校无疑需要扩大兼职教师队伍人员数量，可以从金融行业大量聘请营销主管、营销总监或者中、高层管理者担任兼职教师。

### （三）提高质量

本科高校要引导专业教师考取相关的职业资格证书，鼓励持有职业资格证书的教师兼职参与金融机构的营销活动，不断提高专业实践能力，积累专业实践经验。邀请金融企业的专家和领导为专业教师培训金融营销实务技能，定期与不同知名金融企业的营销部门合作开展营销实务研讨。本科高校可以通过组织专业教师开展技能竞赛方式促进他们的实务技能提高。建立专业实践科研基金，支持教师申请应用型研究课题，加大应用型科研项目的奖励力度。鼓励专业教师与金融企业的营销部门合作开展应用型课题立项和研究活动，为金融行业和金融企业提供横向课题研究服务。鼓励教师参加金融行业研讨会和实践经验交流会，不断提高专职教师队伍的质量。

### （四）优化结构

在建设金融营销专业师资队伍过程中，本科高校要注意改善和优化专业教师队伍结构，不仅保证专、兼职教师数量和质量，还要在专业实践领域和教师年龄上做到结构合理。由于金融行业领域的多样性和差异性，专职教师的专业实践背景要有所不同。有的专职教师具有银行背景，有的专职教师则注意积累证券行业营销经验。引导不同研究方向的专职教师考取不同金融行业领域的职业资格证书。对兼职教师的聘请也应注意其金融行业领域背景，也就是要从金融业的不同领域聘请兼职教师。总之，通过有计划分批培养专职教师与柔性引进不同金融领域的兼职教师相结合的方式，建立一支专兼结合、高素质的“双师型”和“双结构型”的优质教学队伍。

## 五、金融营销应用型本科人才培养的教学管理制度

应用型人才培养和“理论研究型”人才培养存在显著差异。培养金融营销应用型本科人才，需要建立相应的教学管理制度作保障。

首先，要改革以教师为唯一评价主体、以书面考试成绩为单一评价方式的教学评价模式，建立以培养学生能力和技能为核心的教学评价模式。对学

生学习的评价主体既有课程教师，也有企业导师和职业资格鉴定者。评价方式既有书面考试，也有口试考核和实践技能考核。评价的场所不仅包括教室，也包括专业实践场所、专业实习现场和职业资格鉴定单位。评价内容不仅包括理论知识要点，也包括能力应用和职业素养。对学生的学习评价不只看结果，也关注过程。这样，依据岗位能力要求和参照职业标准，建立评价主体多元、评价方式多样、评价场所灵活、评价内容综合的教学评价模式。

其次，对专职教师和兼职教师分别建立科学的考核管理制度。对专职教师和兼职教师要采用不同的管理方式，建立不同的绩效考核评价指标体系。相对而言，对专职教师易于管理，对兼职教师的管理存在一定的难度。为此，要建立优胜劣汰的竞争性聘用机制。对教师的考核评价不只是计算课时数量，更要看教学质量。不仅要考核课堂内的教学质量，也要将教师在课外时间对学生培养的付出纳入考核指标。依据教师的教学质量和人才培养效果，如比赛获奖、实习机会提供、就业机会提供等，给予差异化的报酬和奖励。通过建立有效的激励机制促使专兼职教师为学生提供高质量的教育服务。要充分利用学生选课、评教和选择指导教师等活动促进教师提高教学质量。

最后，对课程教学效果和人才培养效果采用多元评价方式。对教师教学效果的评价，不只是采用学生网上评价、教师互评和教学督导评价的方式，还应该引入学生家长评价、金融企业评价和同类院校评价等方式。把学生考取职业资格或者职业技能鉴定作为教学效果的重要评价指标。应用型人才培养质量，最重要的是得到用人单位的普遍认可。教学的综合效果表现在学生在就业市场的竞争力和就业以后的职业发展状况。对此，可以采用问卷调查、座谈和毕业生职业发展跟踪等方式，了解金融企业和毕业生对课程体系和教学效果的评价意见。可以引入社会第三方教学评价方式，由社会第三方对专业课程教学和人才培养效果进行客观评价，从而促进教学质量和人才培养质量，完善教学管理制度建设。除此之外，还要建立应用型本科人才培养的内部质量保证体系，从学生的入学到毕业建立全过程的教育质量监控体系和学习跟踪体系。

## 六、结语

金融营销应用型本科人才是现代金融服务业的主力军。培养高质量的金融营销应用型本科人才对促进我国金融业的健康发展，对服务上海国际金融中心建设以及若干城市的区域金融中心建设具有重要意义。本科高校对金融营销应用型人才的培养既要从我国金融业发展的需要出发，又要立足于金融企业的营销岗位需求。检验本科高校对金融营销应用型本科人才培养质量的重要标准，就是金融企业的评价和毕业生的职业发展潜力。高校是应用型本科人才的输出方，金融企业则是应用型本科人才的接收方。尽管本科高校是金融营销应用型本科人才培养的主体，但是深入的校企合作和金融行业组织的参与对培养高质量的金融营销应用型本科人才不可或缺。本科高校要充分整合和利用各种社会资源，主动寻求金融企业的参与和合作，为金融营销本科生提供一个良好的应用能力培养平台。

## 参考文献

[1] 叶松令．本科应用型人才培养的比较分析［J］．吉林工商学院学报，2010（5）：73－77.

[2] 潘懋元，石慧霞．应用型人才培养的历史探源［J］．江苏高教，2009（1）：7－10.

[3] 宋克慧，田圣会，彭庆文．应用型人才的知识、能力、素质结构及其培养［J］．高等教育研究，2012（7）：94－98.

# 对接职业标准的应用型本科金融营销专业实践教学体系构建研究

彭 博

**摘 要：**根据对接职业标准的应用型本科金融营销专业实践教学人才培养目标，按照系统论思想构建实践教学体系，包括目标体系、内容体系、管理体系、评价体系和支撑体系。针对上海金融学院金融营销专业应用型本科实践教学的实际，加强管理制度建设，以系统化思想做好五位一体的实践教学体系的建设。

**关键词：**应用型本科　金融营销　实践教学体系　职业标准

## 一、引言

上海市经济的持续快速发展与产业结构的升级换代，高新技术不断应用于现代企业的生产服务过程，对人力资源的素质提出了更高的要求，对高技能人才的需求呈现出更为强劲的势头。目前，上海高技能人才存在着总量不足、分布不平衡、结构不合理的矛盾，高技能人才短缺已经成为制约企业竞争力的“瓶颈”。因此，尽快培养和造就一支与经济建设水平相适应的高技能人才队伍，对于实施科教兴省、人才强省战略具有十分重要的意义。面对这一新形势，上海立信会计金融学院从去年开始申报应用型本科的试点。在成功获得了金融营销专业的应用型本科试点后，我们将面临如何构建该专业的实践教学体系的问题。本研究旨在以培养应用型营销人才为导向，按照“三型一化”人才培养目标，结合系统论思想构建符合金融营销特色的实践教学体系，包括目标体系、内容体系、管理体系、评价体系和支撑体系。以金融营销专业为依托，从上述五个方面展开具体翔实的研究，一方面，为该专业系统性的实践教学体系建设提出具体的参考意见；另一方面，也为我校今后其他专业进行实践教学给出一定的借鉴。

近年来，我国一些本科院校也在积极推行“双证书”制度，要求本科毕业生不仅要通过本科教育取得学士学位证书，还要取得相应的职业资格证书。但一直以来，普通高等教育与职业资格证书体系的关注点不同，要真正在本科期间实现两者的并重，一方面，要求对现有的教学模式进行改革，探索如何把职业资格鉴定和培训纳入教学计划，科学设置实践教学环节和优化课程体系，把实践能力和职业技能的培养真正贯穿于人才培养的全过程；另一方面，良好社会外部环境的支撑、导引同样至关重要，尤其是完善的职业资格证书制度体系的建立对“双证书”的推行意义重大。在此，我们应借鉴英国的“资格证书体系推动型”实践教学模式创建科学实用的中国职业资格证书体系、完善的资格考试体系，确立“国家资格框架”，一方面，保障职业性教育与学术性教育的平等地位，促进职业性教育与学术性教育的衔接和沟通；另一方面，也从体制和制度上为培养应用型人才的本科院校实践教学提供科学正确的导向。

## 二、文献综述

新建本科高校的定位问题决定着其今后的发展，在高等教育进入大众化阶段的过程中，我国有近200所新建本科高校，新建本科高校的发展受到了各界的密切关注，有不少专家学者对新建本科高校的定位问题进行了较为系统深入的研究，各地新建本科高校也根据自身的情况开展了不少实践，都得到了一个结论，新建本科高校的定位应是结合地方或区域经济发展需要，培养“应用型”人才。潘懋元教授（2007）明确地指出了新建本科高校的定位应是“立足地市，为地方服务的应用型本科人才培养”。在应用型本科高校的建设过程中，实践教学在人才培养中不可替代的作用已经越来越受到重视。

山东科技大学的袁照平（2008）关于实践教学做出了如下表述："应用型本科的实践教学体系应该是一个课内外结合，校内外结合，实验、实训、实习相结合，分散与集中相结合，由基本技能训练到专业技能训练再到综合技术运用、创新能力训练的递进式、开放式的实践教学体系。这一体系包括三个层次：基本技能层、专业工作能力层、工程实践与创新能力"。此外，刘国钦、伍维根、彭健伯等（2007），陈小虎等人（2004），陈小虎（2008）的研究对应用型本科高校实践教学体系的构建也进行了分析。在佛山科学技术学院熊志翔教授的《本科院校质量保障体系研究》一书中对于实践教学也有具体的论述。司淑梅（2006）也总结了境外几种实践教学模式：德国"企业主导型"实践教学模式，加拿大"能力中心的课程开发型"实践教学模式，英国"资格证书体系推动型"实践教学模式，中国香港"工业训练中心型"实践教学模式。其中，德国和英国模式是目前我国高校采用较多的实践教学模式。

通过中国知网（CNKI）数据库和维普中文科技期刊数据库等网络资源，搜索"职业标准"发现，相关的理论研究均侧重于高职院校，对在本科院校中如何开展职业培训则没有相关的理论研究。而针对"应用型本科"和"实践教学"为关键字的搜索，则可以查找到近百条的相关文献，如刘国荣（2009）《刍议工程应用型本科实践教学改革与创新》；赵良庆，蔡敬民，魏朱宝（2007）《应用型本科院校实践教学的思考和探索》；程建芳（2007）《借鉴国外经验强化应用型本科教育实践教学》。这些文献中主要介绍了德国的双元制四阶段实践教学法、新加坡南洋理工学院"项目教学"、美国的"工程教育"及英国的"双证"模式，这些做法和手段对于我国的应用型人才培养有着很好的启示作用。而且从国外的经验来看，不难发现，我国的应用型人才培养方面还有一个明显的缺陷，就是人才培养过程与学生的就业、创业指导未能有机地结合起来。

在英国，整个职业教育和职业培训靠证书与考试制度而展开，其相应的实践教学更以职业资格证书推动进行。目前，英国已经建立了包括国家职业资格证书（简称 NVQ，是指按照国家制定的职业技能标准或任职资格条件，通过政府认定的考核鉴定机构，对劳动者的技能水平或职业资格进行客观公正、科学规范的评估和鉴定，对合格者授予相应的国家职业资格证书）和国家通用职业资格证书（GNVQ）以及普通教育在内的非常完整的、在国际教育中独一无二的证书体系，各种证书之间还建立了互换关系。完整的证书体系以及相应的严格、标准的资格认证制度，以促使培养应用型人才为主的高校实践教学与经济发展和生产实际紧密结合，不断适应科技发展及市场需要，改革实践教学内容和方法，确保了实践教学质量。

目前，英国的以资格证书为中心的实践教学模式具有如下特点：首先，以能力为基础。"国家职业资格"是一种以能力为基础的资格认定，是一项"能力说明"，由主要职能、能力单元、能力要素以及操作上的具体要求和范围等所构成，因此，实践教学的开展必然以能力基础为目标。其次，强调在"做中学"，"国家职业资格"强调在"做中学"，实践教学也必然要求在"做中学"。最后，建立以实际工作效果评定学习成效的考核制度。实践教学的效果评定以"国家职业资格"规定而定，国家资格证书是建立在实际工作效果评定上，不拘泥于传统的书面纸笔测验，而是一个收集证据，判断证据是否符合操作标准的过程。

在梳理文献的过程中也发现，对与职业标准衔接的应用型本科教学体系构建的研究是比较匮乏的，本文以英国模式作为参考，试图构建一个符合我校特色的金融营销专业实践教学体系。

## 三、金融营销实践教学体系构建

### （一）教学目标体系构建

教学目标的确定是实践教学体系的首要环节，是根据金融营销人才培养目标和规格的要求，结合专业特点，分析本专业岗位群对知识、能力和素质方面的实际需要，确定培养学生综合实践能力的总体目标，再将总体目标加以分解。从建构主义的理论得知，知识是主动建构的，主客体之间具有交互作用。因此，应用型本科教育的教学目标就是要更多地调动学生学习的主动性和积极性。考虑到对“应用型”角色与组织环境以及更广职业环境之间的相互作用，在注重常规性培养目标的同时，还需注重学生适应能力、方法变通、创新思维等方面的培养，促使学生在学习知识的过程中学会学习、学会合作以及学会关心，并培育学生的批判、反思和探究精神（见图1）。

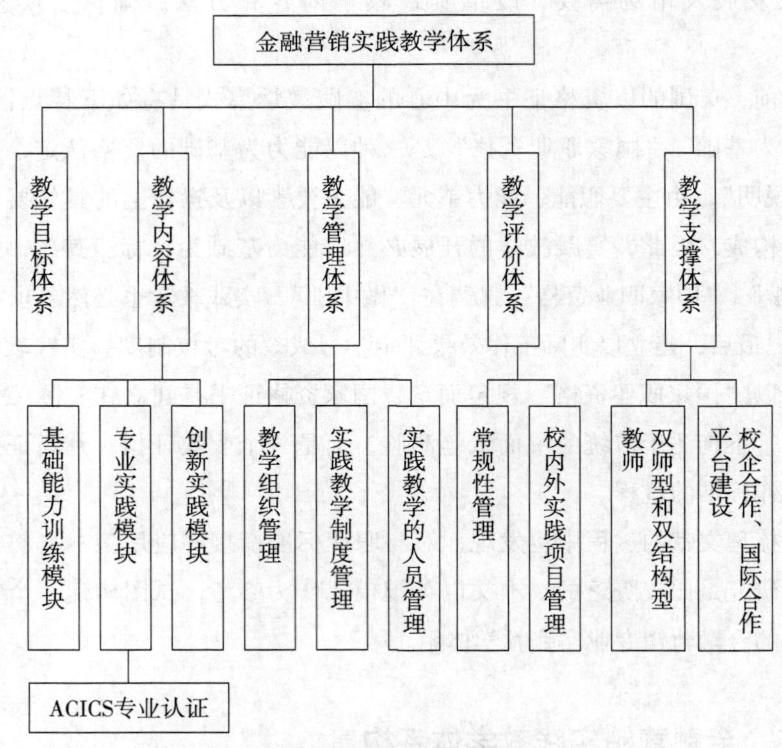


**图1　金融营销实践教学体系**

## （二）教学内容体系构建

在现行的应用型本科实践教学体系中，实践教学内容体系基本呈现出“基本技能—专业技能—综合技能”的“三段式”模式，即实践教学内容体系是按照基本技能、专业技能和综合技能三大模块构建的。相应地，应用型本科教育的人才培养方案一般将文化基础课、专业基础课、专业课分别安排在前期、中期和后期开设，具有明显的“从理论到实践”的倾向。其实质仍是以学科本位的逻辑为中心，而不是以实践任务和工作过程为中心，这就使得学生所获取的理论知识与实践知识往往是分离和孤立的。为此，必须改变现行实践教学内容的建构方式，以任务或项目为核心，将知识与技能的教学融入工作任务的组织过程中。

随着应用型本科教育的改革正逐步往深层次发展，迫切需要建立以就业为导向的柔性课程结构和以项目为单元梯度递进、反映时代特色的实践教学内容体系。应用型本科实践教学内容不仅应包括基本的技术训练，还应纳入智慧技能以及解决复杂多变情境问题的能力。按整体优化原则和应用型人才培养目标的要求，建立实践教学内容体系。将学生整个大学期间的实践教学活动作为一个统一整体来考虑，分成基础能力训练模块、专业实践模块、创新实践模块三大部分。而且这三个模块要突出“两个标准”“一个方向”“双证融通”的课程设计理念。

本专业以经济学、金融学和工商管理为主干学科，建立模块化的课程体系（见图2）。模块化的课程体系由四大模块构成，分别为公共基础课程模块、专业基础课程模块、专业方向课程模块和实践教学课程模块，每个模块又分为必修课子模块和选修课子模块，其中公共基础课属于基础能力训练模块，专业基础课和专业方向课属于专业实践模块，实践教学属于创新实践模块。

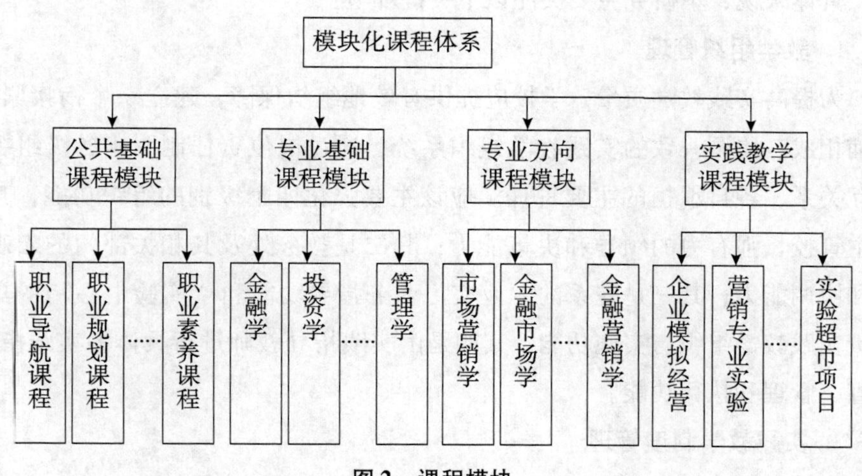


**图2　课程模块**

在课程设置中，金融学基础理论课程和营销学专业理论课程并重，突出双语教学和金融特色，以市场营销学、消费者行为学、金融营销学、金融市场学、金融企业营运管理、营销精要（全英语）、国际营销学（全英语）、商务文化与交流（全英语）为核心课程，开设了大量的金融实务和营销实务方面的选修课，包括营销渠道管理、市场调研与预测、金融理财学、银行信贷管理、商业银行经营与管理、金融交易技术分析、保险营销学、广告理论与实务（双语）、服务营销学（全英语）、营销战略管理（全英语）等多种课程。实践课程采用必修和选修方式。必修的实践课程包括市场营销专业实验、管理综合实验、专业实习、毕业实习和毕业论文（设计），选修的实践课程包括第二课堂、实验超市项目和创新创业教育项目等。

### （三）教学管理体系构建

系统论原理要求管理者从整体入手，从整体与部分、整体与环境的关系中揭示教学管理的性质与规律，使得校内、校外实践教学相结合。积极改革实践课程教学大纲为重点的课程制度，建立以实践性学习为主线、产学合作的实践教学制度。为了整体和系统地推进以实践性学习为核心的教学管理体系建设，还需要结合应用型本科院校的实际制定《教师实践性教学纲要》和《学生实践性学习指南》，从“教与学”两方面进行规划和操作指导。

具体来说，本研究主要关注以下关键环节：

#### 1. 教学组织管理

为提高实践教学质量，学校应提供有效地组织保障，建立一个衔接紧密、相辅相成、协调一致的实践教学组织系统，通过岗位责任制明确各级组织的相互关系、各自承担的主要责任。应该主要强化四个级别的组织功能，其一是主管校长强有力的领导和决策能力；其二是教务处及其相关部门的宏观管理和协调能力；其三是院系的专业实习业务指导功能和“实验中心”的具体负责实践教学组织与实施功能；其四是由实践指导教师进行具体的实践指导、检查、管理和执行功能。

#### 2. 实践教学制度管理

实践教学工作涉及面宽，为了保证组织管理工作到位、教学环节合理衔接，学校需建立与之配套的管理制度，使实践教学活动有章可循，教学监督和检查有制度可依。各院系须根据学校要求，结合本学科专业的特点，对相关制度进行补充和细化，并严格执行。

3. **实践教学的人员管理**

实践课教师要按照教学工作规范认真履行职责。实践课开课前，任课教师和实践教学管理人员必须认真做好各项准备工作，如有必要应提前试讲和试做。实践课开课后，任课教师应向学生讲明操作注意事项，对学生的上课情况进行考核。实践教学管理人员要加强课堂管理。实践课结束后，任课教师要对实践课情况进行总结，实践教学管理人员要及时清点和检查设施设备，做好整理和保管工作。各实践教学部门要加强对任课教师、实践教学管理人员的管理和考核。要建立健全实践教学管理人员的岗位责任制，把日常实践教学管理工作落实到人。

### （四）教学评价体系构建

作为应用型本科教学主体的实践教学体系，由于长久以来缺少相对独立的评价体系，致使实践教学质量评价在整个教学质量体系中一直处于弱势。对此，要着眼于评价的整体性，实行评价主体和评价标准的多元化。首先，要构建常规性的管理体系，教务处可协同系部、教研室、教学督导部等部门进行常规课堂教学检查，对教学资源管理和教学过程进行监控管理；其次，要加强对校内外实训项目的管理，由实训部门负责监控，主要由实训基地负责教师会同相关人员深入校内和校外两个区域，进行学生技能培养监控，并做好反馈。

实践教学环节的考核评价主要考查学生的学习态度、技能掌握情况以及在实践环节中所表现的基本素养和职业素质。在必须达到最低要求的前提下，为使不同基础的学生在技能上都能有所提高，可以实行不同的考核起点，由学生自主选择，体现个性发展。可根据不同专业、不同年级学生的具体情况，结合社会需求发展，在明确考核重点的基础上制定不同的考核方案。

在各实践教学环节的考核评价方面，由各实践教学部门根据各专业培养目标和教学计划的要求，按实践教学内容制定相应的考核办法。由各实践教学部门根据各实践教学环节特点和各专业培养目标要求制订可操作的评分细则，交由教务处审核备案，报教学院长批准执行。

### （五）教学支撑体系构建

实践教学支撑保障体系要求具有一定生产、管理经验的“双师型”或“双结构型”素质教师为主体的师资队伍，较完备、先进的技术设备和仿真性的实践教学环境以及良好的学习环境三个重要条件。

（1）加强实践教学师资队伍建设，增强实践教学指导能力。教师队伍是实践教学体系的构建者，更是实践教学体系的实施者。培养实践能力强的人才最为紧迫的是要建设实践指导能力强、工作踏实肯干的“双师型”或“双结构型”素质的教师队伍。但是具备专业理论、实践操作两重知识和能力，综合素质高且掌握教育规律的教师是难以寻求和培育的，只有采取超常规的措施来建设。

（2）加强校内外实践场所建设，及国际合作平台建设。建设好校内、外实践教学场所是培养高等“应用型”人才必备条件，因此需依据专业的实践教学需要，全面规划，逐步实施。第一，应加强网络实践平台的建设。充分利用校园网搭建起“网上实践教学平台”，通过链接的方式把理论教学和实践教学大纲、主要实践项目、实践目的、训练方法等基本内容模块粘贴在网上，学生根据上述内容，进行操作训练来完成知识的建构和能力的提高。第二，是加大校内综合实验室和仿真模拟实验室的建设。进行实验室建设时要统筹规划，考虑前瞻性和持续性，使实验室建设与学科专业建设、课程建设相匹配，在功能、设备购置等方面注意专业和技术发展的方向，防止刚建设好就落后的情况出现。还要优化配置、高效利用和资源共享，尽可能使一个实验室能够承担不同专业、不同课程的实验教学任务。并逐步试行实验室开放管理制度。第三，是重视和加强校外实习基地和国际合作平台建设。为了满足应用型人才培养的实践教学条件需要，弥补校内实践条件的不足，以互惠互利“双赢”为原则，充分发挥学科专业优势，主动出击，服务社会，通过学校、学院等不同层面与相关单位以协议合同形式，建立相对稳定的综合性、专业性、产学研合作的实践教学基地。

## 参考文献

[1] 潘懋元．我看应用型本科院校定位问题［J］．教育发展研究，2007．7－SA.

[2] 袁照平．应用型本科教育培养模式探析［J］．中国电力教育，2008．118（8）．

[3] 刘国钦，伍维根，彭健伯，等．高校应用型人才培养的理论与实践［M］．北京：人民出版社，2007.

[4] 陈小虎，刘化君，曲华昌．应用型人才培养模式及其定位研究［J］．中国大学教学，2004（5）．

[5] 陈小虎．“应用型本科教育”：内涵解析及其人才培养体系建构［J］．江苏高教，2008（1）．

[6] 熊志翔．本科院校质量保障体系研究［M］．广州：广东高等教育出版社，2008.

[7] 司淑梅．应用型本科教育实践教学体系研究［D］．长春：东北师范大学，2006.

[8] 刘国荣．刍议工程应用型本科实践教学改革与创新［J］．中国高教研究，2009（5）．

[9] 候立玉．应用型本科院校实践教学体系研究——以上海商学院为例［J］．上海商学院学报，2008（9）．

[10] 高政平．“双证”融通教学模式的探索与实践［J］．职业教育研究，2008（5）．

# 金融营销国际职业认证课程研究与实践

杨敬舒

**摘　要**：职业资格证书制度作为人才市场准入的重要措施，正越来越受到世界各国的重视和采纳，而作为职业资格证书重要内容的标准是高等教育应用型人才培养专业建设必须参考的重要方面。为此，专业认证作为重要的制度设计，必将在与职业资格标准相适应的应用型人才培养专业建设机制中担当重要角色。本文以金融营销专业为研究对象，探讨其开设国际职业认证课程的可行性，并通过借鉴英、美、澳等国家高等教育经验，提出金融营销专业开设该类课程的意见和建议。

**关键词**：应用型本科金融营销专业国际职业认证

2014 年 6 月 22 日，国务院常务会议已通过《关于加快发展现代职业教育的决定》。今后，中国将以建设现代职业教育体系为突破口，对教育结构实施战略性调整，引导一批普通本科高等学校向应用技术类型高等学校转型，重点培植发展职业教育。而社会从重“学历”到重“能力”的转变，高校对人才培养质量的要求不能仅仅停留于之前的教育标准——学历证书的获得，而是发展为行业标准——职业资格证书，尤其是将取得国际职业资格认证的环节纳入到高校的教育过程中，这样可以有效地促进学校的教学改革，使高校培养的人才质量更加符合社会的需求。

本文通过探讨金融营销专业开设国际职业资格认证课程的具体方法和途径，分析在开设该课程的过程中可能遇到的问题和难点，并制订相应的解决方案。

## 一、金融营销专业与国际职业资格衔接的重要意义

现阶段国内职业资格证书制度面临的主要问题是：缺乏统一的、与学历文凭相对应的国家职业资格框架；国家职业资格标准滞后于生产技术的发展；国家职业资格认证管理混乱；证书含金量不高；就业准入制度执行不力（单嵩麟，2005）。国际职业资格证书制度，如英国的国家职业资格证书制度、国际职业资格认证行业协会、微软信息技术认证等，凭借其科学而严格的职业标准和广泛的行业影响力，在职业竞争中占据着重要的地位。因此，金融营销专业引入国际职业资格认证课程，对于促进教学改革、增加学生的职业技能、增强毕业生在就业市场的竞争力都将起到强有力的促进作用。

上海立信会计金融学院市场营销专业（金融营销方向）2014 年申请上海市应用型本科专业试点获得立项，更是在应用型本科建设的道路上迈出了重要一步。在项目申报和建设的过程中，国内职业资格认证，尤其是国际职业资格认证都被提到了一个重要的高度。国际职业资格认证，不仅在含金量、实用性，包括用人单位的认可度来讲，都比国内职业资格认证拥有更多的关注。

### （一）主动适应产业需求，实现教育资源的优化统筹

国家推动应用型本科专业建设的目的就是要使学生在毕业时具有行业必备的专业能力及素养，达到从业条件，满足国家对高层次应用型人才的需求。随着金融行业的迅猛发展，众多金融企业对人才的需求必将不断增加，相关职业认证标准必将随之提高。如果将金融营销本科生教育与金融企业的职业资格认证有机衔接，必将促进高校与金融行业发展，准确定位金融营销专业学位本科生培养目标，及时优化人才培养方案及课程体系，使之适应岗位需求。而且，由此引入外部质量评价机制，还将有效增强应用型本科教育的动力，实现本科教育保持健康、可持续的发展。

### （二）开拓学生国际视野，推进国际化进程

上海市是中国的金融中心，已经具备国际金融中心的特征，国际化是其金融业发展的必然趋势。尤其是在金融业已超越国界的今天，引进国际职业资格认证，必将有效促进学生积极开拓国际视野，及时了解相关国际标准和规范，尽早掌握本领域前沿知识及技能，提升自身专业能力和国际竞争力。

### （三）优化统筹国家教育资源，推进产学研合作，促进产业发展

如果金融营销应用本科教育与国际职业资格认证实现成功衔接，将有效避免学生在时间、精力以及费用方面的被动重复投入，他们毕业就能就业。相关企业亦可因此节约岗前培训费用，降低筛选成本和用人风险，实现国家教育资源的优化统筹。高校则可借此培养“双师型”教师、加强教学基本建设、紧密依托国际企业建立产学研结合的有效运行机制，促进金融业发展。

## 二、国内高校开设国际职业资格认证课程的现状

根据国家职业资格工作网提供的信息，2000—2009 年 10 月，先后有 16 个境外职业资格证书和 4 个项目通过我国主管机构的审核和注册，总计 142 个级别和单科证书，成为我国职业资格证书资源的重要而及时的补充。这些证书主要来自英国、美国、日本、中国香港等主要发达国家和地区，涉及多个职业领域，其中语言类 3 个证书，包括职业韩国语、实用日本语和国际交流英语；服务类 26 个证书，包括商贸零售、企业行政管理、剑桥商务管理、剑桥旅游管理、国际商业美术设计、国际财务管理、注册金融分析、酒店管理、观光旅游、注册职业采购、企业风险管理、银行风险与监管、注册营销管理专家、注册人力资源管理专家、房地产营销师、房地产营销员、软件工程师、网络工程师、软件测试工程师、NET（网状物操作平台）高级软件开发专家、JAVA（计算机编程语言）高级软件开发专家、ANDROID

（安卓操作系统）高级移动开发专家、高级网络营销专家、互联网软件开发专家、信息服务专家、网站设计专家；制造类 2 个证书，包括电子工程和设施管理。

在政府主导引进的证书中，除了原国家劳动和社会保障部批准的以外，国家外国专家局（以下简称国家外专局）等国家部委和一些专业协会也引进了一些在国际上具有一定影响力的职业资格证书，如国家外专局培训中心引进的国际市场与营销职业资格认证项目、美国国际人力资源管理职业资格认证项目、项目管理资格认证体系和美国国际进出口协会职业认证体系等；审计署下属中国（北京）国际技术培训有限公司引进的特许公认会计师、美国注册管理会计师和国际注册内部会计师等。这类证书级别从低到高涵盖得较为全面，大多要求申报者必须拥有相关工作经验。

高等院校也是国际职业资格证书引进方面的重要力量。20 世纪 90 年代中期以来，尤其是我国加入 WTO（世界贸易组织）以后，高等职业院校开展国际合作与交流的步伐不断加快，许多院校根据自身特色专业建设水平提升的需要，积极引进国际职业资格证书资源，改造和优化现有专业和课程体系，并看到显著成效。如深圳职业技术学院于 2001 年与思科公司开展合作，培养技能型网络技术人才，到2009 年全校有 18 个专业引进了国际权威职业资格证书共 63 种；上海医药高等专科学校根据学校发展需要，先后引进了美国国家注册护士、欧盟医药营销职业资格证书、日本口腔医学技术质量职业考试等国际职业资格证书，为学生提高国际就业竞争力注入强大动力；四川国际标榜职业学院积极引进英国国家职业资格认证教学评估体系、HND（英国高等教育文凭）医疗美容与技术资格证书，与瑞士 CIDESCO（圣迪斯哥）国际美容师认证机构合作开展国际美容师认证项目，使其发展成为自己重要的特色和品牌。这些院校引进的证书，在相关专业领域具有广泛的国际影响力，对提升高等职业技术人才培养水平具有至关重要的作用。

但即便如此，我国高等院校在职业资格证书教育资源引进方面普遍还做得不够。一方面，引进的国外资源在本土化后，其课程体系、师资水平、实训条件和学生学习能力等方面的标准要求与国外有较大差距，人才培养质量大打折扣；另一方面，普通高等教育在培养目标上与职业教育存在差异。普通学历教育偏重理论和知识的传授，在职业技能和操作能力方面训练较少，与职业教育突出高技术和高技能的培养标准还有很大差距（李传彬，2014）。这些都将是应用型本科开设国际职业认证课程亟待解决的问题。

## 三、金融营销专业开设国际职业资格认证课程的可行性分析

### （一）可行性分析

在其他领域或方向，如项目管理、物流工程等，早有与国际职业认证相衔接的成功先例，但在金融营销领域却尚属空白。为此，我们首先展开广泛调研，分析两者衔接的可行性。

**1. 两者的人才培养目标具有多方面共通性**

两者都具有明确的职业导向性，都是针对金融行业对应用型人才的需求、立足于为金融行业培养具备从业素质要求的应用型人才，都注重专业能力培养，相关培养对象主要从事的都是金融行业的营销、客户关系管理等工作。

**2. 两者的教育内容具有较高重合度**

通过将金融营销本科生培养方案与金融行业和营销行业等职业资格认证体系进行比较发现，相关培养体系所涵盖的知识，如投资理财、保险、银行从业、客户关系管理、营销策划等知识，均有较高的重合度，只是问题出现在高校相关课程“重理论、轻实践”，而国际职业资格认证相关课程内容则紧跟金融行业的最新发展趋势，并尽可能地考虑企业的实际需求，更符合应用型本科生的培养要求。

### （二）学生对两者衔接的意见

如果实施对象不认同，再好的举措也将收效甚微。为此，我们对学院在读金融营销专业的一年级新生展开相关内容问卷调查。40 份回收问卷的统计结果表明，学生对此高度赞同（见图 1、图 2）。

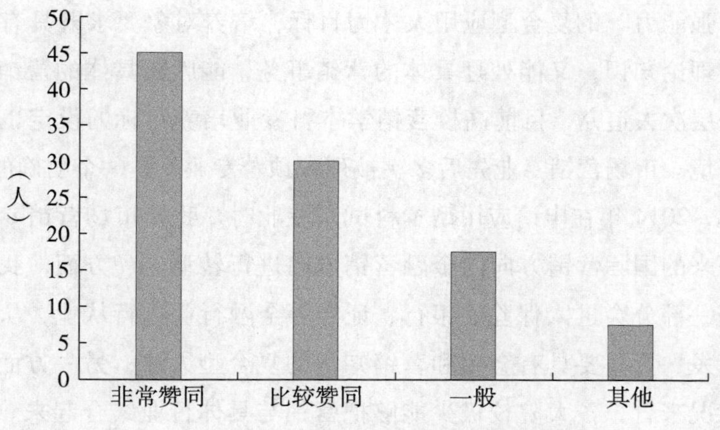


**图1　与国际职业资格相衔接的意见**

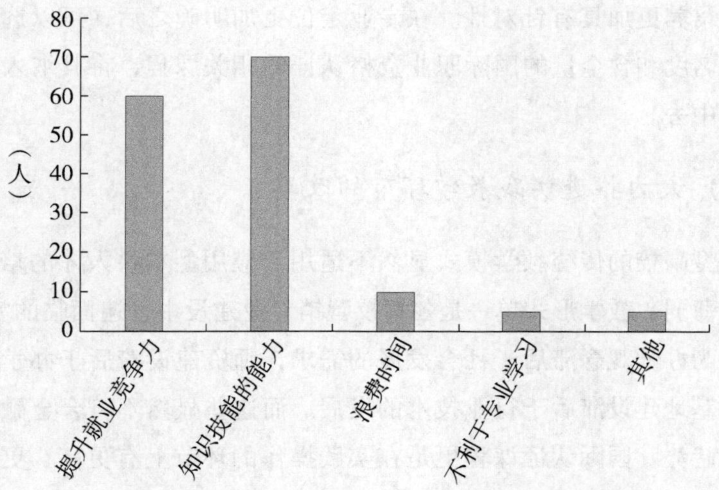


**图2　在学期间考取国际职业资格证书的看法**

## 四、金融营销专业开设国际职业资格认证课程的现有条件和改革方向

### （一）需进一步明确专业设置方向

目前，全国营销专业本科教育培养目标具有一致性，即以培养“厚基础、

宽口径、强能力”的复合型应用人才为目标，培养对象要求既具有较深厚的营销专业理论知识，又能处理具体的营销事务，能胜任具体的营销工作。但是若从深层次去追究，目前高校营销学本科专业培养目标的设定也存在含混不清的窘境。市场营销专业先后多次被列入预警专业就是一个明确的信号。

因此，2014 年在申请应用型本科试点专业时，我校市场营销专业的培养方向由原来的国际营销方向向金融营销方向进行转型。一方面，我校历届毕业生相当一部分会进入保险、银行、证券等金融行业进行从业，从企业的用人需求出发，更需要具有金融和营销知识的复合型人才；另一方面，从目前的招生状况来看，各大院校极少能够把营销与具体行业结合起来。因此，利用我校现有资源，期望把金融营销建成我校的特色专业，使专业定位更加明确，人才培养更加具有针对性。在专业定位更加明确之后，可以选取一些具有国际知名度和含金量的国际职业资格认证的相关课程，将其纳入到本科生培养计划中去。

### （二）大力推进实践教学环节的改革

理论型高校的传统教学模式显然不适用于应用型本科人才的培养，实践教学环节薄弱、教学形式单一是各高校营销专业建设中普遍面临的实际问题，突出表现为办学观念滞后于社会发展的需求，师资建设滞后于办学规模的扩大，实训基地建设滞后于行业技术的发展。而这些显然不符合金融行业国际化发展的趋势。国际认证课程更是在实践操作的环节上有更高、更具体的要求，引入国际职业认证课程，需要在课程的实践教学环节中加大投入。

针对以上实际情况，金融营销本科专业的发展必须大力推进实践教学环节的改革。加强实践教学环节，首要是增加实践课时，合理安排实践教学与理论教学的比例。如美国高校教学计划中，实践教学与理论教学的比例为 3∶1，英国为 2∶1，在德国高等专科学校的教学计划中，实验、设计、实习等环节的课时约占教学计划总时数的 2/3；在法国，教师每讲 1 节理论课需配有 2～3 节的实践课。

因此，对于实践性较强的金融营销专业建设而言，必须改变以往轻视实践教学环节的观念，切实推进实践教学环节的改革：在课程体系的设置上，要大幅度延长实践教学环节的课时；在课程建设上，要进一步拓展实践教学内容，将专业理论知识落实到技能培养上，将技能拓展到素质上；在教学方法上，要创新实践教学形式；在保障措施上，要采取增加实践教学经费投入、加强资源设备建设、注重校内与校外实践相结合，从各个方面切实推进秘书实践教学环节的改革。

### （三）进一步推进校企合作

整合现有的深度合作企业，采用“联合招生、订单培养、定向就业”的模式，实现企业全程参与人才需求调研、培养方案制定、教学实施计划制定及贯通工作开展的全过程。并积极拓展新的合作企业，建立与行业同步的校外实训基地和顶岗实习基地。培养具备较高文化素养、创新精神、较强专业技能，持有相应技能高级国际职业资格证书的优秀行业人才，才能适应行业和社会对应用型人才规格多变的需求。由学校及深度合作企业出资设立奖学金，表彰市场营销（金融营销）专业成绩优异的学生，每年企业都参与奖学金的评选和颁奖。另外，也可以由学校和合作企业通过多种方式，对国际职业认证的相关学习和考试费用进行补贴，提高考试的通过率和证书的获得率。通过各种合作方式，实现学校与金融企业的双向“交流”，互惠互利，合作共赢。

### （四）双语教学常态化

国际职业资格认证基本上是要以英语作为主要的学习和考试语言。考虑到学生入学时的成绩相对于普通中职生较好，学生的起点高、学习基础好，从入学伊始就采用一体化学习，运用前置培养的方式夯实基础，按照国际化培养的要求，从入学开始就加强外语教学，强化英语的听说读写能力，由浅入深，引入外国成熟的专业基础课程，双语专业教学，为国际交流合作打好基础。通过探究式教学法、工作坊式教学法方式和开设方法论、思维训练等类型课程培养学生自主的思维模式，为研究性学习打好基础。

### （五）加强“双师型”教师队伍建设

金融营销专业的发展、“双证书”制度的推行，迫切需要一支既具有扎实的秘书理论功底，又具有金融和营销行业实际工作能力和经验的“双师型”师资队伍。我们可以结合自身的实际情况，采用引进、培养、聘请等措施，引进国内外有经验的专业教师；鼓励支持青年教师参加各类学术交流、专业教学培训，或组织青年教师到机关或企业挂职锻炼；也可以直接聘用在金融行业从业的各级工作人员和专业知名人士，担任兼职教师，充实到金融营销实践教学环节中来。

## 参考文献

[1] 李传彬．我国国际职业资格证书教育研究［J］．教育与职业，2014（32）．

[2] 梁付娟，邵勇．与国际职业资格认证相衔接的软件工程领域全日制专业学位研究生培养探讨［J］．计算机教育，2015（3）．

[3] 高红梅，郭学利，学历教育与资格认证并重的秘书本科专业建设新思路［J］．内蒙古师范大学学报（教育科学版），2013（26）．

# 金融营销专业"商务文化与交流"课程考试改革研究

周茂涛

**摘　要：**"商务文化与交流"是金融营销专业中的主干课程之一，这门课程在培养学生的商务沟通应用能力方面具有突出作用。我校金融营销专业被列为上海市首批应用型本科试点建设专业，课程考试改革是培养高素质的应用型人才一个重要途径。本文针对"商务文化与交流"这门课程的传统考试方法存在的问题，提出了整套考试改革方案，并对应用型本科专业的一般考试改革做出了相应建议。

**关键词：**商务文化与交流　应用型本科　考试改革

"商务文化与交流"是我校金融营销专业和工商管理类各专业必修的一门主干专业课程。近年来，我们结合上海立信会计金融学院系列课程体系改革的总体目标，根据"商务文化与交流"在系列课程体系改革中所处的地位和作用，加大了改革力度，在其课程体系、教学内容、教学手段、教学方法和教材建设等方面进行了一系列改革。随着改革的深入，我们思考的角度有了变化：既然在系列课程体系中，"商务文化与交流"的主要教学目标是培养学生具备全面的商务文化知识和优秀的商务交流能力，学生的商务文化意识和沟通交际能力是否增强无疑是衡量教学质量高低的重要指标之一，因此激发学生的学习自主性、促进学生的个性发展以培养其商务文化素养和人际沟通能力是当务之急，这其中的关键是逐步建立一套合理的教学评价体系。考试作为评价体系的重要指标，对学生的学习和教师的教学都具有重要的导向作用。针对传统考试模式的种种弊端，适应新的系列课程体系的要求，我们对考试作了重大变革。新的考试模式于 2015 年下半年起在金融学院金融营销班的教学中进行试点和推广实施。

这里我们先对传统的“商务文化与交流”课程考试的问题进行分析，再介绍我们所做的课程考试改革的内容，最后总结我们的考试改革所引起的思考。

## 一、传统的“商务文化与交流”课程考试中存在的问题

**1. 对考试的目的认识不足，未能充分调动师生的积极性**

课程考试是教学工作的重要组成部分，在教学中发挥着重要作用，具有从“教与学”两方面来检查教学质量和教学效果的职能，同时对教师的授课和学生的学习起到客观的评价作用。一方面对教师而言，考试可以检测教学环节的综合效果，帮助教师发现教学中存在的问题，并作为改进教学提供依据，对教学起到调节、评价作用。但很多情况下考试仅单纯地被作为教学中的一个环节，教师以考试的形式对学生的学习给出结论，没能发挥其作为教学系统反馈手段的作用。另一方面对学生而言，考试可以检测学生的学习成绩，评价学生掌握的知识水平与能力状况，调动学生学习的主动性、积极性，对培养学生的创新意识和实践能力具有重要作用。但很普遍的现象是，很多学生仅把考试作为获得学分、文凭的手段，而忽视学习的过程和学习的积累，表现为上课不认真听课、考前复印笔记临时抱佛脚、考试中作弊等行为。

**2. 考试形式单一，缺乏科学性和灵活性**

“商务文化与交流”是一门综合性、前沿性、边缘性的交叉学科，其应用性与实践性很强。它是基本商务理论、人际沟通能力和商务管理在不同商务环境中的综合应用，其研究的出发点和归宿点都在于社会实践的需要。对于金融营销专业而言，更需要实现商务交流与现代营销管理的有机结合。而目前高校普遍采用的是以闭卷纯理论考试为主，简单的实践环节考核为辅的考核方式。而其中的实践操作多流于形式，以提交书面实践报告为考核依据，

缺乏对实践能力、应用能力的培养和考查，无法满足社会对人才实践应用能力的要求。有些高校受到各种条件的约束，甚至没有实践环节，仅以一次性的纯理论考试作为评判的唯一标准，考试形式过于单一。这种考试方式的不利之处在于抑制了学生学习的主动性和积极性，阻碍了学生实践操作能力和创新能力的发展。很多学生过于关注对理论知识的学习，而忽视甚至放弃实践环节的学习和考核。因此，按照一般的考试方法是难以达到对“商务文化与交流”课程的整体性认识和理解，也不可能把商务交流和金融营销结合起来，并且实现理论与实际的有效结合也是比较困难的。

**3. 考试结构设置不合理，未能体现对学生实践能力的重视**

首先，“商务文化与交流”课程考试的题型设置不合理，导致考试内容片面。比如考卷中判断、填空、选择、简答等客观性试题所占比重过大，而案例分析、论述、设计等提高学生思考能力、应用能力的主观性试题比较小。由于考试的内容偏重于对知识点的考查，对应学生的学习也只局限于教材、笔记、知识点的记忆上，不去主动思考，无法提高创新能力和应用能力。其次，考试内容设置没有突出对实践应用能力的要求。“商务文化与交流”对于人才的实践能力和创新能力有较高的要求，但高校在对人才的实际培养中却与该现实性要求相矛盾。反映在“商务文化与交流”课程的考试中，笔试形式多，答辩、演讲、讨论等形式少；理论考试多，技能、操作实践考试少；一次性终结性考试多，数次考核综合评价的形成性考试少。这样的考试结构设置忽视了专业课程的应用价值，忽视了专业实践技能的培养和锻炼，不利于学生思考能力、分析能力、实践能力和创新能力的提高。

## 二、“商务文化与交流”课程考试方式方法改革实施的具体方案

在充分认识传统教学和考试方法的弊端基础上，在建构主义学习理论及多元智能理论的指导下，鉴于“商务文化与交流”课程本身的特点，提出了多元化的教学模式—基于“网络资源”教学、“案例分析”教学、“实践项目”教学等多种教学方法及手段有机结合，形成一个全新的教学模式。

作为以实践为基础的“商务文化与交流”课程的改革，不仅要在教学模式上有所突破和创新，还要在课程考试中体现与教学模式相适应的考试方式方法。因此，课题组根据“商务文化与交流”课程全新的教学模式，制订与其相适应的“商务文化与交流”考核方案—采用与多元化教学模式相适应的平时点名、平时作业、实践项目得分和实际商务运作得分和笔试相结合的多种方式的考试方式。具体内容如下：

（1）根据“商务文化与交流”课程知识模块的特点，分阶段采取案例分析、实践项目和实际商务运作的方案。在商务文化知识模块中，给学生 2 个课时针对现有的不同商务文化进行模式分析和特征比较，分组讨论并演示分析结果，然后根据学生分析的知识要点和演示效果给分，按满分 100 分计分。

（2）在商务谈判知识模块和商务演示技术知识模块中，给学生 12 个课时，设计模拟谈判和商务项目推广演示 2 个实践项目，其中在模拟谈判中有 6 个课时，针对具体的案例进行分组模拟谈判，最高分给 45 分，如有学生能在模拟谈判中取得双方满意的双赢方案，则给予满分 50 分；商务项目推广实践项目给 6 个课时，根据实践要求及目的来完成任务，满分 50 分。2 个实践项目满分 100 分。

（3）在最后设计中，有一个应聘业余工作的项目，学生可到现有的招聘业余职位的公司去应聘，并实际进行工作，实际业余求职成功的给满分 100 分。

（4）在整个“商务文化与交流”课程教学过程中，有 3 次作业，每次满分 20 分，共 60 分；平时点名每次都出勤给满分 40 分，一次缺勤扣 10 分，一个学期中，超过 4 次随机点名不到的，按学院规定给予处理。平时成绩由平时作业和平时点名构成，共 100 分。期终考试卷面成绩满分为 100 分，按 50% 进行折算。折算公式如下：“商务文化与交流”课程成绩 = 期终考试卷面成绩 ×50% + 案例分析得分 ×10% + 实践项目得分 ×20% + 实际商务运作 ×10% + 平时成绩 ×10%。

## 三、“商务文化与交流”课程、考试改革的实践结果分析

“商务文化与交流”课程考试改革是上海金融学院 2015 年金融营销应用

型本科专业建设第一批竞争性立项项目，这一课题的提出与金融学院教务处考试方式方法改革相吻合。

“商务文化与交流”课程考试方式方法的改革实施效果如何呢？学生的反映怎样？我们对金融营销专业2015级学生进行了调查访谈。

从调查结果来看，“商务文化与交流”课程考试改革的尝试受到学生们的积极支持和欢迎。他们认为分阶段的知识模块的实践测试、案例分析测试、作业成绩及出勤得分等能在一定程度上激发学生对该课程学习的积极性，通过知识模块分解测试降低“商务文化与交流”课程的学习理论知识的难度，可以在一定程度上减轻学生期终考试压力，同时通过具体的知识模块的分解、实际操作演练提高理论联系实际的“应用型”能力。由此可见，通过“商务文化与交流”课程多元化的教学手段和考试方式方法改革，学生在沟通交流意识和实践能力方面有了显著的提高。

## 四、考试改革引起的思考

考试改革的目的是通过改革考试的内容和形式，完善考试管理制度，引导学生在掌握基本理论、基本知识和基本技能的基础上，充分发展创新意识和实践能力。

**1. 健全考试管理制度，鼓励考试改革**

学校应制定考试方式方法改革相关的规章制度，积极支持和鼓励广大师生进行考试内容及方式方法改革的探索与实践。对于其他实践性强的课程也应给予支持，为教师的考试改革创造条件，切实提高考试的效果和质量。

学校管理部门除了制定规章制度外，还须更新管理观念，对教师教学质量的管理办法必须有相应的调整，在教学评估指标中增加考试改革项目的权重，承认与鼓励教师在教学上的投入，形成正确的激励机制，使教师不断提高自己的知识水平、能力、素质，教学改革才能有持续的动力源。同时还要做好相应的服务工作，减少教师在办公琐事上花费的时间和精力，使教师把充足的时间和精力投入到教学中。

**2. 广大师生积极参与，全面推动考试改革**

要转变考试观，就是要转变对考试目的、考试过程、考试主体、考试机制、考试能力、考试内容和方式等方面的认识，树立科学的考试观，正确认识各类考试的性质及课程在专业课程设置中的地位，根据课程的特点及培养人才的要求出发，选择理想的考试模式和方法，全面发挥考试应有的功能。

“应用型”人才培养是一个长时间渐进式积累的过程，是一个通过各环节作用逐步升华的过程，是多学科知识及多培养途径交叉渗透的过程。培养“应用型”人才，仅靠个别课程的教学、考试方式方法的改革及个别年级的学生参与是不够的，需要广大教师根据自己所授课程的特点并结合专业特色，深入研究课程考试内容、方式方法。学生也要转变思想观念，并积极参与考试改革，为学校教学改革提供有益启示。

**3. 改革单一的考试方式，注重平时考核，成绩构成多元化**

根据课程的特点、教学目标和教学对象的不同采用不同的考试方式和方法。课程考试可采用闭卷考试、开卷考试、口语考试、项目考试等多元化的考试方式来实现。同时，课程考试应加强平时考核。根据不同阶段的教学要求和教学目的，灵活运用提问、讨论、作业、实践、知识模块测试等方式了解学生学习状况，获得教学信息，指导教学更好地开展。课程成绩构成中应加大平时考核成绩的比重，如期终成绩占40%～50%，平时成绩占50%～60%。平时成绩可包括作业成绩、出勤成绩、课堂表现成绩、实践成绩、案例分析成绩等部分。以考试改革促进创新能力的培养，在评分方面体现评分对创新能力的导向作用。试卷答案标准除了可采用采点给分或采意给分的方式外，还应鼓励教师尝试出没有标准答案的试题，以考查学生理论联系实际的应用能力和创新能力。

**4. 考试改革对教师的教学水平和学术水平提出了更高的要求**

对学生能力的评价核心问题是如何确定科学而合理的评价方法与评价标准；考试成绩的评价核心问题是考核内容如何设计，使其既能体现学生的理论水平，又能体现学生的综合素质。从课程考试方式提出、方法的确定、方案的实施，到成绩评价，教师都要投入比以往更多的精力，同时还要进行教学研究与探讨。

教师采用“学生实践—科技创新—教师科研”互动模式的教育理念，通过学生实践带动学生的创新能力，培养教师的科研水平，鼓励学生积极参与教师科研，共同提高，营造一种探索研究、普遍提高、个性发展的氛围，培养学生创新素质，提高人才培养质量和教师教学研究水平。

总之，考试改革要实现“三个有利于”，即有利于学生运用知识的能力、实际操作能力和创新能力的培养；有利于推动教师教学方法和教学内容的改革；有利于学生学习方法的改变，从而使教学工作的重点真正落实到学生能力的培养和素质提高上来，“以考促教、以考促学、以考促创新人才培养”。

## 参考文献

[1] 宁萍，崔秀娟.《商务策划》课程考试改革的探索［J］. 中小企业管理与科技，2015（1）.

[2] 鲁昕. 地方高校转型发展是高等教育领域又一次深刻变革［J］. 产教融合发展战略国际论坛，2014.

[3] 边凌涛，高艳红. 应用性高素质人才培养模式的构建及途径探析［J］. 重庆与世界，2013.

[4] 付丹丹. 高校课程考试质量的分析与评价［J］. 黑龙江教育学院学报，2010（10）.

[5] 赵蒙成. 创新型人才培养体系中的考试制度改革［J］. 中国高等教育，2008（17）.

[6] 钱厚斌. 创新人才培养视界的高校课程考试改革［J］. 黑龙江高教研究，2010（9）.

# 体验式教学法在“中本贯通”课程教学中的应用探析

陈炳亮

**摘　要：**融入现代职业教育体系是地方本科院校的发展途径之一，但高职学生与原有本科学生在学习能力和学习基础方面还有很大的差异。本文从现有市场营销教学中的不足出发，探讨了对“中本贯通”学生实施体验式教学的必要性，以及其与传统教学方式的区别，在讨论体验式教学法具体形式的基础上，提出了在“中本贯通”课程上推广的对策。

**关键词：**体验式教学法　“中本贯通”市场营销

## 一、引言

“中本贯通”是国家加快发展现代职业教育的需要，也是地方本科院校的发展途径之一。有效融入现代职业教育体系，转变授课方式，有利于提高人才培养的质量，增强其对社会服务能力。而原有针对本科生的课程设计，主要以基础理论教学为主，如何设计有效的课程教学模式，来更好适应“中本贯通”的学生特点，实现培养目标，是摆在每个地方本科院校老师面前的重要研究课题和实践挑战。

## 二、体验式教学法在课程教学中的应用探析

教学设计是教师这一岗位的核心工作内容之一，它涉及一门课程学习材

料的选择（topics）、课业的布置（assignment）、学习活动采用的形式（activities），以及学习效果的考评等（outcome evaluation）（Davis，1993）。教学设计是影响教学质量的一项重要的因素，对此毋庸置疑，例如，在卡内基梅隆大学的"教学强化中心"主页上，对教学设计的评价是"它早在第一堂课之前，就决定了一门课程是否有趣，是否利于学生的学习，精心的教学设计是日后每堂课都有效的保证。"

但是，在市场营销的教学中，根据国内学者的观察，教师在课程安排上还存在很多问题，难以适应"中本贯通"的职业导向目标。

首先，在教学内容的选择上，基本由行政领导决定，教师参与的权限都很小，更不用说学生的自主性了（李云梅，2010）。这一点，非常清晰地体现出了中国大学行政管理的科层特点，在这一管理体系下，学生处于最底层，"学什么"要接受学校各层级的管理，处于极其被动的地位。具体表现为：课程内容体现出较强的随意性、缺乏科学性。各地方高校一般都是参考其他院校的教学大纲，并从自身师资状况出发设置课程，因人设课，很少考虑或无法考虑市场营销专业课程体系结构的内在联系及要求。

其次，在学习与评价形式上，教师通常以单一的"填鸭式"教学和标准试卷考评为主（邓莉，2010），对基础理论教育尚有可行性，但对于以实践为导向的教育，特别是职业教育的阶段，这种模式很难发挥效果。现有本科生的教学，长期教室里进行，教学方式大都是教师在固定的讲台上，讲述固定的教材，留给学生固定的作业，最后以固定模式的试卷对学生进行测评。即便有学校及教师尝试使用在国外盛行的教学法，最终的实施效果也并不尽如人意（孙伟、罗俊、陈涛，2011）。究其原因，还是没有脱离"以教师为中心、以课堂为中心、以课本知识为中心"的"三个中心"的传统教学模式。

综合来看，国内的市场营销教学设计，基本上属于以教师教学为主导，忽视从学生的学习体验上去安排教学任务，这是两种不同的教学设计视角，下面就详细分析两者之间的差异和体验式教学活动的具体形式及推广对策。

### （一）两大教学设计视角的比较

（1）以教师讲授为核心的传统模式。这种模式以教师为主导，教师按照学生认识活动的规律，有计划、有目的地组织和控制教学过程，目的在于使学生掌握系统的基础知识和基本技能。“讲授式”是教师系统讲授知识的模式，学生对所学内容从感知、理解到巩固，都是在教师领导下进行的，教师完全控制课堂，掌握教学进度，一个教师可以教授众多学生，学生能在单位时间内掌握较多的系统的信息。

（2）以学生学习体验为核心的教学模式。体验式学习理论是由美国凯斯西储大学维德罕管理学院的组织行为学教授大卫·库珀于20世纪80年代初提出的。他构建了一个体验式学习模型——体验学习圈：活动（体验）→发表→反思→理论→应用→活动（体验），依次循环。他认为：有效的学习应从体验开始，进而发表看法，然后进行反思，再总结形成理论，最后将理论应用于实践。体验式学习理论对设计和开发终身学习模式有着深刻的影响。西方很多教育界学者认为，这种强调“做中学”的体验式学习，能够将学习者掌握的知识、潜能真正发挥出来，是提高学习效率的有效模式。

在市场营销类科目的教学过程中，如何进行有效的教学设计，目前在设计理念上呈现出一种范式转变——由重视教师教学转向重视学生的学习体验（Weimer，2002）。这两者是截然不同的教育理念，诚然，好的教学能促成学生有好的学习，但是，“教”与“学”毕竟不是同一回事情，教师的教学并不能自动转化为学生的学习成效。博伊斯（Boice，1991）的研究表明，一个教师费尽心机提高讲授技巧，并不能为学生带来学习成效的显著改善。巴尔（Barr）和塔格（Tagg）早在1995年，就比较了以教学为核心（Teaching Focus）和以学习为核心（Learning Focus）两者之间的差异点（见下表）。

**两大教学设计视角的比较**

| | 以教学为核心 | 以学习为核心 |
|---|---|---|
| 导向性问题 | 我想教什么？<br>我如何才能完成指定的教学内容？ | 学生需要学什么？<br>我如何才能帮助学生实现各项具体的学习目标？ |
| 教师的角色 | 仅提供知识讲授<br>向学生转移知识<br>对不同学生区分等级 | 创造出学习的氛围<br>引导学生去发现和建构知识<br>开发每一个学生的能力和才智 |

续 表

| | 以教学为核心 | 以学习为核心 |
|---|---|---|
| 成功的标准 | 教师的表现<br>灌输知识的数量和质量 | 学生的表现<br>学生取得的学习效果 |
| 对教师岗位的看法 | 任何有专长的人都可以胜任教学任务 | 教学是一项复杂的工作，需要长期的实践和培训 |

资料来源：摘录自 Barr 和 Tagg（1995：13 -25）。

## （二）体验式教学活动的具体形式

### 1. 情景模拟

情景模拟是指设置一定的模拟情况，要求学生扮演某一角色并进入角色情景中去处理各种事务、问题和矛盾。教师通过对学生在情景中所表现出来的行为进行观察和记录，以测评其素质潜能以及对理论知识掌握的程度及方法。通过企业管理中具体情景的模拟，可以让学生亲历实景，通过亲身的感受，发现问题、思考问题、掌握知识，有助于学生理解管理理论的实际内涵。

### 2. 实地参观与调研

在课程教学中，组织学生到企业进行调查研究是理论联系实际最有效的形式。因为管理理论的本质特点是"从实践中来，到实践中去"，可结合市场营销专业课程的特点，选择若干实际企业做样本进行比较，引导学生深入到内部进行企业管理有关问题的参观与调研活动，无论是对教学内容的巩固，还是培养学生创业能力，都是非常有益的尝试。

### 3. 角色扮演教学

在角色扮演教学中，给一组学生提出企业管理中会出现的问题情景，要求一些学生担任各种角色并出场演出，其余人在下面观看，表演结束后举行分析总结，扮演者、观看者和教师共同对整个过程进行讨论。角色扮演给学生提供了一个机会，在一个逼真而没有实际风险的环境中去体验、练习各种技能，而且能够得到及时的反馈，可以训练学生灵活地运用市场营销专业知识的能力。

**4. 管理游戏**

通过设计一定形式的管理游戏活动，让学生在其充当主角，体会角色的感受，理解团队精神、协作的力量、向自我挑战的勇气等，以提高学生创业能力。

**5. 利用多媒体视频案例**

利用购买、引进或录制的素材，通过计算机等设备将相关录像剪辑成各种视频案例，案例主题可以涉及创业企业管理的主要方面，特别是一些对企业管理产生重大影响的题材，诸如企业并购、公司上市、平衡计分卡、战略联盟、知识型企业等，通过视频案例的观看使学生在轻松学习的过程中，全面了解企业管理相关知识，并能对视频中出现的问题和理论有较深刻的认识。

**6. 运用管理实验室**

随着管理实验室的建立和投入使用，模拟企业管理系统、ERP（企业资源计划）系统、电子商务系统等教学软件可以更多地运用于教学过程中，这些软件包含了管理中的多个职能模块。可以帮助学生通过模拟创业企业运作，增进对现实中创业企业管理方式的认知，从而更好地掌握现代商务技能。

### （三）体验式教学法的推广对策

首先，转变学生传统的学习观念，真正实现以学生为主体的教学模式。体验式教学法在市场营销课程中的进一步应用，关键要重视学生在这个过程中的接受效果。根据课堂授课内容和授课形式，及时了解学生的各种感受，尊重学生的个性，关注不同学生的不同体验，寻找适合学生的教学方法，是体验式教学法最终的目的。在课堂体验过程中，要打破学生的固有观念。鼓励学生勇于参与，不怕说错做错，敢于坚持已见，真正把理解和感受表达清楚，同时能启发其他学生思路，有利于进一步深入展开讨论。对受到传统教学方式束缚的部分学生还需要善于引导启发，慢慢转变其学习思路，使其由被动式学习变为主动性学习、主动性思考。

其次，教学相长，提高教师理论和实践水平，拓宽学生知识面。体验式教学法在市场营销课程中的进一步应用，需要教师自身提高理论知识和丰富实践经验。教师在授课中要作为引导者和启发者，不断了解市场营销的前沿问题，拥有丰富的专业知识，对体验过程要有一定的组织和控制能力，这是体验式教学法能够顺利实施的前提。同时教师通过引导拓宽学生知识面，加深学生对社会科学的关注。为加强体验式教学法的效果，可以引导学生阅读相关书籍、看新闻找热点，通过多种形式，帮助学生拓展知识面，从而提高学生参与程度，循序渐进地加深对社会科学的感知。

最后，以实践为导向，“请进来”“走出去”。市场营销课程的体验式教学法，部分应以实践为导向，来源于实践，最终也要落实到实践中。因此，一方面，要采取“请进来”的方式，将企事业单位中的各管理职能的相关人员请到学校中来，与师生面对面交流，现身说法，加深学生对知识的理解，对社会实践的认识；另一方面，可以采取“走出去”的方法，联合企事业单位、学校的实习基地，通过参观企业、亲身参加实习、参与招聘会等方式，借助真实情景让学生感受实践中的管理工作是如何进行的，在社会课堂中加深学生对理论的理解，对实践的指导。

## 参考文献

［1］邓莉．中外市场营销专业人才培养模式比较研究［J］．企业家天地，2011（4）．

［2］李云梅．中美大学市场营销本科课程比较研究［D］．武汉：华中科技大学，2010（6）．

［3］孙伟，罗俊，陈涛．国内外高校市场营销案例教学法研究述评［J］．武汉管理干部学院学报，2011（4）．

# 高校企业导师制的研究探析

赵 荔

**摘 要：** 企业导师制是目前我国高校已经广泛接纳并尝试的一种学生培养模式。本文对现有有关企业导师制在高校应用方面的研究文献进行了综合分析，分别从企业导师制的诞生、企业导师的角色定位、企业导师制的应用领域、企业导师制的实施模式和企业导师制实施过程中遇到的问题等几个方面进行了回顾。最后，提出了有关企业导师制研究遗留的几个问题和进一步方向。

**关键词：** 企业导师制 高校 研究生 本科 高职

## 一、企业导师制的诞生

导师制这一教学管理模式最早源于14世纪英国牛津大学的本科教育，后来引入我国的研究生培养，近些年在我国的本科生教育中开始受到推广。导师制的核心是在教学方式上强调个别指导，在教学内容上强调德智并重，在学习环境上营造和谐、自由和宽松的氛围。

企业导师制是导师制的一种具体操作形式，主要是聘请社会上或企业中有丰富经验并热心高等教育事业的社会精英作为导师，指导在校大学生的学习和职业规划等。企业导师的作用包括以下三方面：①企业文化和先进技术的宣传者和实践者；②学生职业生涯规划的引路人；③技术提升的教练员（李明明，2015）。

企业导师制的产生是为了解决我国高校传统教育模式中理论与实践脱节的问题。在我国传统高校教育模式中，受限于教师自身经历和学校教学条件，绝大部分高校的专业人才培养中，理论教学的比重远远大于实践教学。这种教学体系严重阻碍了学生将理论应用于实践的能力培养，高校毕业生在创新能力和解决实际问题能力方面普遍较差，这与社会的需求形成强烈反差。企业导师制的建立，正好可以有效弥补两者之间的脱节状况。

## 二、企业导师的角色定位

由于企业导师区别于学校导师，两者相互补充，但同时又各司其职。因此有必要明确企业导师在学生培养过程中的角色定位。

有不少研究者对此问题进行了讨论，总体来看，企业导师主要有三重角色（韩国元等，2014）：

（1）实践经验的传授者。经验的主要存在形式是一种隐性知识。而众所周知，隐性知识是一种难以言表的、默会的知识，这种知识只能通过师傅带徒弟的近距离的接触和交流才能获得。通过在实习、论文写作等过程与企业导师的交流，学生可以从企业导师那里获得导师的珍贵的实践经验。

（2）职业生涯的引导者。作为前辈，企业导师有过本领域的职场经历，熟悉本领域的发展方向，掌握相应的岗位技能和任职要求；同时，在本领域中积累着丰富的社会关系，这些都能帮助学生有效避免职业发展的盲目性。

（3）企业家精神的传承者。大部分高校所聘请的企业导师一般都是在企业中具有较高职位的德才兼备的企业家，企业导师的企业责任感、社会责任感，会通过言行传递给所指导的学生，使学生在正确的学习氛围中耳濡目染到企业家精神。

## 三、企业导师制的应用领域

### （一）专业领域

在学科专业建设和学生专业能力培养方面，现有研究可从三个层面来分析：研究生层面、本科生层面和高职层面。

1. **研究生层面**

研究生阶段的培养大多采用导师制，但采用企业导师制的培养方式，目前还基本限于一些985或211的高校。比如上海交通大学、中山大学、南开大学、中国政法大学、中国人民大学、暨南大学等。在这些高校的研究生培养中，企业导师与学校导师共同对学生的学术能力提升、理论知识运用、职业生涯规划、科研实践锻炼、论文写作及发表等方面予以指导。研究生培养中的企业导师制实施比较关注企业导师的遴选和体制保障问题。

在企业导师的遴选方面，可以从职业道德、业务水平、指导能力三方面进行考察（韩国元、刘小畅、龚新、易英欣，2014）。①职业道德：企业导师必须具有良好的政治素质、思想道德品质和优良的职业道德水平，品行端正，有社会责任感，能够代表符合社会期待的优秀企业家和职业经理人；同时，企业导师还要具有奉献精神，愿意将自身拥有的隐性知识与学生分享。②业务水平：企业导师是企业中具有丰富实践经验和良好管理能力的高技能人才或技术专家，因此，选择企业导师要充分考察备选对象的业务素质和业务能力，以及其丰富的经验和阅历。③指导能力：企业导师要善于传递和分享自己的专业知识和管理经验，通过语言表达、实践过程展示等多方面来对学生进行指导的同时，也要能够根据学生不同特点和业务发展潜力，有针对性地进行职业生涯规划，做到因材施教。

而在企业导师制的体制保障方面，主要涉及企业导师的遴选机制、业绩考核体系、激励机制，以及企业导师具体的岗位职责标准化等方面。例如，对于企业导师的遴选标准应区别于校内导师，可以重点从师德师风修养、技术能力水平、责任感及敬业精神等多个方面对企业导师进行量化评分分级，而对企业导师的行政职务、工作年限等因素条件可以放松要求（蔡成涛、梁燕华和张雯，2015）。

2. **本科生层面**

在本科教育中的企业导师制研究，目前议题集中在本科生实践教学中企业导师的参与问题。

对于本科生的培养而言，企业导师最主要发挥作用的地方体现在实践教学这一环节。他们以常熟理工学院的工程管理专业为例，分析了企业导师在工程案例的支持方面所发挥的作用。在常熟理工学院，工程管理专业本科生的实践教学主要分为三种形式（李国文、闫晶、周英，2015）：企业项目开发训练实践、上岗实习实践和毕业设计实践。在企业项目开发训练实践中，企业拿出若干个已经完成的实际软件开发项目作为项目训练教案，学生在这些项目中自选课题，由工程师具体指导学生完成该项目的开发工作。上岗实习实践一般安排在专业实训实践教学结束后，学院与基地领导共同组织学生分别到各软件企业实际的工作岗位上进行实习，由所在企业的工程师作为指导教师。而毕业设计实践主要是指导学生撰写论文和答辩，学校专任老师与企业工程师共同指导毕业生撰写论文，论文答辩也由学校教师与基地的工程师共同进行论文答辩。

**3. 高职层面**

从对高职学校企业导师制的文献回顾来看，主要是讨论企业导师如何与校内导师合作问题。这些研究文献大多结合具体的专业，分析了如何使具体的教学过程中实施企业导师制。具体来讲，采用企业导师制较多的专业基本集中在理工类，比如软件工程、医药、报关、汽车制造与装配、计算机、工程管理等。

值得一提的是，在对高职企业导师制的观察中，有研究发现企业导师制不仅对学生的实践能力培养大有裨益，而且是一个帮助学校专业教师自身成长的有效路径。企业导师对学校专业教师队伍成长的影响体现在两方面：①校内教师与企业导师形成团队，强化教师的合作意识；②在职业能力方面，尝试“一课双师”，让教师在教学授课过程中通过与企业导师共同承担一门课的方式，实现理论与实践的交汇。但同时强调，要发挥企业导师制对校内专业教师个人成长的促进效应，必须做好教师的评价考核，对教师与企业导师共同工作的内容、效果给出可操作的评价考核标准，并与职称评定、双师认定、绩效考核、评优推优等挂钩（杨静，2013）。

## （二）思想道德领域

前文提到，企业导师除了在学业上扮演实践知识的传授者角色，同时会传承一种企业家精神。有研究专门聚焦于企业导师在思想道德领域对学生的影响。

研究者认为企业导师对学生的影响是一柄双刃剑，要客观对待。有益的一面体现在：①通过企业导师可以将优秀企业文化引入德育教育，强化学生市场意识、服务意识、危机意识等，让学生接受企业文化熏陶，领悟职业职责。②企业导师可以帮助培养学生对职业道德的认知。③企业导师拥有丰富的社会资源，可以给学生提供大量的实践体验机会，是学校德育教育最有效的补充。④个人长处的模范引领作用，优秀的企业导师所表现出的道德修养，对学生有积极作用。

但该研究同时也提出了企业导师在德育引导方面可能存在的潜在问题，比如存在部分有宗教信仰问题、不良社会风气、过于功利或成功学等的错误导向等方面（高成璠，2015）。

### （三）就业领域

企业导师制在学生就业中的作用。比如，企业导师可以提高就业专业对口率。通过专业导师的精心指导，学生对专业的认同感加强，专业能力得到提升，学生就业时从事本专业的可能性得到提高，从而提高了就业的专业对口率（蒋卫祥、王小刚，2014）。

企业导师制也在某种程度上可以帮助企业提高企业的满意度。企业导师指导的不仅是专业技能，还包括职业素养、责任、团队合作等。通过企业导师的指导，学生工作积极性高、做事认真、同事相处融洽、有良好的团队合作意识。企业对学生的满意度也会随之提高。

## 四、企业导师制的实施模式

现有高校企业导师制大多是基于“双导师”制的基础之上的。所谓“双导师”制，指同时聘请校内有丰富教学经验的专业教师（即学校导师）和校外从企事业单位聘请的专家（即企业导师）共同指导一名学生的学习全过程。而企业导师的来源大多有三种：

（1）基于校友。这种模式主要从历届优秀毕业生中进行企业导师遴选。优秀校友曾经在学校里经历过数年的求学生涯，又在当前的工作岗位上经历了实践磨炼，必然对当初求学阶段中自己的经历感触颇深，对其亲身经历的培养方式、方法最具有发言权，更适合与学生分享职场经验、人生经历，同时也能够以一名学长的姿态对其所指导的学生给予肺腑忠告及合理建议。

（2）基于课题合作。进行产学研合作，是这种模式的主要形式。大部分学校导师在理论方面比较前沿，但在市场需求和应用方面的把握不够敏感，而这正是企业导师的强项。企业导师往往在课题的实际应用方向，社会需求方面更加熟知，更能把握课题的应用方向，能够有效避免目前存在的由于专业领域和行业方向的偏差。通过校内外导师的合作，共同研究和承担研究课题，可以充分发挥各自的优势。

（3）基于意向就业单位。有研究者指出，尽管引入了企业导师制，但无论高职、本科还是研究生的培养，仍普遍存在“不对口”的问题。学校对企业需求不明确，企业对学校不了解，所培养出来的学生质量不高，与企业岗位需求不匹配，学生就业状况欠佳。蔡成涛等以工程硕士的培养为例，提出了一种基于就业意向单位的企业导师制模式。例如，在工程硕士入学之前，通过举行一个意向性双向选择招聘会，让学生带着意向工作单位入学，意向就业单位中的技术人员或管理人员担任此学生的导师，这将使学生学习目标明确；企业导师能够将此学生视为本单位的“准员工”进行系列化、专业化的培养（蔡成涛、梁燕华、王立辉、闫大新，2015）。

## 五、企业导师制实施遇到的问题

当前企业导师制在实施过程中遭遇到的一些问题，主要归纳为三个方面（蔡成涛、梁燕华和张雯，2015）：

（1）缺少相关规范制度和政策支撑。受限于企业导师制本身发展的时间并不长，在摸索过程中很多具体的操作细节和规范尚不明确，企业导师在遴选与管理方面存在较大的随意性。

（2）企业导师聘用标准参差不齐。由于缺乏相应的政策导向和激励措施，导致企业导师在聘用时表现出标准参差不齐，出现优秀企业技术人员不愿担任企业导师，一般技术人员担任企业导师存在技术水平欠缺等现象。

（3）企业导师参与研究生培养过程的积极性不高。优秀的企业导师一般为原单位骨干或具有一定职务、工作繁忙、精力有限，由于没有有效的激励措施和相关保证，使其很难全身心投入到学生的培养环节。

## 六、现有研究遗留的问题与进一步思考

综合现有研究，可以发现企业导师制在目前我国高校教育中的应用研究已经有不少进展，尤其是有关企业导师制对于研究生培养方面，但也存在较大的探索空间：

（1）现有研究文献集中在研究生和高职两个阶段，而本科生培养中的企业导师制的应用与研究相对欠缺。

（2）现有研究的深度还不够。大部分研究文献停留在对企业导师制这一基本概念、作用、优势等初级层次的观察，而在实施的效果、学校环境因素对企业导师制有效性的影响等问题上尚未涉足。

（3）现有研究比较倾向于关注企业导师制对学生层面的影响，而对教师层面的影响关注不够。

## 参考文献

［1］韩国元，刘小畅，龚新，等．MBA 培养中企业导师的作用及选择［J］．管理世界，2014（20）：84－85.

［2］李国文，闫晶，周英，企业导师在工程管理专业毕业实践教学中的作用研究［J］．常熟理工学院学报（教育科学），2015（6）：36－39.

［3］李明明，企业导师制在培养应用型人才中的探索［J］．考试周刊，2015（11）：143－144.

# 金融变革、人才供求与金融营销应用型人才培养创新

沈　磊

**摘　要**：随着我国经济正由劳动密集型向技术密集型和知识经济转变，经济的转型推动产业的升级，从而产生了巨大的应用型人才需求。大批有专业理论基础和实践技能的劳动力成为推动经济转型的关键要素。作为培养应用型人才的最高教学平台，应用型本科的建设正是在这样的背景下获得了关注。但是，我国应用新本科的人才培养模式到现在还没有形成。由于国外一些发达国家早已形成了应用型本科成熟的人才培养模式，并且成功地为用人单位培养出了高水平职业人才。为了进一步探讨适合我国国情的应用型本科人才培养模式该如何建设，本文试图通过国际比较的方法，归纳总结培养成熟应用型人才的模式。

**关键词**：金融营销　应用型本科　人才培养模式　国际比较

## 一、引言

对于金融企业管理者而言，没有人否认人才对企业的重要性。然而，如何根据外部环境的变化和企业内部战略的变革，调整人才管理的方式和方法，进而将人力资源管理打造成驱动企业持续发展的竞争优势，对于过去很长一段时间凭借着“增速”和“数量”制胜的中国金融企业而言，之前却鲜有深入的研究和探索，也是未来一段时间金融企业急需解决的问题。而对于人才

培养的机构高校而言，金融企业的人才管理方式和人才素质要求的变化，将最终影响到未来高校人才培养的方案和学生的就业问题。金融人才培养与金融行业的发展相辅相成，因而金融行业的未来发展趋势、人才供需总量与结构对高校金融人才的培养和发展具有重要的指导作用。然而，现有金融人才培养的研究存在以下几个误区：一是简单地将金融人才等同于金融专业人才，没有考虑金融企业岗位设置的系统性、层次性带来的对不同专业、不同类型人才需求的多样性；二是简单的拿来主义，没有考虑我国目前金融行业自身发展和人才供给情况、金融企业岗位设置和人才培养使用的状况，简单照搬或借鉴其他国家和地区的人才培养模式和方式，简单依据日、韩、美、法等国家和地区金融从业人员占社会从业人员比重推测我国金融行业应该具备的从业人数；三是没有考虑中国金融行业的多层次性和复杂性带来的对人才需求的多层次性和复杂性；四是"头痛医头、脚痛医脚"，没有考虑人才培养的时效性，缺乏对金融行业人才需求和培养方式的前瞻性，忽略人才的流动性和替代性，结果"今天的解决方案可能带来明天更大的问题"，导致我国金融人才供求结构矛盾突出。

本文正是基于此，研究移动互联时代我国经济新常态下，金融企业战略变革带来的人才管理方式以及需求的变化，以此为基础，结合我国劳动力市场供给现状及发展趋势，探讨高校金融营销应用型本科教育的创新，希望对高校和金融企业的人才培养和使用有所启发。

## 二、经济新常态、移动互联技术与金融业变革

在过去的十年，伴随着我国经济的快速发展和金融业市场化改革的不断深入，以及经济金融化步伐的加速，我国金融业在数量、规模、结构和效率上有了显著的提升（张成思，张步昙，2015），基本形成了多层次、广覆盖、规范化的金融体系。以银行业为例，目前我国已经形成了包括政策性银行、大型商业银行、全国股份制银行、城市商业银行、农村商业银行、农村合作银行、农村信用社、信托公司、企业集团财务公司、金融租赁公司、货币经济公司、汽车金融公司、消费金融公司、村镇银行、贷款公司、农村资金互

助社、外资银行在内的不同主体，各层次、各类型，服务于不同目标客户的银行类金融机构。中行、农行、工行、建行、交行、国开行、招商、兴业、民生、浦发等银行，以及人寿、平安、人保、太保等保险公司或金融集团均跻身2015财富世界500强①。然而，金融机构这种“跑马圈地，高歌猛进”的态势随着我国经济增速的放缓、经济结构的调整已经结束（扶明高，2015），未来，我国金融业主要面临着经济增速下行“新常态”和信息技术快速发展带来的双重挑战。

与全球新常态主要被描述为新平庸或长期停滞不同的是，中国经济新常态体现在增长上的主要特征是结构性减速，面临着产能过剩、债务风险增大、金融乱象丛生等问题，需要更加强调质量、效益、创新，更关注生态文明建设，更重视民生改善，更具可持续的发展轨道过渡（李扬，张晓晶，2015）。经济发展趋势的变化，不可避免地反映和影响到金融业的发展，我国的金融业市场化改革也进入“最后一公里”阶段。一方面，现有金融企业需要从“求大”“求全”“求快”转向到“求好”“求新”“求精”，追求内涵式发展、差异化经营和精细化管理，加快市场化、专业化、国际化、综合化等变革步伐（陈四清，2015）；另一方面，金融管制的放松和社会融资方式的变化，民营金融、普惠金融、社会金融、互联网金融与正规金融并存发展，行业竞争更加激烈，使得未来金融业发展也呈现结构性减速的新常态特征，传统金融产业正在由高增长、高收益阶段逐渐迈向增速下调和收益收窄的成熟阶段。

同时，移动互联网技术的迅速发展，智能设备的快速普及，加快了不同行业之间的融合，使得封闭的金融行业边界开始变得模糊。传统金融企业以网点为核心的渠道布局与服务模式的优势和中介地位正在逐渐减弱，而以阿里、腾讯、京东等为首的互联网企业已经初步形成了包括支付、融资、投资、征信平台在内的互联网金融生态圈，很大程度上消除“信息不对称”问题，满足了一直被忽视的“长尾”群体金融需求，使得整个传统金融业面临“换媒”挑战。第三方支付、移动支付、网贷平台、众筹融资、互联网理财与保

① 没有包含港澳台地区的企业，也没有包括隶属集团的金融机构。

险、互联网金融门户、数字货币等互联网金融业态创新层出不穷，互联网企业与传统金融业相互合作和互相并购渗透趋势进一步加强。工行、农行、中行、招行、民生等都开始以不同的方式涉足电子商务领域，而阿里、腾讯等互联网巨头也开始走向线下，成立了阿里网商银行、微众银行等民营银行。移动互联网技术改变的不仅仅是传统金融企业业务模式，还对传统金融业的经营管理方式产生了深层次的影响。网点转型与智慧银行建设、大数据驱动与精准营销、混业经营与平台化发展、客户体验与产品创新等相互交织在一起，成为金融企业未来发展必须面对的问题。

## 三、供需结构失衡下的中国金融企业人才管理

金融企业转型变革、创新发展要求的不断加强，带来了人力资源管理方式和人才能力素质的“升级换代”，人才管理的重点从简单的“数量”增加转向“质量”提升。同时，金融行业边界的模糊化和互联网金融企业等快速发展，也使得非传统意义上的金融企业对金融人才的需求爆发式增长。然而，从总量而言，我国金融业人才供需未来存在着较为严重的供大于求问题。金融人才并不等于金融专业人才，金融企业所需的人才在广义上都可以称为金融人才，而这些年金融行业的快速发展和薪资福利的快速增长和远远超过社会平均水平吸引了众多人才，包括海外人才流入金融行业。尽管金融业的快速发展需要大批金融人才，但进入经济新常态后金融人才结构也会逐步调整，需求总量相对下降，我国金融行业人力资本总量上已供过于求（魏革军，2015）。图 1 显示了我国 2006—2014 年银行业法人机构数和从业人数的变化情况。虽然银行业从业整体人数还保持了 5% 以上增长，但是随着我国经济增速的下滑，银行业法人机构总数和人才需求总量增速也会逐渐下滑。图 2 是对在 A 股上市的 16 家商业银行 2007—2014 年年报公布的员工总数变化进行的分析。

显然，银行业内部的 5 家大型国有商业银行和 8 家股份制银行的员工总数增速已经开始减缓，只有 3 家上市的城市商业银行由于网点扩张，还保持了较高的员工增速。而我国的金融人才供给，特别是初级金融人才供给还在

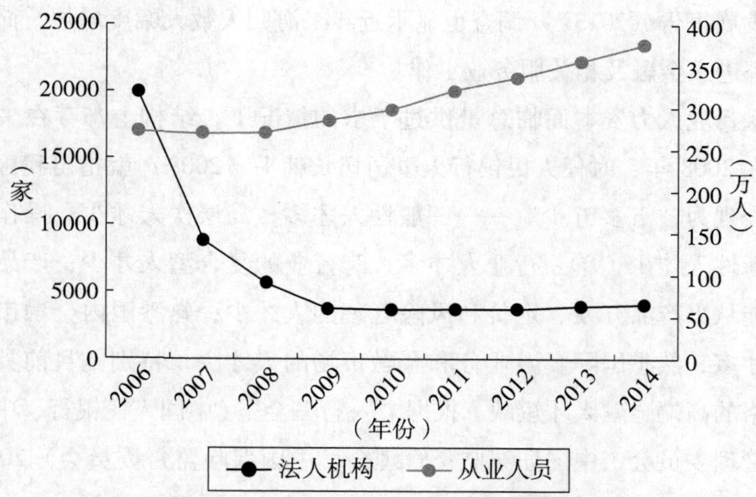


图 1　2006—2014 年银行业法人机构数和从业人数的变化情况

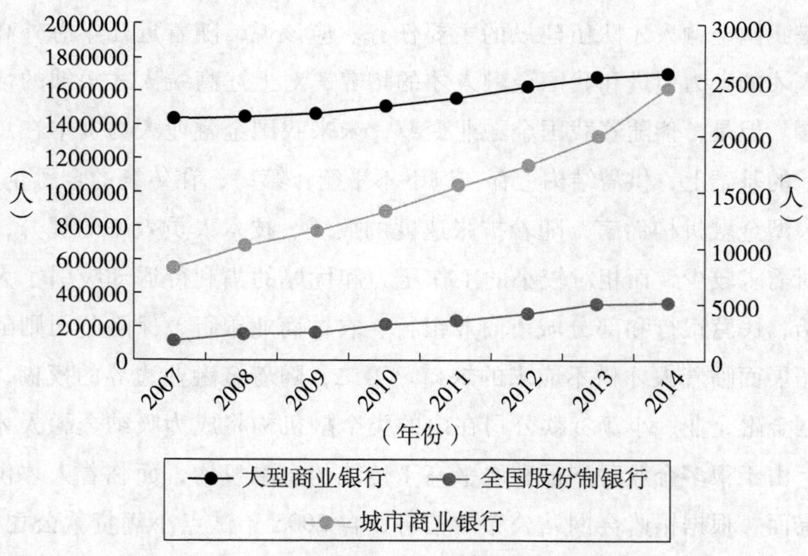


图 2　2007—2014 年上市银行业从业人数

资料来源：中国银监会年报、Wind 数据库。

持续不断地扩张。根据教育部《关于公布 2014 年度普通高等学校本科专业备案或审批结果的通知》，仅 2014 年全国就有 60 多所高校新增了金融学、金融工程、金融数学、投资学等金融相关专业，还没有包括新增的财务管理、国际商务、审计学、人力资源管理等金融企业同样需要的经济管理类专业。《中国海归发展报告（2013）》调查也显示近年来海归人数大幅度增加，而其中的48.5%都进入金融及相关服务业工作。

金融行业人力资本面临总量供过于求的情况下，结构上却存在失衡的问题。早在2008年，时任人民银行人事司司长韩平（2008）就指出我国金融人才具体表现为“五多五少”——一般性人才多，高层次人才少；操作性人才多，创新性人才少；单一行业人才多，跨行业的复合型人才少；产品营销人才多，能从事产品开发、定价和风险管理的人才少；熟悉国内金融市场和业务的人才多，熟悉国际金融业务和金融市场的人才少，特别是目前具有国际执业资格的高端金融人才短缺。根据“一行三会”（中国人民银行、中国银行业监督管理委员会、中国证券监督管理会、中国保险监督委员会）2011年制定的《金融人才发展中长期规划（2010—2020年）》发展规划，大力开发和重点培养复合型金融人才、专家型金融人才和国际化金融人才等高层次金融人才是我国金融人才队伍建设的主要任务。应该说，随着近几年海外高层次金融人才的大力引进和我国金融人才的培养，对上述高端人才短缺的情况有所减缓。但是，伴随着我国金融业变革，未来我国金融业人力资本在总量供大于求的基础上，供需结构上存在以下不平衡：第一，在传统的金融企业中，对于大型金融机构而言，随着扩张速度的放缓、技术人员效率的提升，其人才相对需求较少，而相对较小的工作压力和优厚的福利待遇却吸引了大量人才供给；民营银行和部分城市商业银行、农村商业银行、保险公司则随着业务的拓展面临着人才供不应求的缺口。第二，随着金融业边界的模糊，包括互联网金融企业、小额贷款公司在内的类金融机构将成为吸纳金融人才的主力军，由于很多企业薪酬福利水平高于传统的金融机构，面临着人才供不应求的局面。根据银监会网站公布的信息，自2005年试点小额贷款公司以来，截至2014年年末我国小额贷款公司总数近9000家，按照每家员工平均人数12人，已吸收10万多人就业。第三，就金融业内部细分行业而言，由于银行业发展比较成熟，相对人才供给比较充分，而保险业、基金业等由于工作压力相对较大，一线业务人员，特别是高素质营销人才往往供不应求。第四，就金融企业内部岗位人才供求来看，包括掌握金融核心技术和具备信息技术、法律、投资等知识的复合型高端金融专业人才（如首席经济学家或高级经济学家、基金经理）和产品开发、风险管理、财务管理、信息技术、法律等专业技术骨干人才，以及跨国化金融管理人才面临着供不应求的局面，而初、中级专业技术人才面临着供过于求的状况。第五，我国金融人才主要集中在北京、上海、广州、深圳等城市，这些地区的初级金融人才远远大于当地金融企业的需求，而对于不发达地区的城市商业银行、农村商业银行和农村信用社而言，人才却存在短缺的局面，未来还要面临人力资本“升级换代”的需求。

外部环境的变化促使企业战略的变革，而企业战略的变革要求其人才战略及其管理方式做出相应的调整。同时，企业的人才管理的方式也会受到外部人才市场供求的影响，企业的管理者往往仅在人才短缺时才关注和强调 HR（人力资源）管理的重要性（Cappelli，2015）。我国经济新常态下和移动互联网时代的到来，使得我国金融企业从规模高速扩张和业绩高速增长的发展阶段转向内涵式发展和精细化管理阶段，需要加快差异化、国际化、综合化、数字化等变革步伐，利用移动互联网技术和大数据管理来打造客户优质体验，注重创新管理和组织整体效益的提升。金融企业的战略调整对人才提出了新的要求，主要体现在人才管理模式和人才能力素质的变化。就人才管理模式方面，起源于第二次世界大战后经济快速发展而形成的内部人才培养的管理模式已经不能适应技术快速发展、创新层出不穷、不确定性不断加强的当今社会。移动互联网技术的广泛应用，使得员工之间的沟通渠道和方式更加多样化和便捷化，强烈的集体目标感、合作与交流、信任与尊重等企业软环境成为激发员工创新潜能和保留员工的重要方式。金融企业特别是一些国有金融企业必须改变传统的过多依赖于内部培养和类似终身雇用的人才管理的模式，根据业务需要采用更加开放、更加灵活的内外部结合的人才培养模式和发展机制，注重内部培养与外部招聘、国外人才与国内人才之间的平衡。金融企业在新、旧业务的人才管理上，需要采用差异化的人才激励手段和管理方式，以便确保新业务能够得到足够的人才和资源支持，同时，还需要改变单纯依靠薪酬福利增长的激励手段，采用多样化和个性化的激励手段，达到降低员工成本和提升员工效率的目的。就人才能力素质方面，我国金融领域的人才队伍已不能完全满足信息化金融行业发展的需要，亟须培养大量兼具金融业务、信息技术和管理等多种知识技能的复合型人才（李东荣，2014），除了专业知识、风险意识、团队意识、分析判断、职业操守、沟通能力、服务意识、抗压能力等原有的员工能力素质要求外，创新变革、学习能力、快速应变、信息收集、市场洞见等能力素质成为移动互联网时代金融企业员工所必备的能力素质要求（黄勋敬、黄聪等，2015），人才能力素质的关注点也从关注人才现有的能力素质越来越多转向关注人才具有的“潜力”，以便适应迅速变化的外部市场环境。

## 四、我国高校金融营销应用型人才培育的创新

在国外，雇主对学生的认可程度和学生的职业发展与薪资水平是评价学校教育效果的重要指标，其实，毕业后的就业竞争力和薪酬水平也是我国学生考量和选择学校、专业的主要因素。目前，经济管理类专业仍然是学生报考本科及研究生的最热门的专业，也是学生海外留学的主要专业。正如金融学到底是属于经济学还是属于管理学仍存在争论（吴念鲁，2015），就高校而言，我国金融人才的培养有两种模式——经济学院人才培养模式和商学院模式（虢彝犸，2014），相对于传统的经济学院人才培养模式而言，商学院模式是模仿西方教育，近几年新兴起来的模式，比如人民大学财政金融学院与美国芝加哥大学商学院联合培养金融EMBA（高级管理人员工商管理硕士），上海交通大学上海高级金融学院的金融MBA（工商管理硕士），中欧国际工商学院的FMBA（金融MBA）项目等。应该说，商学院模式的兴起不仅反映了随着我国金融行业的快速发展带来的复杂性不断加深、分工的不断细化，金融学科建设微观化的适应，也放映了金融行业微观主体金融企业在运营效率、产品开发与创新、客户关系管理等方面的需求。目前，我国高校金融人才的培养在政策制定方面存在以下几个方面的假设误区：第一，高校教育“万能论”，忽略了高校教育与企业人才管理和人才培养的对接问题，认为高校能够直接培养金融企业所需要的各类专业技术人才和管理人才，而忽视了社会科学在一定程度上是一种技能，存在大量的隐形知识，需要学生在今后的就业中进一步学习和发展。第二，课程建设“万能论”，

过分地要求学科体系和课程建设能够迅速适应当前经济管理领域中最新的知识和动态，甚至引领金融企业的实践。而在现实中，以企业管理和营销为例，随着外界环境变化速度的加快，近些年企业的管理和营销实践往往走在了相关研究和教学之前，给高校的教育带来了很大的挑战，同时创新性的实践也需要系统化、理论化之后才能应用于高校的学科建设和课程建设。第三，教师能力“万能论”，认为只要提升教师的素质能力，打造“双师型”队伍等，就能解决学生理论和实务学习的要求，殊不知如果真是“既有扎实的理论功底，又有丰富的实践经验，能够将两者融会贯通”的这种教师，本身在市场上就是稀缺和被抢夺的人才，当前的高校体制如何吸引和保留这样的人才，即便是吸引和保留这样的人才，又如何能够激励这些人才将培养学生作为工作的重心。

优秀的营销人才对于任何公司而言都是至关重要的，对于未来的金融企业而言同样适应。金融人才的培养不仅要分层次性（曾康霖、刘玉平，2014），不同的高校金融人才培养还应结合本学校的优势实现差异化创新，以满足市场上不同金融企业对人才的不同需求。具体到金融营销应用型人才的培养问题，未来金融企业对金融营销应用型人才包括以下三类需求：第一，一线营销业务人员，拥有一定的客户资源和客户开发的能力，理解金融行业运行规律和了解金融产品的特征，能够很好地建立和维护客户关系，如银行客户经理、保险经纪人以及证券经纪人等。第二，营销专家型人才，能够掌握金融行业市场运行的规律和熟悉金融产品的特性，具备信息技术、法律、投资、理财等相关知识，能够发现并分析市场客户的需求，参与产品的设计和开发，负责产品营销方案的策划，如银行对公、对私业务的产品经理、保险公司不同产品部营销专业人员、基金公司的专业营销岗等。第三，营销销售管理型人才，能够了解金融行业市场运行的规律和熟悉金融产品的特性，具备信息技术、法律、投资、理财等相关知识，掌握相关管理知识和技能，负责金融企业营销业务流程的设计和改进，营销人才的选拔、培养和激励及参与营销方案的制订和执行，如银行、保险、基金、证券的销售或客户管理者。

就金融营销应用型的人才培养，目前我国形成了包括本科、专业硕士和MBA在内的培育体系，以满足上述三类金融营销人才的需求。未来，人才培养应跳出经济学和管理学的思维模式（曾康霖、刘玉平，2014），从学生未来就业和发展角度来培养人才，同时考虑人才培养方案的可行性和现实性，确保方案的执行。基于此，结合移动互联网时代和经济新常态下金融业变革和发展对金融营销应用型人才提出的要求，需实现以下几方面的创新：

（1）在培养的理念上，要将高校如同“企业”来经营，提升学生的价值和体验。应用型人才本身的定位就决定了在对应用型人才的培养上，高校是通过对“学生”这个内部客户的培养来满足“企业”那些外部客户的要求，进而实现国家和社会的人才培养目标。正如前文所分析的，金融企业内部的层次化和差异化，以及未来人才供需的结构性不平衡，使得不同的高校可以根据自身的资源优势，进行差异化定位，建立特色化的培养体系，来满足不同类型和层次金融企业对金融营销应用型人才的需求。同时，需要指出的是，正如企业的战略管理追求的是企业长期可持续的发展一样，高校金融营销人才的培养应避免过于“短视化”和“时尚化”，比如上海市成立一个航运中心，就要培养航运金融人才，国家实施“一带一路”倡议，就搞个“一带一路”人才培养方案，结果人才尚未“出炉”，外部的劳动力市场供求形式已发生变化，高校应该结合金融行业长期整体发展趋势，制定相应的人才培养方案。最后，正如金融行业越来越融合、边界越来越开放一样，在移动互联网时代，作为应用型人才培养的高校也应该有开放、平等、共享的互联网精神，充分利用包括社交媒体、云端视频共享等技术，通过整合内外资源，变过去那种“一对一”合作模式，构建包括高校和企业在内的、拥有广泛教育资源的共享网络平台，实现多边合作，弥补自身资源短板。这对于金融营销学领域应用型人才培养更为关键。

（2）在人才培养的定位上，除了通识性知识学习外，还要重视学生基本能力素质的培养。根据人力资源管理中胜任力模型理论和人员素质测评理论，相对于学生的行为和知识，学生深层次的能力素质更具稳定性，更多地影响了学生未来长期的发展。因此，就金融营销应用型人才的定位上，应根据移动互联网时代，金融企业对员工创新变革、学习能力、快速应变、信息收集、市场洞察等能力素质的迫切需求，在学习的过程中，注重相关思维方式和能力素质的培养，而非传统式抽象理论的灌输。除了教授学生通识性知识外，让学生能够更加细致、清楚的了解在不同社会、组织和商业环境下企业的挑战和工作的要求，还要引导学生关注自我学习习惯和批判性思维的培养，以及学生的协作精神、沟通能力、职业操守、服务意识和抗压能力等锻炼。这也是目前金融企业在人员招聘选拔过程中，关注的重点和考察的标准。

（3）在培养的方式方法上，要改变传统“一刀切”的方式，给予学生更多的主动性和选择权。每个学生都能够根据自身兴趣和能力短板进行取舍，每个学生从不同课程学到的东西不是重复而是互补。具有讽刺意味的是，高校的营销课程教育学生要改变传统的产品推销和大众传媒营销模式，要与客户建立长期的合作关系，并为客户提供更加个性化的定制产品和不断提升客户体验，高校自己却同时仍在沿用传统的模式，用一套既定的教学方式、方法来教育学生。未来在金融营销人才的培养上，可以率先尝试将人才管理中的评价中心方法和技术手段引入进来，通过测评，帮助学生发现自己知识技能和能力素质方面的短板，从而更有针对性地提供个性化的培养方案，更好地发掘学生的潜力和兴趣，让学生了解自己的同时，针对自己的特长和兴趣选择学习的内容和未来就业的方向。同时，试点建立学生职业发展指导中心，对学生的职业操守、就业观念、职业发展进行正确的引导，而非仅仅关心学生的就业问题，避免学生进入企业后，一时难以适应，频繁跳槽，最终影响到自己职业发展等现象的发生。另外，既然是金融营销应用型人才的培养，需要高校能够将知识学习与行动反思有机地结合起来，因此在校企共享资源平台搭建的基础上，高校可以通过采用定向培养、企业实践、问题解决等方式，结合金融营销人才的培养内容，将部分前置于学校学习和企业实践过程中，也可以请企业参与学生教学方案的制订和考评工作，鼓励学生参与相关从业资格考试，从而帮助企业降低人才招聘和培养成本的同时，满足金融营销应用型人才操作能力培养的目标和要求。

（4）在培养的内容和形式上，避免金融营销“两张皮”，提供针对性的培养内容和多样化的培养形式。金融营销应用型人才培养其本质还是营销人才，是适合金融行业的营销人才，因而金融营销应用型人才能力包括“元能力＋岗位技术能力＋行业通用能力”（Nordhaug，1998），除了满足大学生基础培养目标和要求，掌握营销管理的一般知识体系和分析技能的同时，又能够了解金融行业的一般运行规律，将营销规律与金融行业的经营特点有机地结合起来，因此需要在课堂上引入更多金融行业管理实践案例，同时做好学生对金融行业与其他行业营销实践差异的对比和反思。另外，管理学是一门“技能”，并非简单的“既是科学，又是艺术”，需要学生的学习和实践，因此高校应该研究和分析，哪些是学生需要在学校教师课堂教授的，哪些可以通过学生课堂案例讨论学习的，哪些是学生自学和相互学习的，哪些可以通过学生企业实践的，哪些是学生未来在企业工作中由企业培养或“干中学”的。高校不是“无所不能”，更应该重视学生知识和理论体系的搭建，思维模式和分析能力的打造，对社会上优秀管理实践的总结、理论化和传播，这是高校的“比较优势”。同时，随着移动互联网时代的到来，使得学生在获取“碎片化”知识或信息更加便捷和低成本，也为学生间相互学习提供了手段，需要高校采用包括 MOOC（慕课）、网络课堂、模拟操作、案例讨论等更加多样化的混合式学习模式来提升学生学习兴趣和能力素质。最后，根据金融企业变革和员工能力升级换代的需求，建立培养金融营销应用型人才方案的定期审查机制，升级换代学生的培养方案。比如，金融行业本身就是经营数据的，大数据时代的到来，要求金融营销人才具备数据的理解、处理和分析能力，从而挖掘客户潜在需求和市场机会，这就要求金融营销应用型人才培养方案中添加相关的知识技能。

## 五、结语

分工既是人类社会发展的产物，同时分工又极大促进了社会发展。金融营销应用型人才的培养也是适应了金融业规模不断扩大、分工更加复杂化、知识更加专业化的需要。需要强调的是，随着知识经济和信息时代的到来，移动互联网技术的广泛应用，使得知识和信息的更迭速度不断加快，对于高校而言，在金融营销应用型人才方面切勿“赶时髦”，在考察金融行业未来创新变革的基础上，掌握金融营销人才供需的发展趋势，从学生的职业生涯角度而非仅仅就业的角度，结合自身的优势，全面提升学生能力素质，从而适应未来金融企业人才需求。

## 参考文献

[1] 陈四清. 新常态下银行经营管理 [J]. 中国金融, 2015 (6): 14-17.

[2] 扶明高. 新常态下银行业的进与变 [J]. 中国金融, 2015 (12): 38-40.

[3] 虢鼐犸. 我国高校金融专业人才培养模式创新研究 [J]. 当代教育论坛, 2014 (6): 62-72.

[4] 韩平. 进一步加快我国金融人才队伍建设 [J]. 中国金融, 2008 (4): 69-71.

[5] 黄勋敬, 黄聪, 赵曙明. 互联网金融时代商业银行人才管理战略研究 [J]. 金融论坛, 2015 (5): 62-70.

[6] 李东荣. 大数据时代的金融人才培养 [J]. 中国金融, 2014 (24): 9-10.

[7] 李扬, 张晓晶. "新常态": 经济发展的逻辑与前景 [J]. 经济研究, 2015 (5): 4-19.

[8] 魏革军. 人才不宜过多流向金融领域 [J]. 中国金融, 2015 (9).

[9] 吴念鲁. 关于国际金融教材和学科建设问题的探讨 [J]. 金融研究, 2015 (7).

[10] 曾康霖, 刘玉平. 再论金融学科建设与金融人才培养 [J]. 上海金融学院学报, 2014 (3): 5-14.

[11] 张成思, 张步昙. 再论金融与实体经济: 经济金融化视角 [J]. 经济学动态, 2015 (6): 56-66.

[12] Cappelli, P.. Why We Love to Hate HR... and What HR Can Do About It [J]. Harvard Business Review, 2015 (July-August): 54-61.

[13] Nordhaug. O.. Competence Specificities in Organizations [J]. International Studies of Management &Organization, 1998 (28): 8-29.

# 对金融营销专业实验与实践教学的思考与创新

翟海燕

**摘 要**：对于金融企业管理者而言，没有人否认人才对企业的重要性。然而，如何根据外部环境的变化和企业内部战略的变革，调整人才管理的方式和方法，进而将人力资源管理打造成为驱动企业持续发展的竞争优势，对于过去很长一段时间凭“增速”和“数量”致胜的中国金融企业而言，之前却鲜有深入的研究和探索，也是未来一段时间金融企业越来越重视并急需解决的问题。本文正是基于此，研究移动互联时代我国经济新常态下，金融企业战略变革带来的人才管理方式以及需求的变化，以此为基础，结合我国劳动力市场供给现状及发展趋势，探讨高校金融营销应用型本科教育的创新，希望对高校和金融企业的人才培养和使用有所启发。

**关键词**：金融变革　人才供求　金融营销　应用型人才　培养创新

## 一、引言

在我国金融市场的蓬勃发展、竞争日益加剧的时代背景下，金融机构不断提高对金融营销人才在数量上和质量上的要求，而当前我国高校对该类人才的培养无法满足市场的需求，这反映了高校以学科设置为导向的人才培养模式与行业以岗位能力为标准的人才需求差距巨大。提高金融营销人才培养的针对性和有效性，具有迫切的现实意义，这也更符合我国以“应用型、创新型”人才培养为目标的高等教育改革宗旨。

金融营销专业是市场营销学科在金融行业的延伸，它适应现代金融机构的人才需求，并以市场营销专业为基础，综合了服务营销学、金融市场及产品学等相关理论知识而形成的一门跨学科专业。该专业具有很强的实践性，采用恰当的教学方法和模式将对该专业人才的培养效果、对金融行业产生良好的影响。而传统的人才培养模式仅仅依靠校外实习、校内实训等零散的、孤立的实验与实践教学方式存在许多不足，有待教师突破传统，借鉴和引进卓有成效的金融营销人才的实训教学方式与方法，加强人才未来就业的适用性培养，从而更好地满足金融行业的用人需求。

## 二、传统实验与实践教学模式的方式及不足

传统实验与实践教学模式可分为校内和校外两种：校内实训主要有案例教学法、以 ERP（企业资源计划）为主的模拟实训课程、实验商店；校外实训以企业实训、实践为主。

### （一）案例教学

这种实训教学是以案例分析、专题讨论为主的课堂教学方式，主要是通过大量的案例分析，来加强学生对金融理论、金融产品知识、市场营销学、推销技能等课程的感性认识，并在普及以案例为基础的理论教学过程中，针对课程中出现的一些特殊内容，如市场调查、消费者行为分析等，再安排专题调查和讨论。学生通过调查讨论，加强了对课本知识的深入理解。案例教学虽然是现代教育中一种不可替代的重要方法，已得到日益的重视，然而现行高校此类专业的案例教学效果并不理想，这主要与案例教学的激励机制欠缺、案例选编内容不当、案例教学的现场组织和控制能力欠佳等多种因素有关，从而难以把握案例教学的过程和效果，并最终影响了整体的教学进度，使教学目标难以实现。

### （二）实验与实训课程

越来越多的高校投资建立了各种专业实验室，可供金融营销专业的教学使

用，例如市场营销实验室、会计电算化实验室、股票模拟实验室、电子商务实验室等。ERP课程不同于一般的以理论和案例为主的管理课程，它是一种体验式的互动学习。该课程涉及整体战略、产品研发、设备投资改造、生产能力规划、物料需求计划、资金需求规划、市场与销售、财务经济指标分析、信息资源的开发与利用、团队沟通与建设等多个方面，每个学生都能直接参与模拟的企业运作，体验复杂、抽象的市场营销、金融学等方面的理论知识。在实际的教学中，先由教师分组，组成几个“公司”，再将学生分到各个“公司”；然后，针对产品目录表上的商品进行“买”或“卖”。这种模式由于没有涉及真正的商品、利润，也不可能面对多变的真实市场，所以，往往难以达到实训目的。

### （三）实验商店

有些高校为配合学生的实训建立了各种形式的实验商店，通过安排学生到实验商店“工作”，熟悉产品，培养学生的能力。由于实验商店主要以零售为主，实训内容单一，难以锻炼学生的综合营销能力。

### （四）企业实习

企业实习是一种比较传统的实训方式，20世纪80年代到90年代初，大多数行业中企业所属的高校都采用这种方法来安排实训。最初，高校统一组织和安排学生到企业或机构进行实习或挂职训练，由于高校和企业之间有着特殊的关系，所以企业在人员的安排、师傅的落实以及实训计划的制订和实施等方面都能及时到位。一些高校则往往与企业挂钩建立实训基地等来便于安排学生实训。随着市场经济体系的建立，高校和企业之间的内在纽带逐步松散，学生毕业人数的不断增加，也给这种实训形式带来了一定的难度。因此越来越多的学生自己寻找实训单位，或直接到工作单位实习来完成实训任务，这对于多数学生来说，有一定的难度，并受到许多因素的制约。

## 三、实验与实践教学的创新与改革

金融营销专业是一个适应金融市场发展的新生专业，更应以市场需求为导向设计和创新实验和实践教学的方式和方法。根据认知理论，知识不是简单地通过传递来获取，而是个体积极组织的结果，“学习者”是从经验中来获取和形成自己的知识，因此“学习者”和“经验”在学习过程中具有重要价值。创新和变革金融营销专业的实训教学，应遵循这一学习规律，在人才培养上坚持“以学生为主体、教师为主导”的原则，将传统的“理论教学为主、实践教学为辅”的方式勇于突破变为“理论教学与实践教学并重”的方式，加大实训教学比重，提高实训教学成效，努力达到金融营销人才的培养“做中学”和“学中做”的目的。具体来说应该基于金融营销的岗位职业能力的分析来设置课程门类和授课内容，以工作任务为中心，利用职场化的情景教学，选择学生受益较大的行业以及操作性较强的产品为实践对象，引入企业运作模式，为学生建立一个真实的实训环境，并借助建立专业岗位职业能力的绩效考核体系，保证实训教学效果。

### （一）尝试引入金融服务实验公司来设置培训内容和实训课程体系

第一，在专业课程体系中，引入金融服务实验公司岗位认识课程模式。金融服务实验公司是金融营销专业为训练学生的实战能力，通过选择学生受益面较大的金融行业以及操作性较强的金融产品为实践对象，引入企业运作模式成立的专业实验公司。通过企业提供产品和不定期的产品培训以及职业技能培训，可以进一步提高金融服务实验公司的职场氛围。

第二，以金融服务实验公司岗位认识课程为基础建立实训课程体系。具体由银行岗位认识、保险岗位认识、证券与期货岗位认识、汽车金融岗位认识以及房地产经纪岗位认识等若干个独立的实践课程组成。采用渗透式、渐进式的方式，在完成金融学、市场营销、金融产品实务等方面基本理论的教学任务后，适量的、循序渐进的引入某一个金融行业作为实践对象完成实训课程，最后根据学生的就业偏好全部安排到相关的金融企业再进行实地操练。

这一方式可以使学生通过实践不断调整理论学习的思路，增强学习的目的性，理论联系实际，有利于提高学生解决实际问题的能力。同时，还可以把职业道德教育、综合能力的培养落到实处。

### （二）以任务中心模式来组织和实施课堂教学

活动任务中心模式是指以工作任务为中心来组织技术理论知识和技术实践知识的课程内容组织形式，按照该模式组织内容的课程为任务中心课程。其核心是“知识和技能的学习被融入到项目中”。建构模式的基本原理是“做中学”，因此从某种程度上来说，“活动任务中心”认知理论在教学中的应用，其课程的组织模式以职业情景中的实践问题为中心，通过把学科的专门知识与技能综合运用到实际问题和情景中，激发学生的学习积极性，从而使学生形成完整、统一的技术实践能力。以银行信用卡营销岗位课程的组织和实施为例，信用卡营销职业知识分别由信用卡产品技术理论知识、信用卡营销技能技术实践知识以及营销团队技术理论与实践知识等几部分组成。在活动任务中心模式下，将信用卡营销的技术理论知识以及技术实践知识整合到信用卡营销实战中，学生通过完成信用卡销售任务实践最终完成技术理论知识和技术实践知识的有机结合，可以取得较好的教学效果。因此，金融营销专业应在选择课程内容时，以活动任务为中心，根据金融营销的基本操作流程，设置每一环节的任务，布置实训作业，学生在完成任务中掌握技术实践知识；同时由校内专业教师以及校外金融机构导师共同指导学生学习技术理论知识。

### （三）不断改进案例分析的课堂教学效果

第一，在案例的选择上，教师应注意其针对性、时效性和适用性，使所选案例既与理论知识相吻合，能为教学目标服务，又紧跟时代步伐，与时俱进，同时还应尽可能选择教师自己能够把握，学生便于理解、接受和认同的案例。另外，金融营销案例选编应该学习和借鉴国内外著名大学的经验，加强学校与社会间的沟通交流，逐步拓宽案例素材收集和交流的渠道，多方筹措资金，为出版案例教材提供资助，形成一个有特色的集选题、收集、撰写、应用、储存、更新、发行和版权保护等各环节在内的案例选编系统。

第二，提高教师案例分析的课堂安排和组织能力。在广泛收集和编制实用性强的案例内容的基础上，教师应合理的选用案例、有效的组织课堂讨论。有些案例，如课程章节导入案例、总结案例等由教师讲析；有些案例，如有关可口可乐与百事可乐、惠普、三星、哈尔滨啤酒等的案例组织学生分组研讨、分析。这样，使学生对市场营销战略与策略、商务谈判技巧与策略、广告制作、物流管理、消费者行为、市场调查与预测等专业知识有了一个接受、理解、消化的过程，不仅进一步了解了企业的营销活动，还增强了学生的学习兴趣，提升了学生的独立思考、探究问题的能力。比如，问题研究法，有关专业课程一般安排 2 ~ 3 次问题研究项目，以培养学生独立的文献阅读、归纳分析和语言表达能力，同时通过师生间的互相研讨、互相启发，扩展了学生对问题认识的深度和广度，有利于学生把握问题发展的最新方向，激发其创造力；促进了“教与学”的交流和沟通，激发了“教与学”的积极性，提高了学生分析问题与解决问题的能力。

第三，高校要出台多项督促和保证实验和实训教学效果的措施和制度。例如建立公司的专业岗位职业能力环节考核体系和绩效考核体系，完善实践教学体系，为学生的技能考核提供一个标准化的平台，同时通过绩效考核制度最大限度地激发学生的实践能动性，建立教师主管制的经营管理模式，由专业教师分别带领一个团队，负责日常的职业技能指导和业务指导。通过对教师的业绩考核，不断提高其实践性教学能力。

## 参考文献

［1］徐小龙．关于金融营销人才培养模式创新的思考［J］．北方经济，2012（17）．

［2］徐国庆．中本贯通的合理性［J］．职教论坛，2015（9）．

［3］周叶芹．高职订单式培养模式探索——以金融营销专业为例［J］．中国成人教育，2006（3）．

［4］杨米．金融营销“项目教学法”实践与探讨［J］．高教探讨，2004（4）．

［5］崔虹云，等．高等教育人才培养模式中实践教学的改革与探索［J］．黑龙江高教研究，2014（2）．

［6］徐小龙，朱捍华．美国高校金融营销本科人才培养模式探析［J］．金融理论与实践，2016（3）．

# 我校经管类学科演练开放实验教学体系的建设研究

戴天晟

**摘　要**：21世纪高等教育将人才的培养目标定义为“创新人才”。培养经管类创新型人才开展开放实验教学是一个理论联系实际的很好途径。本文就高校经管类学科实行开放实验教学体系的一些问题进行了研究，正确认识开放实验教学的重要性，在探索它与培养现代大学生创新能力的关系基础上，进一步探索和研究如何开展这种实验教学体系的教学改革。

**关键词**：经管类学科　实验教学　体系

我国自进入21世纪以来，经济与科技的发展不仅为高校经管类学科带来新的机遇，也对其提出了严峻的挑战。社会对人才的职业素养和创新能力提出了更高的要求，这就要求高校更加注重对大学生实践能力和创新能力的培养。开放实验教学对促进学生创新意识，增强自学能力；强化学生基本技能和动手能力；培养学生合作精神和解决问题的能力；激发学生的科学探索精神等有着十分重要的意义。同时也有利于高校充分利用教学资源，提高教师的主观能动性和创造性。

传统的实验教学经典模式是老师设计好实验方案，准备好实验用品，规定好时间，学生上课按照既定模式上课的“封闭式”教学方式。开放实验教学倡导的是以学生为教学主体，探索研究式的学习模式，强调学生学习的主动性，实验内容的多样性，实验时间的可选性，实验对象的广泛性等。这些都归纳为实验教学课程体系和管理机制的灵活性，因此，要让开放实验教学取得较好的教学效果，首先必须建立适合开放实验教学的课程体系和科学的开放实验室管理体制。开放实验教学根据不同的学科有不同的课程体系和管理体制，本文对“上海金融学院实验中心”的开放实验教学的建设经验和实际运行状况进行了总结，提出了经管类开放实验教学的课程体系和管理体制的几点构想。

## 一、开展我校开放实验教学课程体系的建设

### （一）经管类开放实验教学课程体系分类

我们可以在原有的本科实验教学课程体系基础之上将开放实验教学课程体系分为几个部分，并对它们进行改革，使之能更好地适合开放实验的教学模式，实现我校应用型和创新型的人才培养目标。

**1. 理论课程实验**

该类实验是指某一门理论课程的配套实验教学任务，一般是配合理论课程的教学进程对理论课程进行操作性的实验。这类课程一般为专业基础课，计算机语言类课程。对这类课程的开放性主要体现在完成基本教学任务的前提下，针对不同层次的学生进行分类和分流。计算机语言类课程提前分类和分流有利于培养基础好，有兴趣的学生的编程能力得到更大的提高，而不是将所有的学生的目标都限定在通过期末考试和计算机等级考试。这类课程可以分成基本学分和高级学分，完成基本学分的学生可以选修计算机的办公自动化高级和C语言高级编程等课程。

**2. 实训类课程**

实训类课程是教学计划内设置的实践培训类课程，这类课程在修完相应的理论课后完成，通过集中项目实训或集中上机培训等方式训练学生的动手能力和职业技能。我校实验中心开设了实训课程全部在实验室完成，有固定的课时和内容要求，并以通过相关机构职业技能认证为目标，提前通过者可以免修。

**3. 模拟实习类实验项目**

此类课程通过微缩模型，虚拟软件等模拟现实企业的生产运营管理环境，

培养学生的职业技能和创新创业能力。我校实验中心可依托专业实验室，可以承担一些“商业银行国际业务模拟”“模拟股票外汇期货交易”“企业沙盘与ERP运作模拟”“创业投资模拟实习”“多媒体会计模拟教学”“模拟股票外汇期货交易”“模拟面试”等模拟实习课程。该类课程具有互动性、实战性、竞争性的特点，是提高经济管理类专业人才职业素养及实际操作技能的核心课程。学生在这类课程的完成过程中能够体验到较大的变化性、主动性和创新性，专业教师可以在理论依据、业务规则等方面予以指导，在模拟实习结果方面予以评价。

**4. 创新创业实验项目**

此类项目鼓励和支持大学生尽早开展科学研究、技术开发和社会实践等活动，探索并建立以项目和课题为核心，以团队和兴趣小组为主体的教学模式。创新创业实验项目以第二课堂实验活动为主，并规定有一定的创新实践学分。第二课堂实验活动是学生创新能力培养的重要方面，也是促进开放实验教学建设和发展的重要因素。我校可以根据具体情况实行大学生创新型实验计划项目管理办法，该办法建立了以问题和课题为核心的教学模式，参与创新型实验计划的学生可选择申请学分或申请替代实践教学环节，对指导教师的教学工作量，并可作为指导教师评优评奖、职称评审等的支撑材料，学校为其各项目提供实验场地、设备、经费等方面的支持。

### （二）开放实验教学课程体系构成比例

对于上述课程类型，我校实验中心根据各种不同的实验类型采取必修加选修相关结合的方式进行实验项目的设置，学生对前三种实验项目实行必修，占50%左右；对于经管类专业学生，实习实践经验更加重要，因此我们可对模拟实习类等提高型实验项目设置了30%左右的项目进行选修，对研究创新型实验项目根据学生的兴趣爱好进行选修，占20%左右的比例。

## 二、进行我校开放实验室管理体制建设

**1. 我校开放实验室的运行模式划分**

从我校实验室的功能划分、服务对象以及实验内容决定了在哪个实验室

开放，什么时间开放，对哪些课程开放，同一课程中哪个实验开放，以什么样的教学模式开放等。在时间方面，对公共计算机类课程实行全天开放；对实训和模拟实习类课程和创新创业项目实行预约开放；对科技创新活动所需要的实验室实行“特定时间开放”。在实验内容方面，对特定课程的综合性设计性实验、课程综合设计、模拟实习等内容执行“限定式开放”，学生可以在一定范围选择感兴趣的内容，但必须完成规定的学分；对技能认证考试、职业资格考试、竞赛活动和创新创业实验项目等内容执行“自由式开放”，是学生自主选择的学习内容。在实验教学模式方面，根据不同实验内容和培养目标可分为以小组为单位的协作型实验教学模式、科研项目模式、科创竞赛模式、创业实践模式等。

**2. 加强开放实验室师资队伍建设**

师资队伍是开放实验室建设的重要内容，对于学生的创新能力的培养，需要教师具有较高的职业素养和创新精神，开放实验室的开放性和自由性也更需要教师的奉献精神，需要占用自己的休息时间投入到开放实验教学工作中去。

因此，需要建立一套激励机制提高实验室指导教师和实验管理人员的工作积极性。开放实验项目很多是学生和老师利用课余时间完成的，所以负责开放实验教学的老师工作量加大，应通过完善教师工作量核算方法对他们的这部分工作进行评价和认定，这可以激励老师参加开放实验工作的积极性。对参与开放实验做出贡献的指导教师在同等条件下，优先向学校推荐评优、评奖，建立起强化绩效的激励机制。

**3. 加强开放实验室的学生管理**

开放实验教学更需要学生的主动性和参与性，目前许多大学生还没有形成良好的自我管理能力，所以，我们既要加大实验室的开放力度，又要通过严格的管理机制来规范学生的学习习惯，激励学生的积极性和主动性。首先，要将开放实验项目纳入正常的教学体系考核中，参加开放实验教学活动能以一定的评分标准进行评定，并获得相应学分。其次，对于一些重要课程的开放不等于来去自由，在时间和内容可选的开放性环境下，必须要保证学生完成相应的课时，达到相应的要求，才能获得相应的学分。最后，需要建立开放实验室信息管理系统，在技术上加强对开放实验室的管理，在机房的管理模式上应彻底解放专人值守的工作方式，规范管理，减轻教师工作量。系统为每个学生分配登录账号，学生可以在网上下载学习资料、观看学习视频、进行交流和讨论；该系统与教务系统相连接，可以查询课表，预约课程，可以通过账号记录学生的上机时间和学习进度，作为评定成绩的依据；开放实验室还应该通过网络技术限制学生在实验室玩游戏、聊天、上不良网站等。

**4. 开发实验室加强教学管理和实验管理的制度建设**

教学管理主要针对学校实验教学方面的工作，包括成绩查询、实验报告、实验课程、在线交流和资源共享。在系统中教师通过平台发布了本学期的课程信息后，学生在规定的时间内选取课程，最后系统对学生的选课情况进行统计并安排好实验室，学生通过系统查看实验室安排，按时进行实验。在选课规定的时间内学生可以对自己所选的课程进行修改，选课结束后还可以随时查看。实验报告是在一次实验课程结束之后，教师将上传实验报告格式，学生填写并上传，教师评阅在给出成绩的同时筛选出一些好的作业发布，在此系统中并且上传一些资源，供学生参考。课后学生可以查询自己的成绩，下载和阅览这些资料，也可以通过资源共享平台上传一些资料，从而达到资源共享的效果。在线交流是供学生和教师进行讨论和交流，使遇到的问题得到快速的解决。

实验管理主要是对该校所开设的实验课以及一些与实验相关工作的管理，它包括实验室的卫生检查、课程管理、实验安排、实验查询、实验预约。卫生检查主要是实验室工作人员通过平台查看自己负责的实验室，打扫和检查实验室的卫生情况。课程管理是对本校所有开设的实验课程进行管理。实验安排就是根据课程管理的结果对所要参加实验的课程进行管理，为它们分配和调节实验室，还有就是根据学校的时间设置以及学生教师的实验预约来安排实验。实验查询是教师和学生可以通过平台查询自己所要进行实验的实验室目前的情况，然后根据自己的时间进行实验预约。实验预约是学生和教师通过实验查询后来实现在线的实验室的预约，并且在预约的时间范围内，通过自己的有效证件去实验室进行实验。

开放实验室还需要学生自己能管理实验室，学校可以采取学院、教师、学生三级负责制，先由学院统一制订开放实验室管理方案，指导教师制定严格的开放实验室学生管理办法，从而建立一套比较完整的开放实验室管理制度。

## 三、前景与展望

开放实验教学管理系统是将教学、实验室、学生、教师、设备很好结合起来的一种全新的实验室管理模式，也是现代信息发展的必然产物，与传统的实验教学相比，开放式实验教学具有很多优点，它突破了传统教学模式在时间和空间上的限制，大大提高了高校学生在实验中的积极性、主动性，使教学质量得到了很大提高，也使实验室的设备得到了很好利用。

开放实验教学体现了一切从实际出发，科学发展观的要求。学生创新能力的提高、自我管理意识的培养是当前教育的重要议题之一，通过开放实验教学管理系统的建立，在提高学生自主创新能力的同时，加强了学生们对实验课重要性的认识，有利于学生在步入工作岗位之前积累工作经验，增强管理意识，更好地为以后的工作打好基础；同时可以提高学生积极性，在实验的过程中，学生自己扮演多重角色，发掘自身潜能，提高自身修养，有助于学生的全面发展。

开放实验教学体系综合利用网络资源、多媒体资源，加强老师与学生之间、学生与学生之间的学术交流。学生通过学校的软件设备，经过观察、理解、研究培养自身的创新意识。在开放实验教学管理系统中，打破以往学生缺乏指导，参与的状况，整合教师资源和多媒体资源，让不同层次的学生可以按照自身的兴趣爱好，以培养自身创新意识，提高自身综合能力为目标，自主的选择实验类型，实验地点等。现如今，科技越来越多的进入人们的生活中，不管是财务、金融、保险，还是教育、医疗等方面，人们越来越多的与科技接触。而在高校经管类学科中建立开放实验教学体系有助于学生更早的掌握实际操作技能，更好地发挥自身创造力。这一切都证明开放实验教学管理系统的建立有助于整合利用教学资源。

总之，不论是从社会角度或是学校角度还是学生角度出发，经管类学科实行开放实验教学体系都是很有必要的。提高学生创新能力在开放实验教学体系中，学生要自主地去完成整个实验，老师只是提供指导，大部分流程要由学生自己去亲身实践。学生在实验的过程中能够对整个管理系统进行自行安排与调整，这种模拟的教学体系能够启发学生多向思维和培养学生创新能力。学生根据老师的指导和实验要求进行实验，自行完成实验，提交实验报告。最后，学生可以通过系统提供的成绩查看自己的不足。在经管类学科开放教学实验管理系统中，学校还可举办各种经管类课外比赛，如进股票交易模拟业务比赛等。这些都有利于学生创新能力的提高。

## 参考文献

[1] 陆青，潘华. 基于学习共同体模式的“ERP 沙盘模拟”教学探索[J]. 中国电力教育，2012（13）.

[2] 潘华，王乐鹏. 立足专业特色产学研结构构建应用型本科专业人才培养体现——以信息管理与信息系统专业为例[J]. 教育教学论坛，2012（9）.

[3] 王乐鹏，陆青. 经管类大学生开放性实验方案设计[J]. 科技广场，2010（12）.

[4] 李冬云，葛洪良. 高校开放实验室初探[J]. 中国科教创新导刊，2011（7）.

[5] 杨毅. 探索高校开放实验室管理模式[J]. 计算机光盘软件与应用，2010（16）.

[6] 李瑜波，童燕青. 计算机开放实验室的实现目标与管理措施[J]. 实验技术与管理，2003（5）.

[7] 邓维斌，黄蜀江. 开放环境下协作型实验教学模式探索[J]. 实验科学与技术，2006（1）.

# 面向应用型人才培养的“客户关系管理”课堂教学改革探索

郭湖斌

**摘　要：** 在当今激烈的市场竞争环境里，良好的客户关系对于现代金融行业的盈利能力及其长期的成功显得极端的重要。为了使金融企业变得更加以客户为中心，那些经验丰富的客户经理、IT 专家和金融营销高层人员，都必须懂得如何同每一个客户建立起有利可图的关系。本文论述如何在日常的管理与业务决策中通过管理客户的价值来增加金融企业的价值。客户关系管理的目标就是要同客户建立起长期的关系，创造出不断增加的忠诚客户和更大的盈利空间。

**关键词：** 应用型人才　客户关系管理　课堂教学改革

## 一、“客户关系管理”课程性质与目的

在当今激烈的市场竞争环境里，良好的客户关系影响到现代金融行业的盈利能力及其长期的成功。为了使金融企业变得更加以客户为中心，那些经验丰富的客户经理、IT（信息技术）专家和金融营销高层人员，都必须懂得如何同每一个客户建立起有利可图的关系，如何在日常的管理与业务决策中通过管理来增加客户的价值从而增加金融企业的价值。客户关系管理的目标就是要同客户建立起长期的关系，创造出不断获得的客户和增加的忠诚客户以及更大的盈利空间。

“客户关系管理”课堂教学致力于向学生传授两种能力，即思维能力和实践能力。思维能力的培养需要学生掌握金融客户关系管理的基本规律和理论知识，以及金融客户关系管理的专业分析工具（如数据挖掘、系统分析等）；实践能力的养成则需要学生把理论知识和模型运用到金融客户管理实践中，指导金融企业更好地开展客户关系管理实践的能力。

### （一）课程性质

“客户关系管理”是上海金融学院工商管理、市场营销、物流管理、人力资源管理等专业一门新兴的、重要的专业技能核心课程。该课程的突出特点体现在基础知识涉及领域广泛、文理交叉、具体内容跨度大以及多学科间的相互渗透。该课程是基于将先进的管理理念、创新的商务管理机制有机结合起来并通过现代信息技术平台的支持来完成的一门新兴、综合性、边缘交叉的学科。

“客户关系管理”课程的重心突出以客户为中心的核心价值观，以获得企业的竞争优势为目标。课程的立足点是电子商务及互联网络环境下的客户价值管理，注重理论学习与实践的结合、教学内容与社会需求对路，并对与客户关系管理密切相关的 ERP（企业资源计划）、SCM（软件配置管理）等理论、技术、应用等方面做重点深入地了解。

### （二）课程目的

“客户关系管理”课程目的是使工商管理相关专业学生掌握客户关系管理的基本概念、原理和应用，确立以客户为中心的管理理念，基本概念和原理部分以客户关系管理原理、方法和技术的实际应用为目标，重点讲述客户关系管理的基本知识、基本原理和基本技术。学习和掌握客户关系管理的基本理论和基本分析方法。相关专业的学生通过学习本课程，进一步加强对该理论的理解，掌握对客户关系管理的方法。

### （三）课程任务

“客户关系管理”课程主要讲授顾客满意及其管理、顾客忠诚及其管理、顾客价值及其管理、客户关系管理系统（以下简称 CRM）的技术、数据管理、营销策略、组织匹配及绩效评估。要求学生会把握客户中心时代、服务经济时代和知识经济时代的特点，树立“客户资源已经成为最宝贵财富”的管理思想，系统叙述客户关系管理的一般知识，并描述和叙述 CRM 的核心理念、CRM 技术系统与管理、CRM 实施与管理等新理论和方法。

本课程的教学任务是要求学生掌握客户关系管理的内涵、主题分析内容和基本方法、运作模式，理解客户管理关系系统结构、功能、技术体系与实施策略，掌握客户管理关系中的智能决策支持技术与作用，并能初步具备利用信息技术与智能技术设计或选择 CRM 系统解决方案的能力。

## 二、“客户关系管理”课堂教学存在的问题分析

### （一）课程理论研究呈现两极化，与企业客户关系管理的实际情况不符

目前市场上出版的“客户关系管理”相关教材接近 100 本，大部分教材的内容集中在客户关系管理的基本原理及核心理念、客户关系管理过程及实施、客户关系管理技术及应用，内容大体雷同。

由于该课程对于实践性要求高，教材当中的理论远不及实践更新快，这就加大了教学上的难度。而且该课程的技术应用主要体现在计算机方面，由此理论与技术成为了教授该课程的两个不同切入点，大部分高校教学只能做到侧重于其中一个作为切入点，很难做到两者兼顾。计算机软件应用仅仅是课程当中的一个环节，其客户为中心等重要理论也十分重要，两者主要内容之间的衔接不够紧密，这就形成了极端化。但是从企业的客户关系管理实践中来看，这两个方向是相辅相成的，客户关系管理理论为客户关系管理计算机软件技术提供指导思想，而计算机软件技术又为客户关系管理理论提供实践应用。

### （二）课程内容体系呈现较大差异化，对企业实践的指导意义不强

市场经济的发展激化了各个企业之间的竞争。早期能够制造出性价比高

的产品的企业能够轻易地占据市场份额，当前市场上产品的同质化越发严重，各个企业将侧重点转移到了客户身上，市场也从传统的以产品为中心渐渐转移到了以客户为中心。客户关系管理的很多思想都来自市场营销理论在信息技术时代和网络经济时代的发展和创新，因而对于客户关系管理的相关理论和教学体系及方法，不同的学者和教育工作者给出了差异性较大的研讨范围。

不同学派对课程的性质、教学大纲、教材编写、授课计划等方面都存在较大差异性，这就使得“客户关系管理”课程在课程性质的确定、教学大纲的制定、教材的编写、授课计划的安排上产生了很大的差异性，因此给该课程的发展和同行的交流设置了很多障碍，导致研究该课程的众多同行之间不能展开充分的交流，降低了相互提升的机会。

### （三）实践能力培养力度较低，不能有效适应应用型人才培养要求

当前我院工商管理大类（工商管理、市场营销、物流管理、人力资源管理等专业）的培养目标是培养能够面相建设、管理、服务第一线的高级应用型专业人才，要求学生们掌握的知识向实用型转变，这就需要重点培养学生实际解决问题的能力。但是以往在“客户关系管理”课程的教学过程当中，主要是对理论知识的教学，不能给学生提供真正走入企业、融入社会的机会，不能为他们提供下真实工作的体验。为了弥补这方面的缺陷，授课教师往往通过设计情景模拟，在虚拟的情景当中锻炼学生的专业技能。

但是这种模拟只能在主观上给予学生相关感受，并不能提供真实感受。这一现象不仅仅存在于客户关系管理课程的教学当中，而是众多应用型学科的通病。因此，在这样教育方式下成长的学生们的动手能力较弱，进入到工作岗位之后的适应能力较弱，实际技能不足，不能有效满足企业对应用型人才的需求。

## 三、“客户关系管理”课程课堂教学改革实践探索

### （一）“客户关系管理”课堂教学内容设计

#### 1. 理论内容层面

课程理论层面的内容设计重点围绕客户关系管理的三大理论和四大步骤展

开。首先在介绍客户关系管理理论知识的基础之上，系统阐述客户管理的三大理论（客户满意理论、客户忠诚理论、客户价值理论）和四大步骤——IDIC（Identify - Differentiate - Interact - Customize），识别客户—区分客户—客户互动—客户个性化，通过理论构建和实施步骤搭建“客户关系管理”课程课堂教学的理论框架，让学生系统理解现代客户关系管理如何来维护客户满意与客户忠诚。

**2. 技术实施层面**

在技术实施层面，由于各行业性质不同以及各企业实际情况的差异，企业在 CRM 系统实施与否，软件的选择，资本的投入，实践的展开等方面均存在差异。本课程在组织课堂教学时，侧重于金融行业的实施与应用，构建内容如下。

（1）CRM 基础设置与客户管理模块。

CRM 基础设置与客户管理模块可以设计出系统管理和基础设置实验、部门与员工管理实验、客户信息管理与分配实验、自定义设置实验、产品管理实验等。

（2）市场管理模块。

市场管理模块可以设计出竞争对手管理实验、合作伙伴管理实验、市场活动管理实验等。

（3）销售管理模块。

销售管理模块可以设计出商机管理实验、报价与订单管理实验、库存管理实验、回款管理实验等。

（4）服务管理模块。

服务管理模块可以设计出服务请求管理实验、服务知识库管理实验等。

### （二）“客户关系管理”课堂教学方法与教学手段设计

为了加深学生对理论知识的理解，同时锻炼其实际动手能力，本课程在教学过程中应注重教学方法和教学手段的设计，更好地适合应用型人才培养的要求。

1. **教学方法**

为培养学生对客户关系进行管理的技能，本课程主要采用的教学方法如下：

（1）“任务驱动”法。

授课时就告诉学生本次课的任务内容、要求，设计应该涵盖的知识点，以此为基础展开教学，注重培养学生发现问题、分析问题、解决问题的能力以及创新思维与技术综合应用能力。

（2）案例法。

通过精选典型案例，有机地将相关知识点融合到课程中，让学生对客户关系管理问题产生浓厚兴趣，提高其学习的积极性与主动性。

（3）“教”“学”“做”一体教学法。

采用边讲解、边剖析、边指导的方法进行教学。

（4）直观教学法。

通过动画演示、电子教案、电子课件、投影、录像、图片等现代教育技术展开理论教学，将复杂的原理用简单的、感性的方法展现出来，并选取与学生实际生活密切相关的实例讲解，有效地使难以理解的概念简单化、形象化，充分激起了学生的学习兴趣和主动性。

（5）讨论交流法。

课程教学中，让每个学生积极参与，给学生机会发表自己的意见。

（6）激励教学法。

采用小组之间竞赛的方法，竞赛的结果记入平时考核成绩。鼓励团队合作精神和培养创造性解决问题的能力。

2. **教学手段**

“客户关系管理”课程的教学，主要采用如下教学手段：

（1）通过展示教学大纲、教学进度、教师电子教案，提高学生学习的目的性和预知性。

教学大纲、教学进度、教师教案等教学过程中的诸多要素，由于各方面的原因，在传统教学中是教师的专利，学生对将要学习的内容、练习的方法、手段等往往处于被动的你教我练状态。通过展示这些内容，可让学生有机会预知将要学习的内容，提高学生的针对性和目的性。

（2）精心设计教学课件，通过创建学习情境，激发学生学习兴趣。

在授课过程中，授课教师通过精心制作电子教案、课件和教学录像，在电子教案中适当加入一些视频录像文件、声音文件以及一些动画效果的文件，这样会使授课变得生动、有趣，使学生能够对所学知识加深印象；在课件设计中，营造轻松活泼的课堂气氛，将抽象化的问题融入到学生易于理解的实际工程情境中，并通过动画演示等手段，让学生通过对熟悉事物的认知来理解理论知识。

（3）通过定期举办互动讲座，提高学生学习的自主性和参与性。

本课程课堂教学不仅注重教师的“教”，更加关注学生的“学”，帮助学生更多地通过自主性和参与性学习来提高自身技能。通过定期举办互动讲座，让学生“带着兴趣、带着问题来，带着答案、带着满意回”，大大提高了学生学习本课程的自主性和参与性，而且效果很好，达到了教学的目的。

（4）培养学生检索相关网站和用多种方法查检使用工具书的习惯。

在教学过程中适时地提出疑问，要求学生通过检索网页来解决问题，同时，在教学初始即提供学生专业重要工具书书目，在以后教学过程中经常提醒学生充分利用这些工具，这是培养学生自学能力的重要内容，也是积累知识的十分重要的手段。学生一旦掌握了这些积累知识的方法，其好处是终身受用不尽的。

### （三）“客户关系管理”课程考核方法设计

“客户关系管理”课程理论性和操作性都比较强，整体的课程考核应由理论考核和技能考核两方面组成，因此在设计考核方式时要重视以上两方面。理论考核是考查学生对于课程理论知识的掌握程度，而技能考核是考查学生读课程核心技能的掌握程度。理论考核是由平时成绩和期末考试成绩组成，平时成绩主要是对学生在课堂上的学习态度、平时作业成绩进行评定。

在本课程课堂教学过程中，技能考核由个人理论作业、个人实践作业、小组团队作业三部分组成。个人理论作业是对学生掌握理解本课程核心理论能力的考核。个人实践作业是让学生结合自己的一次购物消费经历，撰写心得体会。小组团队作业要求学生通过对某一个具体企业的跟踪和调查，分析该企业在客户关系管理方面存在的问题，并结合理论学习提出改进建议，提高学生分析问题和解决问题的能力。三次作业分阶段递进完成，授课教师跟进，最终根据其完成情况进行考核。

## 四、结束语

“客户关系管理”是一门理论性和实践性都比较强的综合性交叉课程。在当前对应用型人才培养模式呼声越来越强的背景下，其教学内容体系需要不断完善，教学方法和教学手段需要不断改革，考核方式也需要逐步优化，使之更符合应用型人才的培养要求，有效拉近学生与企业、市场的距离，使理论与实践相结合。这些改革和探索都将为“客户关系管理”课程的快速发展提供有益的探索和借鉴，为实现培养面向生产、建设、管理、服务第一线的应用型现代企业客户关系管理专门人才提供有效的方法。

## 参考文献

[1] 崔宇，赵宇．“客户关系管理”课程教学改革方案探索——结合理论、技术、实施于一体的综合解决方案 [J]．新课程，2015 (19)．

[2] 苗苗，陈覃霞．翻转课堂优化客户关系管理课程教学的可行性研究 [J]．教育教学论坛，2015 (17)．

[3] 梅瑜娟．电子商务创业背景下客户关系管理课程教学改革 [J]．现代企业教育，2014 (4)．

[4] 顾黎萍．“客户关系管理”课程综合教学探析 [J]．中国电力教育，2013 (4)．

[5] 阳向军，梁宗经，黎春兰．问题教学法在“客户关系管理”课程中的实践探讨 [J]．中国科教创新导刊，2013 (2)．

[6] 董理．关于客户关系管理课程一体化教学改革的探讨 [J]．现代企业教育，2010 (4)．

[7] 许斌．基于应用型人才培养的“客户关系管理”课程建设［J］．时代教育，2012（10）．

[8] 王莹莹．基于工作过程的“客户关系管理”课程建设［J］．职业教育研究，2010（1）．

[9] 谷再秋．客户关系管理课程教学改革探索［J］．长春大学学报，2010（4）．

[10] 傅俊卫．培养应用型人才“客户关系管理”课程教学模式研究［J］．中国科教创新导刊，2009（12）．

# 金融营销人才的风险意识培养

邹仲海

**摘　要：**近年来连续出现问题的互联网金融企业 e 租宝、中晋等，再一次给人们敲响了资金安全的警钟。本文探讨通过加强对金融营销人才的风险意识培养，更好地识别和防范风险，对于不断变化、多形式、多内容的金融服务具有重要意义。

**关键词：**金融营销　风险意识　识别防范

之前连续出现问题的 e 租宝、中晋等互联网金融企业，再一次给人们敲响了资金安全的警钟。在这些被骗的投资者中，除了外部客户以外，还包括了大量的企业内部员工，这些问题的出现实实在在地给广大投资者上了一课。

因此，加强对金融营销人才的风险意识培养，利于其更好地识别和防范风险，对于不断变化、多形式、多内容的金融服务具有重要意义。

## 一、金融营销

在日趋激烈的市场竞争压力下，市场营销理念逐步被引入到“等客上门”的银行业。由于银行业既是服务行业又是高风险行业，因此，在这一过程中，金融营销与风险控制发生了巨大的“冲突”。

金融营销是指金融企业以具有一定资金存量和资金需求的客户为目标，运用整体营销手段向客户提供金融产品和服务，在满足客户需要和欲望的过程中实现金融企业利益目标的社会化行为过程。在市场经济体系中，金融企业是一组专门为客户提供金融性服务以满足客户对金融产品消费需要的服务性企业。金融营销的目的是借助精心设计的金融工具及相关金融服务，运用金融运作理念达到营销目标并获取一定的收益。它通过研究确定客户的金融需要，规划新的服务或改善原有服务，来满足不同客户的需求，整个过程包括金融产品的设计、制作、服务、组织、控制、信息反馈等活动。

金融营销在流程、核心、中心等与传统的营销有相似之处，因此具有一般营销的性质与特点。在营销“功能定位”的基础上，金融营销作为整个银行业务的前台，其营销管理的展开线路十分清楚，营销的核心过程包括市场细分、市场定位与营销策略组合。但由于金融业是一个特殊的服务性行业，所提供的产品和服务又明显区别于工商企业的产品，因此金融营销又具有独特的方面。针对这些特点，金融营销在实际操作上也有值得特别关注的地方。

第一，金融产品具有相似性。由于金融产品技术含量较低，同质性大，很容易被同行所模仿，每个金融企业提供的产品都是相似的。因此新推出的产品往往很快会被人模仿，难以通过走产品差异化的道路或者确立市场开拓者的地位来获利。

第二，金融产品具有增值性。金融产品绝大部分属于理财投资的产品。客户购买金融产品（如基金、财产保险等）最主要的目的是能为他们带来一定的利益，所以应采取组合式营销策略。

第三，金融营销服务与风险管理在现代银行资产负债组合管理中的作用要关注执行银行经营战略、提高竞争优势、帮助业务决策和定价、报告并控制风险、管理资产组合和衡量资本充足性与银行自身清偿能力。

## 二、金融营销在我国的现状

### （一）金融营销观念的缺失

目前，我国金融企业绝大多数虽然改变了市场营销与金融业无关的观念，但对现代金融营销认识不足，认为金融营销就是加强“金融服务”。虽然企业也引入了一些现代金融营销观念，但往往把营销当成推销，只在推出产品时才零星地使用广告等宣传手段，没有真正确立“以客户为导向”“以市场和社会为中心”的营销观念。在经营中仍然不能摆脱计划经济的束缚，不愿走出去做深入的市场调研，不懂开拓新的市场、开发新的产品、开创新的策略；不愿进一步加大改革力度以适应市场需求和迎接国际竞争；不愿把金融营销作为经营哲学来进行学习、分析、设计、组织、控制、反馈、整合整个金融营销管理过程。

### （二）金融营销缺乏战略目标

金融营销战略出现盲目性和随机性主要表现为：普遍缺乏从长远角度来把握对市场的分析、定位与控制，而是简单地跟随金融市场竞争的潮流被动零散地运用促销、创新等营销手段；在改善服务态度、优化服务质量、提高服务水平等方面的工作尚未与金融营销的战略目标和营销策略联系起来而缺乏针对性、主动性和创造性；在金融营销策略上，业务的拓展以公关、促销为基本方式，没有形成多样化的金融营销策略的科学组合；虽在渠道设计上利用了高新技术，但在分销渠道的扩展策略上仍以增设营业网点为主要方法，难以形成高效的金融营销渠道。这些都是缺乏一个指导性的战略目标所导致的。

### （三）金融产品创新品种虽多，但技术主创的品牌较少

近年来，我国商业银行在市场经济的推动下，对金融营销业务进行了创新，推出了不少金融产品。但是金融产品中模仿创新的多，自主创新的少，独具风格的品牌更是缺乏。这些现象反映了目前对金融营销的市场研究与开发尚未成为商业银行的自觉营销行为。一些金融企业不大注重发挥自身的优势，只是盲目地跟随，模仿竞争者，使金融营销行为趋于同化，创新速度也滞后于公众对银行服务的实际需要。

## 三、加强风险意识培养

### （一）强化我国高校金融营销专业学生风险意识教育的意义

故意冒险是职业道德问题，风险意识淡薄则是金融营销教育的失败。金

融营销从业人员的道德问题导致了金融营销市场的道德风险，虽然通过加强金融营销从业人员的职业道德教育可以降低道德风险发生的可能性，但除此之外，金融机构还面临着市场风险、信用风险、操作风险、声誉风险、法律风险等多种风险。其中的任何一种风险都有可能给机构和市场带来巨大的灾难，巴林银行的破产就是一个典型的例子。资本市场是一个讲究风险和收益匹配的市场，但是某一机构或国家的不合理风险行为可能造成系统性灾难。如始于美国商业银行和投资银行的高风险放贷行为引发的次贷危机。但这些机构在享受市场繁荣时的超额收益的同时，不得不承担泡沫破灭后的惨痛代价，甚至牵连到全球绝大部分国家的市场经济。因此在加强金融从业人员职业道德教育的同时，还应对其加强风险意识教育，只有这样才能将其他各种风险带来的损失最小化。特别是，当金融营销从业人员的风险是由委托人来承担时，作为代理人的金融工作者就更需要有着强烈的风险意识。同样，对于金融学专业的学生来说，风险意识的培养也不能等到其走上工作岗位以后再进行，而是应该在其本科阶段就进行强化。

### （二）强化我国高校金融营销专业学生风险意识教育的可行举措

**1. 教授相关知识与技能**

要树立学生的金融风险意识，首先，应当使学生认识和了解金融风险，掌握规避风险的相关技能。建议对金融营销专业的学生开设金融风险相关课程，使学生了解什么是金融风险、金融风险包括哪些种类、金融风险对金融机构及金融市场的影响等相关知识。其次，掌握预防与管理金融风险的相关技能，学会如何通过风险集中、风险转嫁、风险避免和风险缓解的方法将损失最小化。最后，还可邀请金融界人士举办相关讲座及案例分析，通过讲解现实发生的金融风险案例，进一步帮助学生提高风险意识。

**2. 心理素质培养**

反观历次金融风险事件，金融营销从业人员的心理素质薄弱，不能理智对待损失，是造成损失扩大的主要原因。因此，除风险防范知识与技能教育之外，培养学生良好的心理素质，对提高学生承受挫折和失败的能力，良好的自我心理调节以及较强的适应能力具有重大的意义。心理素质的培养同样需要依靠多种形式的教育模式，除了进行必要的心理辅导教育外，还可举办各类金融模拟大赛，让学生们在实战中磨炼意志品质，提高心理承受能力；另外，学校还可给学生提供更多的实习机会，实践是锻炼心理素质的最好途径，学生在实践中可能遇到各种困难，通过克服这些困难而积攒起的精神力量将成为日后其在事业上的宝贵财富。席卷全球的金融风暴给世界经济带来了沉重的打击，引发了学者对监管的合理范围、金融业的混分格局、金融行业的合理规模等一系列问题的探讨。但是，只要市场上存在着委托代理关系，道德风险都将是决定上述各种矛盾的根本原因。因此，加强对金融营销从业人员，尤其是高校金融营销专业学生的职业道德和风险意识教育具有很强的前瞻性意义。然而，现阶段我国各大高校对金融营销专业学生的职业道德教育和风险意识教育相当薄弱，相关的研究也没有形成体系。希望教育界和学术界高度关注对高校学生的职业道德和风险意识教育，以保障金融业的健康可持续发展。

## 参考文献

[1] 于光大．金融职业道德论纲［J］．金融理论与教学，2003（2）．

[2] 韦正翔．金融领域的伦理冲突［M］．北京：中国社会科学出版社，2002.

[3] 高裕民．金融职业道德导论［M］．北京：中国金融出版社，1995.

[4] 李天怀，王平川．金融职业道德概论［M］．北京：中国物价出版社，2003.

[5] 李叶，盛正德．金融职业道德［M］．合肥：安徽大学出版社，2002.

# 应用型本科试点下国际物流课程对接就业岗位的研究与教学改革

潘 安

**摘 要：**国际物流课程是一门涉及面广、知识点多、实践性强的课程。面对市场国际物流专业人才稀缺的现状，传统的课堂教学模式必须被打破。通过对国内外物流教学的研究和当今社会对物流人才的需求，作者总结了当下国际物流课程教学中出现的问题，综述了学界对于改革的各种建议，提出了以职业为导向，使国际物流课程对接就业岗位的教学目标改革，并将CDIO工程教育理念导入教学方法、内容和大纲，在国际物流课程上做出尝试并收获良好效果，以期为国际物流人才培养模式的改革与创新提供借鉴。

**关键词：**国际物流 对接就业 CDIO 教学改革

## 一、前言

随着上海市加速成为国际经济、金融、贸易和航运中心，国际物流作为促进区域经济交流和资源优化配置的助推器，越来越体现出它的重要作用。它对提高我国商品在国际市场的竞争力、营造良好的贸易环境，以及深化对外开放都有深远的意义。2013 年中国（上海）自由贸易试验区的成立更为国际物流创新驱动创造了新环境，为国际物流转型升级构建了新框架。“一带一路”倡议的提出也将带动我国国际物流业的繁荣发展。跨境电子商务和“互联网 +”的蓬勃发展更亟须一个高效的物流业支撑。

为了顺应国际物流发展的新趋势，高素质的现代化物流人才必将成为市场的宠儿。高素质的物流人才除了要对国际物流理论知识有一定的具备，也需要对当今国际贸易环境全球经济一体化的理解，对我国转型中的物流业发展的深刻认识，对技术操作的熟悉以及对信息科技的快速的适应力。物流发展“十三五规划”中也明确了国家统筹谋划现代化物流发展、智慧物流等七方面的工作。物流被誉为21世纪最有前景的行业之一和利润源泉，已经引起社会各界的关注和重视。

国际物流在不少高职、大专院校也开设了相关课程。国际物流作为物流学中的一门重要课程，如何使本科高校的国际物流课程更契合当今形势需求，从而使培养应用型人才的探讨得到足够重视是当下急需被解决的问题之一。从理论教学来看，国际物流实务的教学研讨还远远滞后于实践发展。从教学方式来看，传统的授课和实验模式并不能达到让学生掌握物流运作规律的效果，也并不能激发学生的兴趣。因此，国际物流课程的教学改革，使课程对接当下就业岗位，对高层次应用型物流人才的输送有指导意义，也对国际物流本科课程的理论结合实际有现实意义。

## 二、国际物流教学现状分析

国际物流是一门相对新兴的物流课程，且对国际物流的解读可以从国际贸易、货运代理、运输、报关报检等角度来进行，这也间接导致了此课程与其他物流课程的重叠，也造成对国际物流课程界定的困难。作者曾使用了国外一本英文教材，书中的大篇幅都偏向于国际贸易，包括贸易方式、成交方式、合同签订、保险计算等方面的介绍。这是一本很不错的教材，理论非常详尽，但在实际教授中，作为教师的我感觉到学生对于教材内容的不理解，以至于没有学生愿意平时翻看。这也引起了我的思考。就我的调研来看，市面上的许多国际物流教材水平良莠不齐，所涵盖的内容广度各异，深度也各有不同。加之国际物流课程体系本身亦处在不断探索和完善中，比如，怎样减少与其他同类课程的重复或突出本课程的核心等。传统的单纯依据教材为模板的大纲制定方法过于刻板，并不能适应当代国际物流的教学需要。

从教学模式来看，国际物流课程的教授还存在诸多亟待改进之处。虽然在教学目标上不少高校都做了调整，将能力培养和知识传授做了结合，但事实上，国际物流的教学大多停留在重视知识传授、轻视能力培养的被动式讲授模式上，不利于学生理解。另外，经调查，市面上稀缺针对大学国际物流实务操作的优秀教学实验软件，即便有也并不容易进行操作。在没有适当辅助软件的情形下，学生分析解决问题的能力不强，特别是综合分析、实际解决问题能力、策划组织能力、信息获得和加工能力更弱。学生仅仅局限于从有限的课本上获得物流方面的知识，对新观念、新方法了解太少，对国际物流业的发展缺乏了解。国际物流课程应和实际挂钩，不应该局限于课堂之上，但受制于客观环境，学校不可能提供一个完整的操作环境，教师能做的也不多。

物流课程本质是工科课程，但大多在管理学院开设，面向的学生也是管理背景。相对于其他管理类课程，国际物流的专业性更强，需要学生花费大量时间去熟悉其基础概念及理论，需要记也需要理解，才能对国际物流有较好的掌握。经调研，物流系不少教师表示，大多数学生对物流课程的反馈是比较难，即便有案例辅助，也不像其他管理类课程那样容易理解，加上大学的学习环境相对宽松，很多学生听不懂也不会自主学习。这就要求教师在课程设计上作进一步改革，激发学生主动学习的积极性。另外，国际物流课程的教学学时受到挤压，内容多和学时少的矛盾一直存在。一学期的总课时不超过34个课时，而国际物流的章节大多有唇齿关联，怎样在短时间内把课程内容难易结合、主次有度的输出给学生，也是一直以来的难题。

## 三、文献综述—现有国际物流课程的改革理念汇总

中国近年来国际物流业的迅速发展使得我国对具有国际物流专业知识和国际物流专业操作和管理的人才需求量大增，尤其在国际大都会上海市，这样的趋势日益明显。国际物流这门课程也应运而生。由于物流在我国仍属于新兴行业，大多数人对国际物流的认识也流于表面，加之国际物流的专业性很强，授课过程中凸显的问题引发了不少学者的思考，大学教师该如何上好

这门专业课程？经过相关资料查阅和调研，作者总结出了现有的国际物流课程改革理念，主要体现在以下几方面：

教学内容贴合实务操作。几乎所有的学者都提到了国际物流教学中的问题，即当前的教学大多只重理论，或者理论教学的份额较重，缺乏实践或者模拟实践的方法。要将理论和实际良好的结合，才能培养出专业国际物流人才。但不容忽视的是，理论是实践的基础，国际物流的课程内容涉及面广，且很多环节环环相扣，不能进行单独讲解。如货运代理知识，同时也牵涉报关单证制作、贸易方式、成交方式等知识。理论知识的讲解需要一定的学时，这也直接影响到模拟实践操作的学时分配。有人提出，一周四课时，前两节注重理论，后两节注重实务，培养学生动手能力。在学时上理论和模拟实践的分配，也是学校和老师值得考量的事情。

教学理念及目标更新。教学的目的是为了培养学生的能力。一直以来教师以给学生传授知识为己任，很少有教师会帮助学生发现其在这门课程真正喜欢什么；学生学习也主要是为了应付考试，很少考虑对自己的未来有什么作用。有研究人员站在学生立场提出，教师要更了解学生的需求，学生是否从中学到一些技能和知识，让学生能获得成就感，这样学生才不会排斥有难度的教材，乐于接受挑战。同样也有人提出，学生是整个教学活动的主题，需要教师去启发、引导学生成为教学实践活动中的主体。但这样的改革会出现的问题是，教学活动受到学生想法的牵制。作者曾让学生写过对国际物流课程的期望和建议，大部分学生给我的反馈是，希望教师上课多放些视频以及少布置些课后作业。学生自然而然会想要避开难学的部分，如果完全按照学生的想法，以学生为主体，学生不可能学到专业知识，国际物流课程也无法达到学以致用的目的。

教学方法改进。现有的教学方法主要以单纯讲授为主，案例教学法和模拟实验法为辅。有学者深入评价现有的案例教学法，虽然在一定程度上可以解决理论课程枯燥乏味的教学现状，但忽视了物流管理特有的“系统”特色，难以将以前所学到的各个看似孤立的课程或单元有效地集成起来。如将国际供应链的各项功能或活动进行整合优化，设计一个一体化的国际供应链系统解决方案。单纯依赖以前传统的案例教学法无法有效地实现该课程乃至于整体专业的培养目标，在教学法上亟须改进和创新。同时，也有人提出要比照国外物流的教学内容和教学法，基于供应链视角和采用“项目驱动法”的教学法，使学生确实把握物流的系统性，并善于运用多学科的知识进行一个一体化的供应链方案设计。也有专业教研人员指出，要在“任务驱动法”的前提下合理、灵活地运用案例教学法、小组讨论法、实际操作法、角色扮演法等生动活泼、师生互动的新教学方法，并辅之以多媒体课件等教学手段。有人提出流程能力培养法，即通过情景教学模式，模拟国际物流的过程，让学生在一定模拟情景下，扮演一定的角色来体验、掌握相关的知识和操作方法，自己发现和解决问题，以帮助学生建立处理问题的能力和自信。另也有人提出投其所好法，按照学生感兴趣的内容来教。

建立与课程改革配套的考核评价体系。在新的课程体系下，必须改变以往只注重考核结果的单一评价方式。课程改革人士表示，评价模式应该是既考查学生的知识掌握水平，又考查学生的实际应用能力，即要融入实践操作环节，以综合能力测试为重点。其中实践能力考核重点在于，课堂上学生回答问题的表现；参与、模拟国际物流等环节时的对知识的理解和运用能力；模拟小组成员的评价等。在笔试和实践的考核比例上也要降低笔试成绩的分量。另有人表示，改革考核形式，除笔试外，还增加了实际操作、案例分析等考核方式，根据每一项目的不同内容进行选择。在每一项目结束后，也应采取理论考核与实务考核分开进行的方法。

## 四、国际物流课程对接就业岗位的教学改革

### 1. 教学目标改革

国际物流专业的本科毕业生已经陆续走向社会，但不少并没有选择物流企业。经调研发现，现实的两难处境是：一方面社会人才市场上国际物流人才稀缺，另一方面部分国际物流专业本科学生又找不到合适的物流工作岗位。究其原因，现行的高校物流专业本科人才培养模式陈旧，学生处理物流领域现场事务的管理能力或工程能力较差，难以适应市场对现代化国际物流人才的需求。改革国际高校物流本科教育模式，加强国际物流专业内涵建设，提

高国际物流专业人才的培养质量已成为当前物流本科专业建设的当务之急。

国际物流实务课程教学目标根据学生实际水平，以行业发展现状及趋势为背景，以专业知识为基础，以“职业能力培养”为导向，以综合业务能力为本位，提高学生对国际物流实务的理解，侧重对学生工作能力、适应力和解决问题能力的培养。这一目标也贯穿于教学大纲的设计、教学方法的改进、教学考核和学生考核的流程中。这一目标改革既贴合上海金融学院“经世致用，立诚明德”的校训，也反映了当下国际物流课程为市场所需的特点。

所谓“职业能力”，就是从事某种职业必须具备的特殊能力，这些能力是学生就业获取成功都应该掌握的技能。国际物流是实务性极强的专业，应以职业能力为导向来开发课程。下表是对国际物流岗位所需能力的简要分析。

**国际物流岗位能力分析**

| 技能 | 目标 | 知识 |
| --- | --- | --- |
| 货运代理 | 揽货、订舱、签发提单、装船、应用贸易术语能力、集装箱多式联运 | 国际贸易、国际海上运输、合同法 |
| 报关 | 进出口报关单填制 | 国际贸易、报关实务 |
| 报检 | 进出口商品检验 | 商品学、商品检验、法律法规 |

当代的国际物流人才除了应掌握的现代物流理念、报关报检、仓储管理、运输配送等方面的专业知识，还应了解供应链管理、保险、运输、国际结算和电子商务等多方面的知识。在应用型本科试点下对国际物流课程改革的最终目的是使课程对接就业岗位，培养快速适应市场需求的国际物流人才。所以在教学中，教师的引导启发，学生的主观能动配合才能真正推动教学目标的改革实施。

2. **教学大纲改革**

教学大纲是教学展开的基础，它的拟定与教学目标改革相配套。在教学大纲的革新上我们引入了 CDIO（工程教育模式）。CDIO 是近年来国际工程教育改革的最新成果，是工程教育的创新模式。应用 CDIO 重塑国际物流专业的教育理念，是提高高校国际物流本科人才培养质量的有效途径。

CDIO是构思（Conceive）、设计（Design）、实施（Implement）、运行（Operate）四个英文单词的首字母合体，是美国麻省理工学院和瑞典皇家工学院等四所大学经过四年的探索研究所创立的“做中学”（Learning by doing）和“基于项目的教育和学习”（Project based education and learning）的高等工程教育模式。按照CDIO理念培养的具有较强操作能力的学生普遍受到了企业与社会的欢迎。引入CDIO的教学大纲是对应用型本科试点背景下对接岗位就业的国际物流课程的最契合改革。

国际物流学科融合经济学、运筹学、工程技术等多种学科的复合性交叉学科，同时又是一门将管理科学的理论、方法和工程技术综合应用于国际物流实践领域，研究物品实体移动规律及其运行组织、控制与改进的应用型学科，其理论创新、实践操作均很强。国际物流课程的性质也决定了物流专业的建设与人才培养的目标与CDIO工程教育有着一致的理念。

大纲的模式，可以按照国际物流企业实际运作中对各个岗位的职责要求来设计，由多个单元组成，每个单元既自成体系又与其他单元相关联。在每个单元下面列出这一部分所要掌握的知识要点，及相对应的课时数、可供参考的教学活动、教学方式、课外资料补充、课后作业及相关资料信息。在几个单元课时后（具体教师视情况而定），由任课教师给出一个虚拟实况项目让学生参与，项目的拟定包含前几个单元的知识点，以短期考查学生对知识的领悟和运用。在教学学时的分配上，也加强模拟实践教学环节和学生参与部分。在教学考核方法上，理论考核的比例由原来60%降到40%，对理论的要求和掌握的范围适可而止，而强调能力方面的测试比重。选择的考核方法可在课堂观测、口试、现场操作、学生互评、自评、提交案例分析报告、书面答卷、小组表现中选择，每一项按一定权重汇总构成另外60%。在教学内容上也需要做改进。原有的教学内容太宽泛，不适合国际物流学时少的实际教学情况。面面俱到的教学内容固然能让学生获得更多的专业知识，但却无法进行课堂讨论、小组完成项目等有助于学生实际操作的课堂内容。因此，作者在国际物流授课内容选取上侧重符合岗位需求和人才市场空缺价值的知识传授，并且选取相关的案例或项目给学生思考和操作的时间；理论性较强且需要记忆的部分，如国际物流的基础设施等，就可以适当减少课时配比，让学生自行参看教材。

**3. 教学方式方法改革**

在之前的文献综述中，不难发现学术界对于教学方法的改革提出各种意见，有些业已在实施中。综合客观的条件、学生的课堂反应、讲授的实际体会和课程的专业特点，作者根据个人授课经验和学生反响，提出几项教学方式方法的改革。

（1）优化案例教学法。

现有的教学条件下，如果没有去大型国际物流公司实地参观考察的机会，可以选用案例教学法。它的优点在于能够将抽象的专业知识及概念和现实问题搭建桥梁，也能调节课堂气氛，启发学生思考。因此，以现有的国际物流案例为中心，通过案例分析，使学生了解理论知识在国际物流公司运营的体现和运用，实现理论教学与生产实践对接，较好地解决了枯燥理论和实际脱节的问题。

当然，案例教学也是对任课老师的考验。案例的选择要从教学大纲的内容出发，选取适合的主题，然后按照通过网络搜索、文献查找和自我编辑等方法获得。案例分析的难点在于对其问题的设计。由于通过各种途径收集到的案例通常不能直接用于教学，而是要求教师根据对特定主题的理解来改编并且设计问题，设计的问题要达到难易适合、切中知识要点、引导学生思考等要求。优化案例教学法，就是有针对性地结合实际的案例设计，通常包含某一个或几个知识点，并且由浅入深提出 2～3 个问题，增加学生小组内讨论和各组辩论的环节，最后派出代表来回答。这样的方法不但体现出原有案例教学法的特点，也能更好地引导学生思索案例中潜在的理论要点，同时在讨论中，学生各抒己见，意见的碰撞增加了他们对于正确答案的渴求，能潜移默化提高学生对课程的兴趣，也能锻炼学生利用知识解决实际问题的能力。

（2）角色扮演教学法。

为了突出国际物流课程的职业能力目标，体现知识理论与实践一体化的教学原则，采用情景模拟中角色扮演的教学方法，直接根据企业的现实情景筛选素材，并实施教学，在情景模拟教学中由学生自己选择操作的角色。如在“国际物流报关报检业务”时，可让学生分为5个小组，分别承担一般进出口货物、保税货物、特定减免税货物、暂时进出口货物、其他进出口货物进口报关任务。每个小组人员一分为二，分别充当报关单位、海关管理部门，学生自己确定角色之后，共同完成相应操作。各组分别陈述，并为其他小组打分。通过这种教学方法，除了能够调动学生主动学习相关知识外，还能通过教学结果进行课程设计的检验修改，发现偏差，再重新提炼工作流程、知识点和素材，如此循环，使得教学越来越贴近实际就业岗位的职能需要。

(3) 沙盘模拟教学法。

有人流的地方就有物流，有物流的地方就有现金流，就有利润流。作为国际物流公司怎样在全球经济一体化的背景下和同行之间进行竞争，服务好目标客户，避免不规范的贸易，获取最大利益呢？沙盘模拟，可以向学生展现一个完整的“人、财、物、产、供、销”等之间的逻辑关系，任何环节的缺失或出现问题都会给企业带来损害。大部分财经类院校都开设了ERP（企业资源计划）沙盘模拟式课程，因此我也积极建议将沙盘模拟与国际物流课程结合在一起。可以将全班学生分团，每个团队代表一个公司。每个团队人数在6人左右，分别代表总经理、运输及配送经理、财务经理、计划及协调部经理、服务及订单处理经理和仓储及库存经理等管理角色。每个团队经营一个资金充裕的虚拟公司，连续从事数个财政年度的经营活动。通过直观的企业沙盘，模拟企业的运行状况，学生能更了解并且掌握国际物流的操作技能和管理知识。

(4) 专家指导法。

尽管受制于客观环境，学生和老师都鲜有机会参观企业内部运作，但邀请行业专家来做专题讲座非常有益于课程和当下市场现状的契合。比如，作者曾经请来原上海浦江海关的副关长做了一场海关报关的专题讲座，从“90后”熟知的海淘说起一直到海关近年来的关税政策。副关长将自己多年的海关经历和所见所闻作为案例以讲故事的方式呈现给学生的时候，学生的反应告诉我，他们非常乐于接受这种方式的教学。不少学生还提出了问题，现场的互动很热烈。这也引发了我的思考，大部分国际物流系教师缺乏物流企业实际工作经验，尽管具备国际物流管理专业所必需的系统化理论知识体系，但缺少对于行业操作的真实体验和敏感度，只能把理论解释清楚，而不能列举合适案例；对于真实案例的剖析也常常不够到位。比如报关中对于托运方和委托方在贸易中出现事故的责任追究不但需要对各种成交方式以及对合同中双方权利义务认定的深刻理解，也需要实际工作经验累积后的解读和判断。这些往往是高校教师们所欠缺的。所以在我看来，专家指导，不仅是对学生，更要定期对专业教师做一定的经验分享，甚至可以让老师们率先去实地体验国际物流实务操作的各个环节，这样才能更生动的授课。

（5）物流软件模拟教学法。

有一套完整系统的国际物流教学软件能为授课带来事半功倍的良好效果，学生在操作过程中会发现自己对理论理解的不足，进而再从操作和书本中找到答案。国际物流课程依托计算机软件，构建与职业能力、综合能力相适应的模拟教学软件，符合对接就业岗位的课程目标。采用模拟教学软件，使教师有效地解决了如何让学生梳理清晰的国际物流实务操作顺序、正确填制贸易单证及运费计算的教学难题。学生通过模拟买方、卖方、货运代理、船代、承运人、海关、理货公司、港口堆场、银行、检验检疫局、运输公司、国税局、外汇管理局、外经贸委等角色，熟悉每个角色所涉及的业务操作流程，有助于学生对国际物流实验进行操作以及整个国际物流流程的认识。软件模拟教学法也可和沙盘模拟相结合来进行。

（6）社会实践教学模式。

社会实践的教学模式是最直接接触现实物流行业发展和直面国际物流过程中问题所在的教学方法。在条件允许的情况下进行这样的教学，是非常有利于学生对将来的就业岗位有全面直观的认识。社会实践包括企业参观和公司实践两部分。作为任课教师，我深感到国际物流课程的多媒体资料非常缺乏，能够带学生去企业中实地考察是国际物流实务教学中亟须加入的环节。实地考察的时间比较短。在考察前要求学生做出详细的考察表，列举考察中需要了解的问题以及理论学习中不明白之处，如企业的经营思想、业务情况、客户合作满意度、事故责任归咎认定等，并且要求学生根据所学知识，在考察后完成考察报告。

上述的各项教学方法可以单独使用，也可以互相结合使用。所有的方法都基于师生互动为主，老师讲授为辅。鼓动学生尽可能多地主动参与，但授课不盲目以学生为主体。方法的设定归根结底是为了增加学生在寻求国际物流就业岗位时的自信，训练他们的实务综合能力，提升他们面对困难和问题时迎头而上的勇气，同时也希望能带动学生对国际物流专业的兴趣。大学的学习不可能使学生一踏入职场就成为高手，但这一切都能为学生走入物流专业岗位起到保驾护航的作用。

## 五、总结

国际物流行业是一个兼有知识密集、技术密集、资本密集等特点的外向型和增值型服务行业。在过去几年的招聘专场上，虽有诸多大型国际物流公司开出高薪，但实际仅有1%的岗位找到了合适的人才。具备行业敏锐度、扎实物流基础和实务操作能力的人才缺乏已经成为制约我国国际物流业发展的“瓶颈”。作为输送人才的高等院校，还能置之度外，依照传统的“理论”或者“理论+案例”模式来进行国际物流的教学吗？答案显然是否定的。在本文中，作者提出了课程以“职业能力”为导向，对接就业岗位的教学目的，引入CDIO理念的教学大纲和教学方法改革，引导学生在“做中学”和在“项目或案例引导下”学习。这有利于学生将不同专业课程有机地联系起来、不同知识点由点到面串通、系统掌握专业知识，而且可以使学生的整体思维、综合运用能力都得到锻炼。同时，通过个体和团队的形式进行学习，可以培养学生合作协同精神、沟通组织能力，在乐趣中发掘自己分析和解决问题的能力。

## 参考文献

[1] 王宇露，国际物流实务课程教学改革探讨［J］．商场现代化，2006（472）．

[2] 许良，基于CDIO的国际物流管理教学改革［J］．物流教学，2013（42）．

［3］刘联辉，程赐胜，导入 CDIO 理念创新物流本科教育［J］．中国市场，2010（23）．

［4］冉雪峰，仿真——物流教学的新方向［J］．物流工程与管理，2010（1）．

［5］房翠，邹骅，论物流教学信息化之路［J］．科技信息，2012（35）．

［6］赵晓玲，物流教学中实训活动的开展和组织［J］．当代教育实践与教学研究，2015（12）．

# 市场营销人才培养质量考核创新研究——以创业管理课程为例

陈志成

**摘　要：**本文分析了现有的人才培养质量考核方法的不足，提出了市场营销人才培养质量考核的新思路，以“创业管理”课程为例，讨论基于竞赛法的课程培养质量考核方法和考核过程，是对“创业管理”课程考核改革和实践的有益探索。

**关键词：**专业人才培养质量考核　创业管理

## 一、引言

专业人才培养质量考核是人才培养的一个重要环节，对人才培养质量考核研究分析，可以重新审视人才培养目标、模式、培养过程和培养方法，提供检查、监督和反馈作用，有利于根据环境等变化逐步提升人才培养质量。一方面，市场营销专业在2013年、2014年，连续两年被上海市教委列为预警专业；另一方面，市场上对市场营销的实战型专业人才又特别缺乏。其实质是高校培养的市场营销人才质量出现问题，难以满足市场需求。市场营销专业强调培养学生的沟通能力、语言表达、写作能力、市场调研、产品销售、广告策划、促销宣传、顾客服务以及营销战略制定等方面的能力。而以往的多数课程考核都采用期末的闭卷考试，难以科学评估学生的能力模块掌握状况，因此，如何科学考评市场营销专业人才培养质量，具有重要的价值和意义。

## 二、文献综述

国外对于人才培养质量问题的研究兴起于20世纪80年代，主要研究集中于高校人才培养质量标准、高校人才培养质量评价、高校人才培养质量保证体系的建立等既相互联系又相互区别的三个方面。例如，赵世奎（2014）采用实证研究，分析研究生参与科研现状及其对培养质量的影响，得出参与高水平科研项目是提高研究生培养质量的重要支撑，研究生在读期间无论参与纵向课题还是横向课题都会对培养质量带来显著影响，但参与纵向科研项目对提高研究生培养质量更具有明显优势。张瑞林（2010）运用文献资料、专家访谈等研究方法，阐述体育学硕士研究生培养质量评价体系的直接和间接目标。从体育学硕士研究生教育的本质特征、培养目标和评价体系实施的具体需要3个影响因素确定评价指标的具体内容，即课程学习、科研、社会实践和学位论文及各自内在因素。

从现有的研究文献来看，人才培养质量的研究呈现以下三个特点：第一，大多以研究生教育和职业技能教育为主要研究对象，较少讨论本科生教育的培育质量；第二，一般以学科为分类，较少以一个具体专业或课程为研究对象；第三，主要采用外部主体（雇主）整体性评价为主，内部质量评价的较少，存在研究的空缺。

## 三、市场营销人才培养质量考核体系的构建思路

市场营销人才培养质量的考核需要改变传统的考核思路，不能完全依赖于结果导向式的考核方式。传统以就业率，用人单位反馈的考评方式具有很多优点，如果能够从总体上识别人才培养质量的好坏，可以从外部提出许多建设性建议。然而，这一考评方式的确定是明显的，就是难以发现人才培养过程的不足，容易导致因为外部负面评价，从而否定整个专业的课程培养体系。究其原因，很有可能是由于一些核心或关键的课程培养过程，由于教学

方式、教学老师等的因素导致学生的能力的不全面或短板。

笔者认为，市场营销人才培养质量的考核体系需要建立全面，系统化的内部质量考核体系。一方面，采用任务分解的方法，将整个专业人才培养能力和目标分解到每一门的课程上，强化每一门课程的能力培养的考核；另一方面，针对每一门课程的性质、特点，有针对性设计相应的知识考核方法和能力考核方法。下面以“创业管理”课程为例，讨论如何实施基于内部质量控制的知识和能力考核体系。

## 四、“创业管理”课程考核体系构建

课程考核体系构建必须与课程的教学培养目标、教学方法、教学过程、教学内容以及教学效果相适应，如果离开培养目标、教学过程的设计等，单独讨论课程考核体系，那么这样的考核体系就缺乏其存在的价值。笔者认为，考核更为重要的目的是为教学服务，为实现教学目标服务。因此，设计课程考核体系的设计首先必须明确本课程的教学目标，结合教学过程和教学方法，提出科学合理的课程考核方法。

(1) 课程培养目标的确定。

根据学术委员会讨论，“创业管理”课程的教学目标可以分为两个层面：第一层面是通过“创业基础”课程“教与学”，使学生掌握开展创业活动所需要的基础知识和基本理论，这也是创业管理教育的基础部分，具有通用性；第二层面是通过“创业管理”课程的“教与学”，使学生具备必要的能力模块，这个模块有些能力是本课程所必须培养的，有些是其他先期课程所必须掌握的。因此，将课程的教学目标划分为创业管理知识模块和创业管理能力模块两个部分（见图 1 和图 2)。

其中，“创业管理”的基础知识模块主要包含以下几个方面：企业家精神、创业者特征、创业政策和法规、商业模式与运营，创业风险、创业资源、创业计划书的构成与写作技巧。

“创业管理”所体现出的创业与创新能力模块可以细分为以下几个方面：机会识别能力、团队合作能力、创业资源整合能力、创业计划书撰写能力、

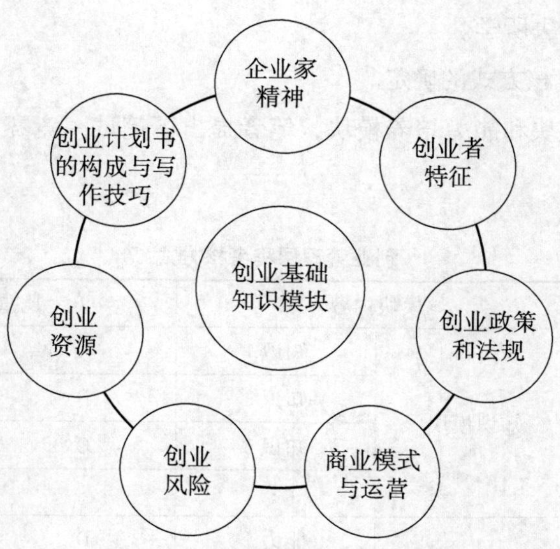


**图1　创业管理知识模块**

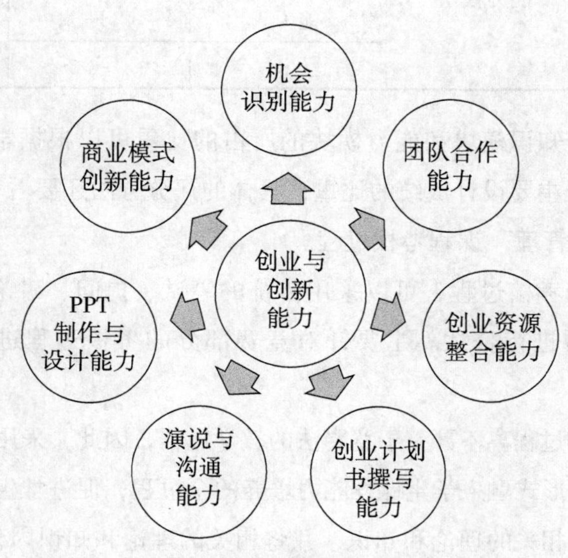


**图2　创业管理能力模块**

演说与沟通能力，PPT（幻灯片演示文稿）制作与设计能力、商业模式创新能力。这些具体的能力模块中，在课程考核过程中需要区分，哪些是本课程所强调的？哪些是先期其他课程所强调的？哪些是课程以外的所需要掌握的能力。通过合理设计考核方式，不但让学生清楚知道自己的当前的学习情况，也让学生了解过去所学。

（2）课程考核方式的确定。

针对知识模块和能力培养模块，笔者提出了笔试＋竞赛的考核方式，如下表所示。

**创业管理课程考核方式**

<table>
<tr><th>考核类型</th><th colspan="2">模块内容</th><th colspan="2">比重（%）</th></tr>
<tr><td rowspan="4">笔试</td><td rowspan="4">知识模块</td><td>知识 1</td><td>A</td><td rowspan="4">30</td></tr>
<tr><td>知识 2</td><td>B</td></tr>
<tr><td>知识 3</td><td>C</td></tr>
<tr><td>⋮</td><td>⋮</td></tr>
<tr><td rowspan="4">竞赛</td><td rowspan="4">能力模块</td><td>能力 1</td><td>D</td><td rowspan="4">70</td></tr>
<tr><td>能力 2</td><td>E</td></tr>
<tr><td>能力 3</td><td>F</td></tr>
<tr><td>⋮</td><td>⋮</td></tr>
</table>

其中，各个知识模块和能力模块的所占的比重可以根据学术委员会进行讨论调整，此处主要设计成绩的比重，具体的评分方法还要看考核过程。

（3）“创业管理”课程考核过程。

知识模块的考核过程，可以采用传统的笔试、提问、讨论、面试等方式进行，本文不再进行赘述。主要针对竞赛部分的考核过程进行比较详细的描述。

竞赛的考核过程离不开基于竞赛法的教学过程，因此，采用这种考核方法，需要将竞赛这一形式融入学生课程能力培养的全过程，促进学生利用课余时间，学习与创业管理相关的理论和知识，并将相关的理论和知识内化于能力，并通过竞赛的形式再次展现出来，最后，通过考核和评估反馈作用，再次认识学习目标，形成一个封闭的学习循环。

第一，教师需将本课程的核心知识和核心能力培养分解为竞赛的各个阶段。例如，竞赛团队建设阶段，就需要将创业者特质和创业团队合作的知识模块和能力培养融入到团队建设阶段，在最后的竞赛阶段，创业团队的组建是否科学，同样需要纳入考核体系中。

第二，围绕竞赛各个阶段的内容，教师需要结合培养目标，充分考虑到各种可能情况（例如，少数参赛学生的不合作行为），设计相应的比赛规则和考核标准。例如，为了对创业计划书撰写能力的评价，教师需要设计出评价创业计划书的参考标准；针对 PPT 制作能力和演说能力，同样需要制定出 PPT 的评价标准和路演的评价标准。

（4）“创业管理”课程考核主体的确定。

传统的考核主体一般是由教师担任，而基于竞赛的能力考核，笔者认为可以更加多元化。例如，在竞赛中，可以让学生作为考核的主体，参与到其他学生的考核中。在笔者所授“创业管理”的课堂上，采用了多元化参与的考核方式。学生和老师都可以对其他的学生的竞赛项目进行评价，如果学生评价的合理（例如，某学生或某组学生的评分是最接近综合评分），还可以获得正面的激励。

（5）课程考核后的反馈。

基于竞赛的教学往往在课程结束前会实施比赛，比赛结束后应该鼓励学生分享，而不只是关注成绩。教师和学生通过比赛的反馈可以重新审视教学目标是否实现，找出能力培养和知识掌握的短板，从而能够及时修正。

## 五、小结

本文提出了基于内部质量控制的市场营销人才培养质量考核方法和“创业管理”课程考核过程和方法，对提升市场营销人才培养质量具有一定的参考意义和实践价值。

## 参考文献

［1］黄兆信，王志强．论高校创业教育与专业教育的融合［J］．教育研究，2013（12）：59－67.

［2］赵世奎，张帅，沈文钦．研究生参与科研现状及其对培养质量的影

响——基于部分高校和科研单位的调查分析［J］．学位与研究生教育，2014（4）：49－53.

［3］张瑞林．体育学硕士研究生培养质量评价体系研究［J］．上海体育学院学报，2010（4）：25－28＋33.

［4］王建华．高等教育的理想类型［J］．高等教育研究，2010（1）：1－10.

［5］王战军，乔刚，李芬．高等教育质量保障新类型：监测评估［J］．高等教育研究，2015（4）：39－42＋60.

［6］段琼．职业教育环境下如何提高体校生培养质量的思考——以中山职业技术学院为例［J］．体育科技文献通报，2015（1）：36－37.

# 基于职业胜任力的营销专业应用型人才教学创新与实践

苏 靖

**摘 要：** 在现有就业形势下，市场营销专业原有课程设置、人才培养和实践教学模式已经满足不了市场需要和学生成才的必然要求，相关高校和院系必须不断创新培养的方式和载体，大力推进实践培养模式创新，才能不断提升市场营销专业毕业生的就业竞争力和持续竞争优势。建立一个基于大学生职业胜任力的营销专业人才培养体系对高校专业建设、大学生综合素质培养、企业优选人才等方面都有重要的意义。本文分析了现有的市场营销人才培养的不足，提出了市场营销人才培养的新思路。

**关键词：** 职业胜任力 市场营销专业人才 教学创新与实践

近年来，随着我国高校毕业生人数的增加，就业竞争日益激烈，高校毕业生的就业形势日趋严峻，高校毕业生就业难已成为全社会关注的热点问题。与理工科专业相比，市场营销等典型的文科专业的就业形势更是不容乐观。

以市场营销专业为例，培养了一大批优秀毕业生，活跃在企业管理和市场竞争的第一线，在推动企业管理创新和产业结构升级、活跃市场、拉动内需等方面发挥着主力军作用。进入 21 世纪特别是发生了全球性金融危机以来，社会对市场营销人才的需求量和素质能力有了更高的要求。高校营销专业作为长线应用型专业，近年来出现就业竞争力不强等问题（据教育部 2014 年 10 月公布近两年就业率较低的本科专业名单，市场营销、表演、工商管理、公共事业管理、法学等 15 个专业榜上有名），为高校市场营销人才培养敲响了警钟。

市场营销专业毕业生就业难一方面源于高校扩招带来的毕业生数量逐年增加，生源综合素质有所下降；另一方面则源于高校专业设置不能完全适应社会需求以及用人单位对高校毕业生越来越高要求标准，造成高校教育教学与企业现实需求之间存在着某种程度的脱节，大学生的知识能力素质与用人单位的要求之间存在着一定的差距，总而言之是大学毕业生不能胜任用人单位的要求。因此，在现有就业形势下，原有课程设置、人才培养和实践教学模式已经满足不了市场需要和学生成才的必然要求，相关高校和院系必须胸怀忧患意识，不断创新培养方式和载体，大力推进实践培养模式创新，才能不断提升市场营销专业毕业生的就业竞争力和持续竞争优势。建立一个基于大学生职业胜任力的市场营销专业人才培养体系对高校专业建设、大学生综合素质培养、企业优选人才等方面都有重要的意义。

## 一、职业胜任力的相关研究

“胜任力”的概念最早由 McClelland（麦克兰德）提出，他认为“胜任力”是与工作或工作绩效相关的知识、技能、能力、特质或动机，自提出以来就受到了广泛的关注和应用，企业在人才选拔和聘任的过程中对于人才职业胜任力也提出了更高的要求，职业胜任力测量成为大多数企业在招聘过程中必要的手段和环节。要提高大学生的就业能力和竞争力，高职院校必须牢牢把握市场需求，建立科学合理的职业胜任培育体系，全面提高大学生的职业胜任力，为大学生就业和未来发展提供保障。

就市场营销专业而言，要培养具有职业胜任力的毕业生，就要厘清市场营销专业职业胜任力的特征和内涵。从职业胜任力的特征上来说，首先，具有层次性和系统性。高校毕业生职业胜任力评价本身是一个具有一定层次结构的系统，因此，市场营销专业毕业生的职业胜任力也要有与系统相适应的层次结构和系统性。其次，职业胜任力应具有全面性。这是指胜任力的评价方法和系统指标体系要能够反映高校毕业生职业胜任力的所有方面，反映每个层次及每个方面的属性，既反映定量属性又反映定性属性。再次，职业胜任力不是一个大而空的概念，必须能够落地，能够为市场营销专业建设提供指导。因此，职业胜任力的构建必须要考虑数据的可获性，即市场营销高校毕业生职业胜任力评价指标体系包括的所有指标都必须具有数据可获性，纯定量指标要能获得真实可靠的系列数据，半定量指标要求根据李可特量表进行分等级设置评价标准，并找到合适的调查对象进行评价。最后，职业胜任力要具有客观有效性。市场营销专业高校毕业生职业胜任力评价模型能客观有效地反映当前高校毕业生职业胜任力的本质和特征，从而为高校提高人才培养质量、合理设置课程体系等工作的针对性和有效性提供有效依据。

对于大学生职业胜任力目前已经有不少学者做了相关研究。例如，李颖等学者认为大学生就业能力在内在素质、处理工作能力和社交领导能力三个维度内呈现。张丽华、刘晟楠通过实证研究，编制了大学生就业能力自评问卷，得出大学生就业能力由思维能力、社会适应力、自主能力、社会实践能力和应聘能力五个维度组成。刘新民、王垒等通过对青岛 9 所高校 2008 年应届毕业生职业胜任力实证研究，构建了包括素质和能力两个维度的大学生就业胜任力模型。其中素质维度包括个人态度、职业适应性、个性特质，能力维度包括学习能力、信息获取能力、分析判断能力、沟通协调能力、自我调控能力、团队协作能力、时间执行能力、印象管理能力。姚若松运用关键事件法对广州部分企业管理人员进行调查问卷，构建了大学毕业生胜任特征模型，模型包括六大因子：任务管理维度、自我管理维度、人际管理维度、运筹能力维度、冒险创新维度、岗位管理维度。

上述研究均强调职业胜任力的普遍适用性，并未突出市场营销专业的特殊性。与高校其他专业相比，市场营销是研究综合性营销活动及其规律的一门学科。它将发现的顾客需求转化为对产品与服务的要求，再通过有效的促销、分销和价格策略来最大限度地满足这些需求。美国著名市场营销学家菲利普·科特勒曾指出，市场营销学是一门建立在经济科学、行为科学、现代管理理论之上的应用科学。所以市场营销本身的“综合性”“实践性”强的学科性质在某种程度上决定了其人才培养模式的应用型特征。因此，市场营销专业的毕业生也应具有不同的职业胜任能力。通过分析相关职业胜任模型和指标体系以及市场营销专业大学生主要求职岗位的岗位需求，我们可以将培养的胜任力目标划分为如下两个层次："看得见"的胜任力——具备的专业知识、技能和体力。从岗位要求来看，主要包括营销基本知识、产品知识、销售和营销心理基本知识、客户知识和法律知识等；公关能力、信息收集、营销技能、信息收集和处理、语言和计算机能力等；个人形象和身体素质。"看不见"的胜任力则指内部的心理资源。职业动机和成就动机，主动型人格、经验、自我控制、自信、希望、乐观、坚韧、责任心、诚信、努力等品质。就市场营销专业毕业生职业胜任力的具体内容而言，则可通过核心胜任力、岗位胜任力、角色胜任力及其他胜任力 4 个方面进行评价。其中，核心胜任力包括创新能力、概念思考、分析推理、沟通交往等能力；岗位胜任力包括专业技能、学习能力、组织领导、环境适应等能力；角色胜任力包括团队协作、责任心、执行力、影响力等；其他胜任力则包括风险承受、自我控制、灵活应变等能力。如何将不同层次——"看得见"的胜任力和"看不见"的胜任力，不同内容——核心胜任力、岗位胜任力、角色胜任力及其他胜任力的要求融入到市场营销专业知识和技能训练当中，这对高等院校市场营销专业人才培养提出了更高的要求。

## 二、基于职业胜任力的营销专业应用型人才培养体系

随着中国加入 WTO（世界贸易组织），中国经济进入快速发展阶段，中国在政治、经济、技术、文化等多方面快速发展的同时，也带动了中国人才市场对市场营销专业人才的大量需求，市场营销专业人才的社会需求量在我国一直稳居人才社会需求量的前三甲。

与此同时，社会对市场营销人才的要求也在不断提高。随着我国产业升级和高新技术产业的发展，现代营销方式的迅速发展：网络营销、电话营销、新媒体营销等现代营销方式迅速崛起，需要广大毕业生学会使用电话、网络等新型营销工具、新型营销方法，社会所提出的这些更新、更高层次的要求，必将对市场营销专业毕业生的科学、文化素质提出越来越高的要求，这对我国的高等教育应该是发展机遇，也是挑战。因此，基于如前所述的市场营销专业的职业胜任力，本文提出以适应社会需求为目标、以培养应用能力为主

线设计学生的知识、能力、素质结构和培养方案，毕业生应具有基础理论知识适度、技术应用能力强、知识面宽、素质高等特点，以“应用”为主旨和特征构建课程体系和教学内容体系。

**1. 市场营销专业理论教学体系的构建**

市场营销专业具有应用性和技能性特征，决定了市场营销专业的课程体系设置应始终围绕培养对象的职业能力这一主题，将课程与培养目标以及专业能力进行有机结合，而不是单纯追求学科的系统性和完整性。根据培养目标的能力因素和岗位需求，筛选与培养职业能力直接有关并且使用效率较高的专业知识内容，配合实践教学，形成一个以综合能力培养为主、突出技能和岗位要求的课程教育体系。

市场营销专业理论教学体系包括基础课程教学、核心课程教学和外围课程教学三大环节。

（1）基础课程教学环节。

基础课程教学环节是学生进行专业学习的前提，也是整个理论教学体系的基础环节。市场营销专业课程体系中，主要的基础课程有经济法、经济学基础、商务数学与统计、统计学、会计学和经济应用文写作等课程，要求学生通过学习专业基础课程，具备经济基础知识及其运用能力，为专业课程的学习奠定基础。

（2）核心课程教学环节。

核心课程教学环节是整个理论教学体系的重要组成部分。所谓核心课程，就是在本专业的若干科目中选择若干重要的科目合并起来，构成一个范围广阔的科目，规定为每一个学生所必修，同时尽量使其他科目与之配合。它的一个显著特征就是要求每一个学生都必须要掌握，是所有学生需要共同学习的。各校市场营销专业需要辨认本专业毕业生最能服务的细分市场，避免和其他学校错误追逐同一个细分市场。

（3）外围课程教学环节。

外围课程是核心课程的有力补充。所谓外围课程，就是以学生的差异为出发点，为不同学生对象准备的不同类型的课程，学生根据自己的兴趣、爱好等进行选择性的学习，所对应的外围课程也就是我们常说的专业选修课程等。它会随着环境的改变、时代的变化及其他差异而产生相应的变化。核心课程与外围课程差异，如同特殊与一般、抽象与具体的对立，是相辅相成的。在市场营销专业教学体系中，常见的外围课程有网络营销、商务礼仪、市场营销策划、消费心理学、商品学概论、公共关系学、广告学、零售管理、保险营销学、客户关系管理、物流管理、秘书实务、交际与口才等很多课程可供学生选择性的学习。

**2. 市场营销专业实践教学体系**

市场营销专业实践教学体系是整个专业教学体系的核心部分，既是增强市场营销专业毕业生应用能力的重要环节，也是提高广大毕业生职业胜任力的关键。市场营销专业实践教学体系是在建立理论教学基础之上的实践教学环节，一般包括课程实验教学、实习实训教学和社会实践教学三大环节。

（1）课程实验教学环节。

课程实验教学环节是开展实践教学的基本前提。实验教学环节与理论教学既有密切联系，又有相对独立性。首先，市场营销专业的实验教学体系主要是通过专业课程的实验教学来实现的；其次，实验教学环节是基于理论课程学习的基础上进行的，也可称为附属实践教学环节。根据理论课程内容和对学生的学习要求主要采用课内实验等方式进行，一般穿插在课堂教学过程之中，与课程同步进行，主要目的是对专业知识的掌握和应用，通过案例分析、课堂讨论、现场演练等方式，实现专业课程知识点的逐个认知和技能点的培训，培养学生分析思考能力和实际操作要求。

（2）实习实训教学环节。

实习实训教学环节是实践教学体系的重要组成部分。实习实训教学环节包括认识实习、生产实习和毕业实习三大环节，每一环节都有各自培养的目标和具体实施的项目。认识实习环节主要通过参观、考察等方式实施，让学生通过参观、考察企业、卖场、专业展厅等让学生直观的了解社会、接触营销，正确认识社会现状，这类环节一般安排在学生的第一学年进行。生产实习环节主要是指独立实践教学环节。所谓的生产实习环节，是指在学习专业课程的基础上，独立开设的实践教学课程，用于检验学生专业技能的掌握。该课程教学内容主要为实践教学内容，一方面，将过去所学的专业知识进行综合应用，另一方面，也是对前面专业知识学习的阶段性检查。生产实习环节可围绕国际展销实训、市场调研实训、综合营销实训等实训项目开展实践教学活动。毕业实习环节主要是指严格意义上的毕业实习是在学生最后一个学期进行，目的是将专业课程学习的知识在实践中加以运用，不断加深社会认识同时，提高自己的专业水平。

（3）社会实践教学环节。

社会实践教学环节是实践教学体系的有力补充。社会实践环节也是实践教学体系不可或缺的一部分，它主要是利用学生的暑假开展社会实践活动。主要内容是让学生能够正确认知世界、感知世界，了解中国社会经济、政治，了解市场竞争机制，树立正确的社会认识；通过促销实习和市场调研实习等专业实践内容，让学生提早踏上工作岗位，增加就业的机会。

**3. 市场营销专业师资队伍建设**

目前，我国大部分高校师资队伍重学历轻实践，知识更新周期慢，与一线市场脱节。营销专业课老师基本来自“象牙塔”，虽然学历很高，但有真实市场实践经历的屈指可数。要增强学生的职业胜任力，提升学生的应用能力，教师必须要提升自身的实践经验，才能够更好地对学生起到指导作用。只有具有这样一支教师队伍，才能真正做到全面开展专业实践教学。建设一支具有专业实践经验的“双师型”教师队伍，首先要有一批实践经验丰富的教师队伍。而市场营销专业的实践教学，更离不开具有市场营销和市场推广等方面的专业实践教师。一方面，学校要鼓励教师积极利用暑假期间进行专业实践，通过与企业联系并签订协议，让教师到企业进行两个月的挂职锻炼；另一方面，可邀请企业市场营销专家到学校为市场营销专业及其他专业学生作系列专题讲座，充实教师队伍。此外，还要制定相应的激励机制，鼓励教师积极开展实践教学，比如对独立实训课程单独核发课时费、教师到企业挂职锻炼计算课时费等。从专业建设长远角度来看，还需要引进一批专职的具有教学实践经验的专业教师担任实践教学和专业建设等方面的重要工作。

总之，本文通过对市场营销专业毕业生职业胜任力的分析，初步探究了职业胜任力的不同层次及内容。并从理论教学体系、实践教学体系、师资队伍建设等方面针对提升学生的职业胜任力提出了相应对策，在培养应用型营销人才方面具有一定的创新性，对学生职业发展、高校市场营销专业建设以及企业优选人才有极为重要的意义。

## 参考文献

[1] 王建华．高等教育的理想类型 [J]．高等教育研究，2010 (1)．

[2] 邵红，黄振宇，等．应用型人才培养的理论与实践 [M]．武汉：武汉出版社，2012.

# 互联网金融营销人才的培养模式研究

丁国蕾

**摘　要：** 在现有就业形势下，市场营销专业原有课程设置、人才培养和实践教学模式已经满足不了市场需要和学生成才的必然要求，相关高校和院系必须不断创新培养的方式和载体，大力推进实践培养模式创新，才能不断提升市场营销专业毕业生的就业竞争力和持续竞争优势。建立一个基于大学生职业胜任力的营销专业人才培养体系对高校专业建设、大学生综合素质培养、企业优选人才等方面都有重要的意义。本文分析了现有的市场营销人才培养的不足，提出了市场营销人才培养的新思路。

**关键词：** 职业胜任力　市场营销专业人才　教学创新与实践

## 一、互联网金融营销的内涵

### 1. 互联网金融营销的概念

在互联网迅速发展的时代背景下，网络营销是金融营销系统中的一个重要组成部分。根据市场营销、网络营销、金融营销、电子商务的相关定义，互联网金融营销可以描述为：通过非直接物理接触的电子方式，营造网上经营的环境，创造并交换客户所需要的金融产品，构建、维护以及发展各个方面的关系，从而获取利益的一种营销管理过程。从概念逻辑上看，完整的互联网金融营销含义包括传统的金融产品与服务的网络营销、互联网金融产品与服务的市场营销两个层面的内容，互联网金融产品与服务的市场营销又包括线上营销和线下营销两个方面。

**2. 互联网金融营销的主体**

互联网金融营销的主体就是进行金融交易的双方甚至三方，不包括金融服务及商品本身，即互联网金融营销的主体可以分为：卖方、买方和第三方交易中介。

卖方一般就是金融组织，传统的金融组织按其承担职能的简易被分为三类：经纪人组织、基金组织和银行机构。而互联网金融的出现推动了金融混业经营和综合经营，网上银行一般实行混合经营，它们可以作为互联网金融营销卖方的典型代表。买方主要是指政府、企业和消费者等金融产品需求者。第三方交易中介是指在互联网金融市场上充当交易媒介，从事交易或促使交易完成的组织和个人，例如支付宝等。

互联网金融营销者可以是卖方，也可以是买方或者第三方。谁更积极、主动地寻求交换，谁就是营销者。因此，互联网金融营销可以分为卖方对买方、卖方对第三方、买方对卖方、买方对第三方、第三方对卖方、第三方对买方六种模式，每一种模式既可以包括中间交易平台，也可以不需要中间交易平台，比如建立自己的网站。

**3. 互联网金融营销系统**

互联网金融营销系统是指构成互联网金融营销整体的互联网金融营销主体、电子货币和网络支付系统、互联网金融营销信息系统和互联网金融营销风险控制系统等各要素之间相互关联、相互作用的结构、关系及方式。电子货币和网络支付系统是互联网金融营销系统的中心，是互联网金融营销主体之间相互交换的核心价值，包括电子金融产品开发与销售、互联网金融品牌推广、互联网金融营销工具和互联网金融客户关系管理等内容；互联网金融营销信息系统和营销风险控制系统是制定互联网金融营销战略和策略的基础，也是把握市场机会、规避市场风险的主要内容。

互联网金融营销系统的发展要以培育和发展互联网金融产品为基础。互联网金融产品包括电子货币、网络信用产品、网络客户关系、互联网金融信息产品等。发展电子货币就是要加快现实货币向虚拟货币的转化。发展网络信用产品就是营造良好的互联网金融信用环境，对互联网金融客户和机构进行信用评估和分级，科学地设计和规划互联网金融信用体系，加大对互联网金融风险的监管和控制力度。发展网络客户关系就是在现有的网络客户基础上，提高金融服务质量，做好宣传工作，努力扩展和发掘网络空间和客户资源，实现公共信息和客户信息传递的扩散效应，真正把互联网金融的方便快捷带给客户，促进互联网金融营销观念深入人心。发展互联网金融信息产品就是拓宽互联网金融信息的获取渠道，扩大数据库的信息容量，同时对信息来源和信息质量进行严格的识别，加快信息处理和传递，确保有价值的信息能够及时转化成经济效益。

## 二、互联网金融营销的现状

### 1. 互联网金融营销主体的发展

从买方市场来看，中国互联网信息中心的第30次统计报告的数据显示，截至2012年6月底，我国使用网上支付的用户规模达到1.87亿，网上支付巨大的市场空间，以及在产业链中的重要地位，吸引着网上支付服务提供商不断进行创新和拓展，新型支付产品和服务不断涌现，推动更多用户更加频繁地使用网上支付。另外，随着智能手机的普及应用，手机在线支付日益得到重视，2012年上半年手机在线支付用户人数增加了1382万人，增长率为45.2%，增速远远超过整体网上支付。截至2012年6月30日，手机银行iphone（苹果）版、Android（安卓）版客户端累计下载量超过400万次，客户美誉度及市场评价位居同业前列；手机银行签约客户人数已达709.03万人，累计交易375.28万笔，同比增长429.01%；累计交易金额达1281.01亿元，同比增长185%；手机支付累计交易1361.45万笔，同比增长230%；累计交易金额为36.46亿元，同比增长309.20%。

从卖方市场来看，目前国内15家全国性商业银行、绝大多数城市商业银行都建立了独立的网站，具备了网络支付、账户信息查询、转账等基本的网络银行功能，最新版本的网上银行系统已经可以实现网上汇兑、网上信用证等业务，极大地方便了个人和企业用户。2011年中国网上银行市场全年交易额达到780.94万亿元，截至2011年年底注册用户人数达到4.34亿人。2012年前两季度中国网上银行市场交易额分别达到218.58万亿元和228.87万亿元。另根据各上市银行发布的 2012 年上半年半年报数据显示，多家银行的网上银行业务量已远超柜台业务量，有些上市银行的网上银行占比超过总业务量的 60% 甚至 70%。未来，网上银行将成为银行的主渠道，传统银行将全面融入网上银行，甚至不再单独区分网上银行。

从第三方市场来看，我国第三方支付业务蓬勃兴起，第三方支付组织从提供简单的资金结算，发展成可连接产业链各环节和行业上下游的多元化资源整合机构。第三方支付组织通过灵活多样的方式为社会提供支付服务，满足了社会公众的支付需求，促进了支付服务市场的竞争，逐步成为互联网金融市场的重要参与者。截至 2011 年年底，全国共有第三方支付组织 437 家，其中，全国性法人机构 172 家，占 39.36%；地方性机构 265 家，占 60.64%，日交易额达 60 亿元，这些第三方支付与网上银行共同支撑着中国的互联网金融市场。从市场集中度看，支付宝以 49.0% 的市场份额居于市场首位，占据了第三方支付市场的半壁江山；财付通以 20.4% 的市场份额位居第二；银联在线、快钱、汇付天下、易宝、环迅，分别以 8.4%、7.5%、7.4%、3.0% 和 2.7% 的市场占比分居第三位至第七位，这 7 家占据的市场份额达到 98.3%，可见其他第三方支付组织的份额很少，市场集中度较高。从行业竞争来看，第三方支付机构加速洗牌，市场面临优胜劣汰，各类支付企业根据自身优势，呈现出不同的发展模式，未来将朝着全面型和专业型两个方向发展，专业化的分工会越来越明确。

**2. 互联网金融营销工具的应用**

网络营销工具如搜索引擎、电子邮件、网站、网络广告、微博等在互联网金融市场的应用都比较广泛。首先，网站在同质化竞争日趋严重的金融市场上成为企业提高客户忠诚度和满意度的有力武器，是互联网与金融服务的完美结合。相比起传统的经营网点，网站不但是网上金融的应用渠道，更是企业重要的营销平台。网站作为有效的品牌传播窗口，在金融组织推广自身业务与金融产品的过程中蕴含着重大的价值。一个好的品牌塑造效果与宣传力度将有助于提高产品附加值与亲和力，能激发更多潜在客户的消费和投资欲望。其次，金融组织在网络广告投放方面也是非常慷慨的，网络广告形式的投入大多集中在门户网站和财经网站，包括展示类广告、搜索排名广告、电子邮件广告、视频广告和文字链接广告等。这表明，国内金融业的传播已经从传统媒介营销的竞争如平面、广播、电视等领域转移到了互联网。例如，中国银行的网络推广选择了在阿里巴巴网站的首页投放其赞助奥运会的品牌广告，使其赞助商品牌形象的美誉度得到最大程度的提升。再次，自微博兴起以来，各家金融组织纷纷在各门户网站开通自己的官方微博，各种网络流行语信手拈来，微博开始成为新的营销方式。2010 年，光大银行领先其业内首开微博，之后各家企业的官方微博如雨后春笋，经过两年的发展，各家机构的粉丝人数最低都是数十万计，招商银行更是以 190 万的粉丝人数遥遥领先，微博内容有产品营销、活动介绍、财经信息、理财常识等方面。最后，交互式营销成为竞争的常用工具。为了以人们乐于接受的方式推广传统的金融业务，各大金融网站不断推陈出新，充分利用互联网资源，与更多的企业跨行业运作，试图开创一种全新的网络合作营销模式。如中国民生银行与小熊在线携手，通过大型益智线上游戏“创智大富翁”活动的运作，推广该行的网上银行业务，这就是一个互利共赢、新型网络营销的良好范例。

## 三、培养互联网金融营销人才应具备的基本技能

互联网金融营销人才应是集金融业务知识、网络信息技术、市场营销技能、网络工具运用技能等多种知识和技能于一体的复合型人才。一个合格的互联网金融营销人才，应当是既掌握金融学与金融市场学的基本理论，又熟悉金融市场的各种金融产品、金融工具与金融服务；既能开展互联网金融营销人管理的信息资源规划与系统平台建设，又能保证互联网金融服务的安全与信息安全；既掌握市场营销的基础理论与方法，又具备市场营销的实战能力；既能熟练运用各种网络工具开展市场营销，又具备引导客户、培养客户和留住客户的工作能力。具体来说，培养互联网金融营销人才应当使其具备以下基本技能。

**1. 金融业务知识**

掌握金融学与金融市场学的基本知识；熟悉包括银行业务、货币市场、资本市场、外汇市场、期货市场、衍生市场、保险市场、黄金市场、产权市

场的各种金融产品、金融工具与金融服务；熟悉银行业务、证券业务、基金业务、债权业务、期货业务、保险业务等的基本业务流程；了解相关的金融政策与金融法规。

**2. 网络信息技术**

具备信息资源规划的基本技能，能够熟练地进行互联网金融营销管理的信息资源规划；熟悉并自如地应用互联网、广播电视网、电信网、移动通信网等现代网络信息与通信技术，搭建网络营销平台；熟悉网络银行、网络证券、网络基金、网络期货、网络保险等网络金融的管理流程与服务流程；熟悉基本的网络信息安全技术，确保网络金融服务的信息安全。

**3. 市场营销技能**

掌握市场营销的基础理论与方法；具备市场调研、市场细分与市场开拓的基本技能，能够独立地进行金融市场营销环境分析、制定金融市场营销策略、进行金融市场营销绩效测评与调控管理；熟悉并掌握 CRM（客户关系管理）系统，做好客户管理工作并具备数据库营销的基本技能；掌握广告促销、价格促销、服务促销、渠道促销等基本的市场营销或促销技巧，具备市场营销的实战能力。

**4. 网络工具运用**

熟悉并熟练运用百度、谷歌网站等常见的网络推广工具，进行网站与业务推广；了解各大门户网站流量，有选择地投放网络广告或进行友情链接，或加入广告联盟，投放广告，或运用功能软件进行病毒式营销；熟悉众传媒、广播电视等的宣传报道；能够熟练运用电子邮件、电子杂志、网络传真、短信、WAP（专线应用协议）网、即时通信、博客、微博、微信营销等多种信息通道开展金融营销活动。例如，在进行微博营销时，要善用大众热门话题；设置好标签；有规律地进行更新；不要过分地转播他人的话题；要主动与别人进行互动；微博优化选取热门关键词；微博的名称选取简单易记；微博的 URL（统一资源定位符）地址要简洁明了；微博的个人资料要填关键词；让内容有连载；规划好发帖时间；善用关注；定期举办活动等。微信营销技术包括：助力—病毒式传播，全民嗨；抢红包—精众传播，立竿见影；流量—痛点营销，快速传播；游戏—兴奋点营销，蝴蝶效应；节日—传递的是温情，传播的是品牌；大奖—高转发率，广参与性；众筹—聚沙成塔，集腋成裘等。

5. **其他知识技能**

掌握消费心理学、行为金融学的基本知识；传播金融知识、引导金融消费的客户培训技能；帮助客户理财或为客户提供理财咨询服务的基本技能；与客户保持密切联系等技能。

## 四、培养互联网金融营销人才应教授的基础理论

1. **网络经济学**

网络经济学是近几年的一门新兴的研究网络环境下经济活动的交叉学科，其原理是把网络与经济学结合起来，用网络来反映经济问题，通过网络来构架经济模型。它的研究内容跨越了经济学、管理学、计算机与信息科学等领域，是典型的交叉性学科。

网络经济学的课程设置主要由经济学的核心主干课程和计算机网络技术方面的实务课程两大部分构成。基本上包括公共基础课、经济学基础、网络经济理论与实务、网络技术应用等几部分内容。

通过对网络经济学的学习，互联网金融营销人才应掌握宽广的经济、贸易与管理等方面的基本理论知识；掌握网络经济理论、方法和技术；掌握信息科学与技术的基本理论与基本知识；掌握电子商务的策划、开发、运营与管理的技术和技能；能从事宏观网络经济的管理和研究工作；具有较强的语言表达、人际沟通及应变能力、创新精神；借助网络技术手段进行信息收集的能力；整理以及模拟与预测能力；在技术手段的辅助下运用经济学理论分析并解决现实问题的能力。

2. **网络金融学**

网络金融，又称电子金融（E—Finance），是指基于金融电子化的建设成果在互联网上实现的金融活动，包括网络金融机构、网络金融交易、网络金融市场和网络金融监管等方面。从狭义上讲，网络金融是指在互联网（Internet）上开展的金融业务，包括网络银行、网络证券、网络保险等金融服务及相关内容；从广义上讲，网络金融就是以网络技术为支撑，在全球范围内的

所有金融活动的总称，它不仅包括狭义的内容，还包括网络金融安全、网络金融监管等诸多方面。它不同于传统的以物理形态存在的金融活动，而是存在于电子空间中的金融活动，其存在形态是虚拟化的、运行方式是网络化的。它是信息技术特别是互联网技术飞速发展的产物，是适应电子商务（E—Commerce）发展需要而产生的网络时代的金融运行模式。

网络金融学是在现有网络金融研究的基础上，运用经济学、金融学的多种分析方法，对网络金融的基本理论、主要业务、经营管理和政府政策等内容进行系统性的梳理和论述。主要学习内容包括：网络金融学概述、电子货币与电子支付体系、网络银行、网络保险、网络证券与网络期货、网络金融营销策略与服务管理、网络金融安全管理、网络金融与货币政策、网络金融的风险与监管。

**3. 金融市场学**

金融市场学（Financial—Market）是研究市场经济条件下各个金融子市场的运行机制及其各主体行为的科学。金融市场既是一个有形市场，也是一个无形市场，同时还是一个市场体系。金融市场在现代市场经济体系中处于核心地位。金融市场学主要学习以下知识：金融市场的主要类型，如货币市场、资本市场和外汇市场；金融市场的主要产品，如债券、股票、远期、期货、期权、抵押性资产等；金融市场的主要理论，如投资组合理论、CAPM（资本资产定价模型）理论等。

**4. 金融营销学**

金融营销学是指金融企业以金融市场为导向，运用整体营销手段向客户提供金融产品和服务，在满足客户需要和欲望的过程中实现金融企业利益目标的社会行为过程。通过这一概念可以看出，金融企业必须与一般的工商企业一样实施市场营销。但是这种营销又具有其特殊性，这是由金融企业的自身特点所决定的。金融企业所提供的产品和服务具有以下特点：第一，产品和服务的不可分割性。当一个金融企业向客户提供其产品时也就提供了相应的服务。产品的提供在时间和地点上与服务具有同步性。第二，金融产品的非差异性。当一家金融企业提供了一种产品后，其他企业很容易模仿，而且各企业所提供的产品在功能上很难有大的差别。第三，金融产品具有增值性。

当人们购买一种金融产品，如保险、存款等，购买这些产品最主要的目的是能够为消费者带来一定的收益。

因此，金融营销学的学习重点是：金融营销学的研究对象与研究内容；营销理论的发展与创新；营销在金融活动中的重要作用；金融业营销观念的演进；金融市场的特点、构成及功能；金融市场营销调研；金融市场营销环境分析等。

**5. 网络营销学**

网络营销（On—line Marketing 或 E—Marketing）是以互联网络为基础，利用数字化的信息和网络媒体的交互性来辅助营销实现目标的一种新型的市场营销方式。主要学习以下知识：网络营销的基本理论及技术基础、网络营销的机会及网络资源的利用、网络营销的战略制定、网络营销实施的策略、客户体验及客户关系管理策略、网络营销效果的评价方法等内容。

**6. 行为金融学**

行为金融学是将心理学尤其是行为科学的理论融入金融学之中，是一门新兴的边缘学科，它和演化证券学相似，是演化金融学最引人注目的两大重点研究领域。它从微观个体行为以及产生这种行为的心理等来解释、研究和预测金融市场的发展。这一研究视角通过分析金融市场主体在市场行为中的偏差和反常，来寻求不同市场主体在不同环境下的经营理念及决策行为特征，力求建立一种能正确反映市场主体实际决策行为和市场运行状况的描述性模型。主要学习以下知识：有效市场假说及其缺陷；证券市场中的异象；预期效用理论与心理实验；认知过程的偏差；心理偏差与偏好；前景理论；金融市场中的个体心理与行为偏差；金融市场的群体行为与金融泡沫；行为资产定价理论；行为资产组合理论；行为投资决策与管理；行为金融学发展的前沿动态等相关知识。

## 五、结束语

金融行业的信息化、电子化、虚拟化和网络化推动了金融业务的现代化，金融业务的现代化必定引起金融服务机构职能及其内部组织结构的变化与革新，各金融服务机构为适应金融行业的“四化”发展，都纷纷成立了金融电子商务部、网络营销部等内部部门，并设立了诸多金融电子商务岗位和互联网金融营销业务岗位。目前各大人才招聘网站，招聘“互联网金融营销专员”和“互联网金融营销专家”的广告比比皆是，可见社会对互联网金融营销人才的需求日益增加。然而，我国目前的大学本科教育中，对互联网金融营销人才的培养明显滞后于社会发展的需求，我国在互联网金融营销人才的大学教育以及其学科建设方面需要提速。因此，本文从培养互联网金融营销人才应使其具备的基本技能和培养互联网金融营销人才应教授的基础理论两方面对我国互联网金融营销人才的培养模式做了探讨研究，以期为我国互联网金融营销人才的培育提供参考。

## 参考文献

[1] 杜征征．互联网金融营销的兴起与发展［J］．银行家，2012（11）．

[2] 谢平，邹传伟．互联网金融模式研究［J］．金融研究，2012（12）．

[3] 李耀东，李均．互联网金融框架与实践［M］．北京：电子工业出版社，2014.

# 金融营销人才培养的教学方法对接岗位能力研究

谢 萌

**摘 要：**我国金融行业的快速发展对金融人才的需求提出了更高的要求。高等教育中对金融人才的培养已经不能局限于书本上的理论知识，而是要紧跟金融行业的发展和各类技术的更新速度。但目前高等教育中对金融营销人才的培养更多地还是局限于学习传统的金融营销手段，学生毕业以后无法快速地对接岗位工作。因此，如何培养学生能够快速地对接岗位是对高等教育提出的一个新的要求。本文将着重从教学方法的改良去论述如何提高金融营销人才对接岗位的能力。

**关键词：**教学方法 金融营销 对接岗位能力

## 一、问题的提出

回顾2015年的金融行业，总体上给人们的感觉就是“沸腾”或是“热闹”，“理性化”“国际化”“互联网+”则成为2015年金融业的一副真实写照。然而，随着金融产品不断地创新、金融市场层次不断地丰富、投资渠道不断地扩大、行业界限不断地被打破，金融行业的人才也已受到前所未有的冲击与挑战。一方面，金融圈基于自身的数据平台以及过去一年的业务实践，发布了《2015—2016年金融行业招聘数据报告》，对当下金融人才的特点进行了分析；另一方面，时至今日，从整体上看，金融行业一直都是比较热门的行业之一，其职业前景普遍看好。根据大数据的观察统计发现，近几年我国的金融市场正走向国际化，对专业性很强的人才需求极为迫切。进入行业就业方向人才的需求主要集中在高端市场，如大公司市场研究分析、基金经理、保险和证券公司等。从专业就业方向来看，具有学士学位和硕士学位的金融学专业的毕业生总体上的就业方向集中在市场营销、经济分析预测等方面。毋庸置疑，如这些毕业生能够将自身的真才实学融人未来的就业市场中去，那么毕业生的就业面会更为宽广，就业的层次也更为高端，待遇也会更好。而这就引发了教育界的一大疑问，那就是当今的高等院校对金融营销人才培养的教学方法与其未来对接岗位的能力是否匹配。

## 二、文献综述

本文以“人才培养方案”和“岗位对接”作为关键字，通过搜索中国知网后进行查询。结果发现，目前关于此类的文献数量及其稀少。已有的文献大多也集中在其他专业，如输电专业、动漫游戏专业、工程造价专业等。林美玲和王德贺（2015）论述了高职院校人才培养方案，文章从培养目标、课程内容、课程设计、教学方法等多方面谈论了高职院校人才培养与职业岗位对接的专业建设，充分体现以学生为主体、走校企结合道路、提高教学质量、培养技能型人才起到示范作用，以输电专业为例探索人才培养方案之路奠定基础。郭晨婧（2012）认为，据统计从事动漫游戏专业人仅限需求量的1/3，导致人才严重短缺，而专业毕业生又存在毕业后不能马上胜任岗位工作的严重问题，企业被迫对其进行二次培训，浪费了大量的时间、人力与财力。其中部分人选择了再择他业，造成了大量的人才流失。针对这一现象，对职业学校动漫游戏专业人才培养与企业岗位人才岗位对接中存在的偏差进行分析，如专业教师缺乏企业项目制作经验、课程时间安排不合理、不能真正做到系统的校企合作教育等，同时提出了一些合理的建议。同样，宛明珠（2016）同样就此问题展开讨论，她认为伴随我国市场经济的快速发展，社会对专业人才的要求越来越高。中职学校毕业生主要以培养技能型人才为目标，学历低、专业分工不明确，毕业后不能直接胜任岗位工作等问题，导致新形势下，我国中职动漫游戏专业就业市场受到冲击。基于此她分析了中职动漫游戏专业人才培养与岗位对接中存在问题，例如教师缺乏实践经验、知识成就以及教学形式需要创新、学生对自身定位不明确等。后续提出改善这些问题的对策，为中职动漫专业教学提供参考意见，以及优化中职动漫专业教学，同时提高中职动漫专业毕业生的就业率。游月琴（2016）基于全民电商时代的到来使得电子商务技能人才的需求量快速增加这一视角，直指面临着电子商务专业毕业生“无法与企业岗位对接”的尴尬局面，在分析问题产生原因的基础上，试探性地提出了“兴趣引导、平台支撑与项目牵引”的电子商务技能型人才培养模式。张显国（2015）就“与岗位对接的高职工程造价专业人才培养模式”研究中谈到，由于对工程造价专业人才岗位能力和技能认识不足，专业建设和教学过程脱离造价岗位实际的情况在各院校普遍存在。因此，需要对工程造价专业的发展现状进行调查研究，分析工程造价岗位对专业人才的能力要求，构建适应与岗位对接的工程造价人才培养模式。黄晓梅等（2012）以黑龙江农业职业技术学院的办学实践为例，构建了与生物技术岗位对接的“2+2+1+1”、立体式、工学交替、“四循环”合作教育人才培养模式，并在各个层面开展了这种人才培养模式的实践。同时，构建了“工作过程+工作任务”的课程体系，即完整的学习过程同时是完整的工作过程。在专业课教学中进行实践的成效显著，培养出了具有综合职业能力的高技术人才。许戈平（2012）提出，高等职业教育的专业人才培养方案建设核心是建立现代职业教育的教学体系，必须以实践教学为中心，以能力培养为主线，以全面素质教育为目标，建立符合现代职业教育特征的教学体系。在教学体系建设中，必须以校企合作为平台，建立体现职业教育的专业人才培养方案；以工学结合为特征，设计贯穿能力培养的教学体系；以企业资源为补充，建设满足职业教育特征的教学资源，以实现专业与企业岗位对接。

通过查找文献述评发现，在已有较少的相关文献中反映出，教学与岗位不对接是主要的问题所在。具体来看，诸如像书本知识更新、训练场地跟不上市场变化、教师缺乏企业经验是导致不同专业的人才培养教学方法无法对接岗位的主要症结。而针对不同专业的同类问题，大多数学者所给出的解决措施也呈现出一定的雷同。例如，课程改革、德育、与企业对接、网络学习和远程教育等。事实上，学者所提出的不同解决方案尽管在一定的阈限中显得较为奏效，但针对金融营销人才目前缺乏岗位对接能力的解决措施还需探本求源，发掘当下金融营销人员在高校的培养现状及存在问题。

## 三、金融营销人才培养现状

在市场竞争的环境下，能否拥有一批高素质的金融营销人才从而实现成功营销，直接关系金融企业的生死存亡。通过分析来看，当今金融行业营销人员的获取主要通过三种渠道：第一，将原有职工分派做营销人员；第二，把其他行业的营销人员招聘过来；第三，对应届毕业生的招聘。然而，通过前两种渠道获得的员工，不是缺乏金融投资知识，就是缺乏市场营销的相关职业能力，其结果并不理想。事实上，目前我国的高校金融人才培养不仅在数量上存在殊异性，在要求上也存在着一定程度的差距。根据之前的统计以及数据分析可以看出，国内金融市场在未来很长时间一定会面临人才短缺这一较为严重的问题。然而，还是出现学金融的大学生抱怨工作难找，大量改行的现象发生。学界和教育专家都认为，导致这种现象的主要原因是培养方向出现偏差。以往的教学实践中，教师总是要求学生把精力主要集中在金融理论知识的学习过程之中，却很少重视学生在日常教学活动中学习并培养相关的营销能力。如今，面对着企业转型所引发的对金融营销人才的急切需求，高校无疑要以市场需求为导向，及时进行相关教学实践活动的调整。

然而，在面对市场导向下的人才培养方案的设计，高职院校金融营销人才的培养空间与选择究竟如何予以定位？学界对此有一定的意见表述。例如，吴夕晖（2009）在论及高职院校金融营销人才培养与课程改革时强调，从人才成长的一般规律和素质结构要求的视角来看，金融营销类人才的教育和培养离不开社会各方面力量相互配合以及共同努力。比如，金融企业内部培训、专业机构培训以及各类院校教育。但企业内部培训和外部机构培训一般侧重于专项性和提高性，属于继续教育的范畴。基础性和系统性教育工作无疑还是要依托高等院校来落实和执行。接受过院校系统化培养的人，当他们步入职场以后，再通过各种形式的继续性教育，这样就能够更好地拓展成长空间。而在院校中最有条件担当起金融营销人才教育这一角色的则是高职金融专业。因为，金融营销的专业性较强，不具备必要的金融专业基础，即便是营销能力再强也难以胜任。这也是金融营销与一般市场营销的不同之处。而对于金融专业来说，只需适当的调整一下教学方向，突出金融营销能力的培养，就会获得事半功倍的效果。

另外，金融营销职业的“门槛”比较低，很适于高职院校的金融专业来培养。金融营销人才层次不一，其中包括初级、中级和高级三个层次，而市场需求量最大的则是直接面对客户的一线营销人才。这些人不必拥有较为深厚的金融业务知识，他们只需具备一定的专业基础知识和技能。对营销素质的要求，也是以实用性为主。目前，国内已有包括清华大学、上海财经大学和西南财经大学等高校招收和培养专业化的金融营销类人才。但他们关注的重点是所谓“高端”类型的，对“低端”的却显得较为冷淡。高职院校的教育目标本来就是要培养既懂专业知识，又有实践技能的“实用型”人才。而且就现有的实力和条件而言，还是应当实事求是地把重点放在一线营销人才的培养上，这样市场和用人单位反映出的效果可能会更好。

不难发现，要培养实用型的一线金融营销人才实则是高职院校金融专业的一大优势所在，为此高职金融专业必须针对金融营销岗位的人才需求，知识与能力要求，进行人才培养方案的调整，同时进行专业课程改革，以使培养的学生能够满足市场与企业需求。

## 四、金融营销人才培养存在的问题

就目前情况来看，我国高校金融营销人才培养无论在数量上还是在质量上都与现实要求存在较大的差距。我国对营销人才的培养更多是从学科设置上来考虑，而金融机构更看重市场营销专业大学生的工作能力与工作岗位要求的匹配。从金融机构对营销人才的要求来看，我国高校的金融营销人才培养存在以下三个方面的问题。

### （一）技能训练欠缺源于知识培训单一化

目前，在我国应试教育体制下培养出来的大学生，所存在的“高分低能”现象仍然十分严重。尽管许多高校针对市场营销专业增设了实训课程和实验课程，但这些课程在整个课程体系中的比重还是较低。我国相关师资来源趋向单一化也是一大顽疾所在，这更会影响实训课程和实验课程的效果。目前高校在教师招聘中越来越强调高学历和申请课题及发表论文等方面的科研能力，而对其是否具有营销实务经验却没有给予充分的重视。越来越多的教师都是从学校到学校，没有任何金融营销实务工作经验，他们的授课只能局限于课本知识和学术资料。金融营销专业的大学生虽然能得到良好的书本知识教育，但缺乏必要的专业技能训练也是毫无疑义的事实。在这种模式下培养出来的金融营销专业毕业生，与金融机构的期望要求相距甚远。毕竟，金融营销人才不能只限于纸上谈兵的能力。

### （二）行业知识匮乏源于课程设计不合理

金融营销人才不仅应熟练应用市场营销理论知识，还应具备金融行业背景知识和有关金融专业理论知识。然而，只懂营销理论不懂金融行业特点的学生还大有人在，他们都很难做好金融营销工作。有研究提出，不具备必要的金融专业基础的毕业生，即使他们的营销能力再强也难以胜任未来的相关工作。虽然我国有的财经类院校在市场营销专业上有意识地设立了金融营销培养方向，在本科生培养方案中添加了一些课程，比如金融学、金融营销学等。然而，这些课程不足以满足大学生在金融营销工作岗位上的应用需要。由于培养方案不合理，使得市场营销专业的大学生在金融行业知识上普遍不足。由于强调通用性的营销理论教育而忽视了金融行业的专业知识教育，使得大学生在走上金融机构的营销工作岗位之后有较长的一段学习期和适应期。

### （三）成长潜力缺失源于综合素质不达标

要成长为优秀的金融营销人才，大学生不仅要从基层做起，而且必须具备良好的综合素质。掌握营销理论知识能够满足一般金融营销岗位的基本要求，只有具备良好的个人能力和综合素质，才能成长为金融营销的高级人才。这些能力和素质包括沟通能力、表达能力、组织能力、创新能力、社交能力、领导素质、团队精神和吃苦耐劳品德。然而，在当前的专业课程体系和培养模式中，这些方面的内容非常缺乏。高校虽然能够培养出胜任基层营销岗位的大学生，但这些人员不能迅速成长为金融机构所渴求的高级营销人才。

## 五、金融营销人才培养模式的解决措施

金融营销人才培养之所以存在这些问题，其根源在于现有高等教育体制下的人才培养模式存在诸多不合理之处。因此，在解决金融营销人才培养模式不合理的问题上，我们不能出现“头痛医头，脚痛医脚”的解决办法。相反，从一个整体的视角来看，我们要对金融营销人才培养模式进行整体的创新，从根本上解决问题。具体而言，可以通过以下几个方面予以纠偏。

### （一）对教学方式和教学方法进行创新

金融营销课程具有很强的实践性和应用性。传统的教学方式几乎都以理论教学为主，即使增添了实践教学的环节和培养手段，培养效果也不尽如人意。所以要培养出应用型人才，关键是要把以“理论教学为主，实践教学为辅”的方式转变为“理论教学与实践教学并重”的方式。通常，我们会在理论教学中穿插相当课时量的实践教学。实践教学与理论教学其实并不是一种对立的关系，相反，它们是一种相互融合的关系。理论教学为实践教学做知识铺垫，在实践教学中又回归理论，其本质是通过实践教学加深学生对理论知识的理解，提高学生对理论的应用能力。众所周知，实践教学的关键在于教师应当具有较丰富的实践经验。传统的课堂讲授教学方法只能是以“倾倒式”或“灌输式”的方式“扔”给学生一大堆理论知识，即使以课堂讲授为主，辅以案例教学，仍然无法把学生培养出金融机构所期望的应用能力强的金融营销人才。对此，需要采用一些能提高学生活学活用能力的教学方法，比如模拟情境教学法、经验交流法等。模拟情境教学法是模拟金融机构的具

体情境，让学生组建营销团队，扮演不同的角色，完成某项营销任务，比如模拟商务谈判、模拟推销、模拟顾客投诉。模拟情境教学法能给学生以接近实战的技能训练，提高学生将理论应用于解决具体问题的能力，培养学生的营销技能、团队精神和合作意识。经验交流法是聘请金融机构的营销精英担任兼职教师，让他们在讲授课程、开设讲座等教学活动中向学生传授实际营销经验、介绍金融营销实践体会，加强课程与现实世界的联系，培养学生的营销职业兴趣，引导学生明确职业发展方向与奋斗目标。

### （二）对教材内容和教材建设进行创新

金融营销方面的教材比较多，但是都显得杂而乱，有的教材就是将市场营销的内容移植到金融领域，缺乏针对性；有的教材只是针对某一个特定领域（如保险、证券或银行）；有的教材理论性太强，不适应高职教学。但是金融营销学教材编写存在一个致命缺陷，那就是由于受到学生人数限制，销量有限，各出版社对组织金融营销教材编写不感兴趣，所以这些都需要授课教师根据自己的人才培养定位与课程改革思路，有选择的编写讲义，讲义要明确自己所面对的对象，要结合学生未来的岗位和工作任务，要有选择性的选取内容。

### （三）对金融营销人才课程体系进行创新

在金融营销人才培养过程中，我们要极力改变只重视市场营销理论教育而忽视金融行业知识教育的做法，应当使毕业生兼具市场营销理论和金融理论两方面的知识基础。因此，在教学培养方案设计的时候，我们应科学地将金融学、金融市场学、金融理财学、商业银行管理、银行信贷管理、保险学、保险营销、保险理财学、证券学等金融类主干专业课程纳入到金融营销人才培养课程体系中来。只有市场营销专业课程和金融专业课程齐备，才能为大学生成长为金融营销的高级人才奠定扎实的理论基础。除了充实金融专业知识外，还应当增加一些能提高能力和素质的课程，比如，领导学、人际关系学、演讲技巧、社交技巧、社会礼仪等方面的课程，这些课程不能只单一地对课程知识进行介绍，我们更应重视介绍技巧。高校在设计金融营销专业课程体系时，应当向金融机构或者金融机构的营销管理者进行咨询和商讨，吸纳金融营销专业毕业生的反馈意见，必要时邀请金融机构参与课程体系设计，从而使课程体系更能切合金融机构对人才培养的实际需要。具体地，按照金融机构对人才的要求与金融机构共同确定人才培养标准，并与金融机构一起围绕这些标准进行专业建设。在操作上，将行业证书标准和金融行业对员工考核的标准（如不同级别的金融营销的能力标准）引入教学之中，根据这些标准制定学生的能力标准。围绕这些标准来开发课程、进行实训基地建设并组织相应的能力训练，将教学与岗位的结合贯穿专业建设和人才培养的始终。此外，高校还要考虑与金融机构的培训中心合作开发新的课程，共享课程开发成果。高校应当考虑与营销职业资格培训开展课程互认，让职业资格考核单位认可高校同类课程考核结果，或者高校把学生参加职业资格考试结果与培养计划有机结合起来，既节省学生的学习精力，又满足金融机构对营销人才的职业发展要求。

### （四）对考核方式和考核方法进行创新

考核方式是一根“指挥棒”，对学生的学习、培养和素质提高产生重要影响。传统的考核方式多以“期末成绩为主，平时成绩为辅”进行展开，即以较小比例的平时成绩加上较大比例的期末成绩作为学生的最终课程成绩，这种以期末成绩为主的考核方式重于对理论知识的记忆，疏于对应用能力的考察，使得学生养成“平时应付，期末突击”的应试恶习，无法激励学生全面发展，无益于培养学生的应用能力和综合素质。因此，要对这种考核方式进行创新和改革，我们需要采用能够促进学生应用能力培养的考核方式。学生的各项能力形成于学习过程，应采用“平时成绩为主，期末成绩为辅”的考核方式，注重阶段性的学习考核。以平时成绩为主，可以相对全面衡量学生对课程知识的掌握情况。闭卷考试这种考核方式对金融营销这种应用性非常强的学科而言，并没有多大的意义。即使学生在每门课的考试都获满分，一旦到了具体营销岗位，他可能都不知道如何去开展营销工作。所以，考核方法应当注重对学生运用营销理论知识解决金融机构实际营销问题能力的考察。考核方法应以提交解决实际营销问题的方案为主，采用口试、演示和答辩的方法。这种方法不仅能够考查学生对金融营销理论的综合应用，促使学生在学习过程中理论联系实际，而且有助于提高学生的沟通能力、表达能力、组织能力和团队合作精神。

## 六、总结

激烈的市场竞争环节使各大金融机构对高校金融营销人才培养的模式和产出不断提出较强实际操作能力与应变能力的现实要求。通过分析发现，金融营销人才培养在我国的教育背景下或多或少地存在着一些实际问题。然而，针对这些现实问题，我们应以金融机构需求为导向，高校应根据金融机构的人才要求变革人才培养模式，更好地满足金融机构的用人需要。由于金融营销的实践性和行业性特点，高校的金融营销人才培养模式应从知识教育导向转变为能力培养导向，通过课程体系、教学方式方法、考核方式方法三方面创新，培养出既精通理论知识又具有实战能力、既能迅速适应营销岗位又具有发展潜力的金融营销专业人才。

## 参考文献

［1］鞠剑峰，张爽，陈广玉，等．与岗位对接的人才培养模式和课程体系创新与实践［J］．职业教育研究，2012（10）．

［2］林美玲，王德贺．高职院校的人才培养方案与职业岗位对接——以输电专业为例［J］．企业改革与管理，2015（19）．

［3］许戈平．专业与企业岗位对接的专业人才培养方案研究［J］．中国电力教育，2012（3）．

［4］游月琴．兴趣引导、平台支撑与项目牵引——电子商务技能型人才培养与岗位对接的新模式［J］．职业，2016（15）．

# 国外职业教育对金融营销应用型本科人才培养的启示

付 镭

**摘 要**：金融营销专业具有较强的实践性和应用性，与应用型本科人才培养定位十分契合，我校金融营销专业作为上海市教委第一批应用型试点专业，借鉴国外先进的职业教育经验，做到因地制宜，结合学校实际，对我校金融营销人才培养提供借鉴意义。

**关键词**：应用型本科 金融营销 职业教育

任何一个国家或地区职业教育体系的形成，肯定与其历史积淀的文化观念、产业结构和经济发展水平等诸多要素有着千丝万缕的联系，西方发达国家的职业教育比我国职业教育起步要早很多，进入21世纪后，职业教育与普通教育的综合化更是成为当今世界教育发展的一种趋势，也是教育适应现代社会需要的一种反映。

## 一、部分国家的职业教育体系

### （一）美国

美国的职业教育由中等职业教育、高中后职业教育和高等职业教育构成。其实施机构主要为综合高中、地区性职业教育中心、职业技术学校、社区学院、企业办培训中心或学校等。其中，以社区学院为主进行的高中后和高等职业教育成为美国职业教育体系中的主要角色，因此，其办学是以政府为主的，雇主参与职业教育的程度很低，这与其职业流动性高的社会特征是相吻合的。美国职业教育培训的人才是“宽专多能型”。

### （二）澳大利亚

澳大利亚的职业教育主要由劳动部门负责，承担职业教育的主要实体是澳大利亚的技术与继续教育（Technical and Further Education），具有一百多年的经验。它强调就业导向以及技能水平的提高，积极推行能力本位教育。学员80%的时间在工作现场进行工作本位学习，20%的时间在学院进行学校本位学习，这是一种新型的现代学徒制度，因此，澳大利亚所培养的人才也是“专深型”的。澳大利亚的职业资格证书很发达，通过职业资格将职业教育与高等教育有机地衔接在一起。

### （三）德国

德国约2/3的年轻人通过职业教育培训体系接受初等以上的教育和培训，其中约80%是众所周知的“双元制”形式半工半读的学徒工人，其余20%接受全日制以学校为依托的培训。“双元制”的实施需要政府、行业或企业与学校三方的密切合作，属于企业本位的现代学徒制度。德国的职业文化决定了行业或企业有可能积极地参与职业教育。德国职业教育体系所培养出的人才为“专深型”，这与其产业结构以中高端制造业为主密切相关。

### （四）英国

英国的职业教育体系是教育与培训并行的。高等教育不只是指大学，还包含了继续教育中的高级科技教育等所有中学后的教育，也不只是正规学士、硕士、博士课程，还包括非正规的业余证书课程。英国按照企业生产需要的知识和技能，制定了五级国家专业资格证书标准，推行能力本位教育，并且规定在职业技术教育中拿到三级证书者可直升大学。

## 二、我国应用型人才培养现状

### （一）我国职业教育体系现状

目前我国职业教育体系的责任主要由政府承担。学校在职业教育中占绝对的主体地位，培养的人才属于普通型，技能的“专深”程度不够，与工作的联系程度不够密切。我国的学历教育体系和职业教育体系在民众心目中的地位不平等，学历教育明显占据优势地位，是家长和学生的首要选择。由于职业教育体系中没有对应学历教育体系中的本科生、研究生层面的培训，造成学历教育毕业后的学生很少进入到职业教育体系中接受更高级别的培训。

我国高级操作型技术人才水平（3.6%），与世界平均水平（30%～50%）相比相差甚远，大量的应用型人才缺口成为制约产业结构调整和技术结构升级的主要“瓶颈”。当前，为了适应金融危机在国内外经济环境的变化，中国正在进行发展方式的转变，这时期都将处于工业化和城镇化建设进程中，大量需要的是应用型人才。而在现行的高等教育中，本科院校几乎都是按传统本科办学模式，培养“学术型”人才。因此，造成应用型人才空缺，从而为新建本科院校发展本科应用型教育提供了广阔的发展空间。

相对于传统的本科教育而言，职业教育与经济建设的关系更为密切，这既是职业教育性质使然，也是社会发展对职业教育的客观要求。应用型高校作为我国大众化教育进程中催生的一种新的教育类型，这种类型决定了人才培养目标和规格定位的基本特征，即培养面向生产、管理、教育、服务一线的应用型人才，以本科教学和学生技术应用能力的培养为主导，“学用结合、学做结合、学创结合”。“实践教学”是应用型本科院校的灵魂，“学以致用”是应用型本科教育的治学理念。因此，新建本科院校强化职业教育既是大众化的结果，也是社会对新建本科院校的必然要求。新建本科院校增加职业教育的内涵，强化职业素养，是社会经济发展的实际需要，是高等教育发展的必然，更是新建本科院校生存和发展之本。

## （二）应用型本科教育发展现状

潘懋元先生认为，新建本科院校“主要培养技术型和工程型人才，也可培养职业型人才。培养职业型人才也要有本科，应该有职业型本科。”“应用型本科院校应以本科教育为主，辅之适量的高等职业技术教育。”上海第二工业大学、上海电机学院、南京工程学院、北京联合大学等，采用以技能培训、实践实训为主的应用型教学模式，培养动手能力强的创新型人才，学生深受用人单位青睐。上海市市属高校的定位是：培养应用型，面向实际，适应具体职业岗位的技术人才。主要目的是让学生获得从事某个（类）职业或行业所需要的实际技能和知识。其实践经验认为新建本科院校的本科教育实质上就是本科层次的职业教育，但是，根据高教法的规定，首先，学生还应达到现有本科教育培养的基本要求；其次，还要受社会和教育行政主管部门的各类本科评估。为此，新建本科院校既要应对本科人才的要求和各类评估，又要加强本科职业教育创新模式的研究与探索，办出自己的特色。

这些学校的办学指导思想明确、定位准确、切合实际，不好高骛远。办学思路既具有鲜明的职业性特征，但又与高职院校职业教育有所区别。高职院校职业教育是以岗位和工作过程为导向来培养人才，培养出来的学生能熟练掌握多个岗位的操作工艺，并具备对工艺进行修改和完善的能力。而本科院校职业教育以职业技能和职业素养为导向来培养人才，培养的人才应具有本科的学历（学位），达到《高等教育法》所规定的本科学历的标准，同时要具备职业素能、技术应用能力和创新能力，培养“科学知识+应用能力+职业素质”的高级人才，即既要掌握多个岗位的操作工艺，并具备对工艺进行修改和完善的能力，同时还要具备设计工艺的能力。这些学校积极探索“技术应用型本科实践教学”“技术立校、应用为本”，谋求走内涵建设，与普通本科院校错位发展的特色之路。将“学以致用”作为治学理念和治学目标，强调既要培养高级专门人才，又要突出职业能力。在广泛市场调研的基础上，确定人才培养的目标，并在此基础上设置人才培养方案。积极推行学历证书和职业资格证书相互融通的“双证书”制度，增强行业、企业对实践教学内容的要求。重视用人单位的评价，可以有效地提高人才培养的质量和毕业生就业率。

## 三、对我校金融营销应用型本科人才培养的启示

### （一）我校金融营销专业概况

近年来，金融营销专业一直是社会人才需求最多的管理类专业，专业人才就业领域广泛，涉及制造型企业、商贸流通型企业、各类服务型企业、政府以及其他非营利性组织等。然而随着市场环境的不断变化和企业之间竞争的日益加剧，对金融市场营销专业人才的需求规格要求也在变化，主要体现在：要求金融营销专业人才既具有较强的营销理论，又要具备实践能力和创新精神等，因此培养应用型市场营销专业人才成为高等学校金融营销专业的主要任务和使命。

我校金融营销专业一直以来坚持上海金融学院“三型一化”的人才培养理念，培养应用型、复合型、创新型和国际化的复合型人才，突出金融特色，强化金融方向的理论和实践课程培养，培养学生具有应用型的“职业胜任”的知识、能力和素质，以经济社会的变革为导向，努力适应现代经济社会发展特别是上海国际金融中心建设对应用型人才的职业需求，坚持“通专结合，以专为主”的人才培养规格，注重学校培养与金融行业背景的结合；复合型的“适应社会”的知识、能力和素质，坚持两个以上学科专业知识、两种以上岗位操作技能的交叉培养，注重理想信念、公民意识、健康身心和科学人文素养教育，为学生的职业岗位迁升和终身发展提供实用的基础和宽广的空间；创新型的“创新创业”知识、能力和素质，突出创新创业理念、技能、方法的传承，通过创新创业课程的开设和创新创业活动的开展，健全学生的职业生涯指导和服务体系，激发学生对创新创业的参与度和关注度；培养国际化的“全球视野”和“国际交流”的知识、能力和素质，突出学生的全球视野、国际情怀和国际交流能力，通过“师生互派、课程互换、学分互认”机制，培养学生熟悉国际金融规则，通晓国际行业惯例，参与国际市场竞争的能力。在制定培养方案时，充分保证双语教学、全英语教学的课

程数和课时数，以此拓展学生的全球视野，促进国际化人才的培养。

### （二）对比吸收国外职业教育培养的优点

由于我国的企业规模普遍偏小，职业流动性又很高，文化观念、政策体制上的原因，我国企业对深度参与学校职业教育普遍兴趣不大。因此，在未来较长的一段历史时期内，我国的行业或企业不可能承担主要的职业教育责任，而且我国是以中、低端制造业为主的产业结构，因此，我国的职业教育体系应当培养“专深型”的技术人才，而不是目前的“普通型”。借鉴台湾的职业教育经验，中国政府方面对职业教育开始进行深度引导，应用型本科试点专业即是其中之一项内容。

对于我校而言，借鉴现代学徒制度的德国和澳大利亚等国的经验，发挥学校与政府、行业、企业三方的全新合作关系，让“学校学习”与“职场学习”紧密结合起来，真正促进三方之间的紧密合作。学习澳大利亚的证书准入制度，利用证书体系将学历教育与职业教育整合，将技能证书与专业证书整合。这就要求我校在实际的学生培养过程中，加大、加重实践教学方面的比重，笔者在 2016 年 8 月走访澳大利亚时了解到，澳洲本土实行严格的证书准入制度，各行各业必须有相应证书才能入职，并且不定期检查职业证书的使用情况，确保公民持证上岗。而在学生的职业教育过程中，学生有 80% 的时间是在工作现场完成的，剩余 20% 才是学生学习理论知识的时间，所以在学生毕业后可以直接进入工作状态，能很好适应新的工作环境。由此可以看出，我国职业教育的实践教学比例仍待提高。具体到金融营销专业，则需要：

（1）加大实践力度和比例，培养学生的动手能力，将实践教学环节融入专业教学的每一个环节。根据新型培养方案设置的实践教学体系，围绕金融营销专业培养目标与定位，确定应开设的课程和课时分配。在金融营销专业实践教学体系的课程设置上，除纯理论课程外，专业基础课、专业课以及部分通识教育类课程，都应该根据本专业人才培养标准和要求安排相应的实验实践课时，既要训练学生基本技能，又要训练专业技能和综合性技能，将实践教学环节直接融入专业教学的所有环节。

（2）教学方法创新，鼓励教师在课程教学内容及讲授方法进行创新，多用“启发式”教学，反对“填鸭式”，多采用“互动式”教学，摒弃“僵化式”。切实从培养学生创新能力与动脑、动手能力入手，提高学生的创新能力和实践能力。专业及专业基础课程从教学内容的更新入手，建立全新的课程内容体系，科学合理地处理好现代内容与经典内容之间的关系。既高度重视基础理论，又不断改革教学内容，在理论课程教学中贯穿必要的实践教学内容，使两者相互渗透、有机结合。鼓励金融营销专业学生进行课程设计、问题研究、配合老师进行科研课题研究等多种学习活动。同时，鼓励教师在教学活动中应用现代教育技术及手段提高教学水平和质量，提高多媒体和电脑授课所占总课时的比例，强化情景教学和案例教学的效率。

（3）校企合作深度化，我校的校企合作经历了一个艰难的过程，初始的校企合作仅仅是学生的毕业实习阶段才开始涉及，而且校企合作的深度有限，仅仅是解决学生实习，少部分能够解决就业问题。随着改革的深化，社会对学生的实践能力要求越来越高，反过来迫使学校逐渐摆脱了“放羊式”的毕业实习，承担了主动联系企业，洽谈实习合作的角色，并逐渐与企业建立起长期的合作关系，这也同样要求金融营销专业有针对性地开展校企合作，与相关企业开展深入的合作关系，不仅仅是解决学生的毕业实习问题，更能够在学生入校之始开展合作，培养适合企业需要的营销人才。这就要求，一方面，学校教授的专业知识做到与时俱进，不断更新，适应社会、企业发展的需要；另一方面，学生做到实践出真知，从实践中发现问题，主动学习专业知识，做到学以致用。

## 四、结束语

当然，在实践过程中，国外的职业教育经验只是作为参考，不可能硬搬硬套某一个国家教育经验，而是根据实践情况灵活掌握，学习不同国家不同阶段的经验教训，在学生大学期间学习澳洲、德国职业教育经验，在整个人生职业生涯规划上，可以学习英国等的“立交桥”式职业教育。

## 参考文献

[1] 方敏，吴松．应用型本科市场营销专业人才培养模式的构建与优化[J]．广东技术师范学院学报，2011（2）：34－36.

[2] 李叔宁．应用型本科市场营销专业特色人才培养的探索[J]．吉林工商学院学报，2010（5）：54－55.

[3] 王诗文．澳大利亚高等职业教育培养模式的学习和借鉴[J]．教育与职业，2009（9）：50－52.

[4] 李均，赵鹭．发达国家本科层次高等职业教育研究[J]．高等教育研究，2009（7）：89－95.

# 互联网环境下金融营销应用型本科人才培养实践教学模式

陈 琦

**摘 要：**本文以金融营销专业作为突破口，梳理金融营销专业实践教学目标，概括基于互联网时代金融行业的运行特点，分析金融营销专业实践教学的现状与问题，探讨完善金融营销专业实践教学方式的对策，以期为互联网环境下高校人才培养中实践教学模式研究奠定基础。

**关键词：**互联网 人才培养 实践教学

## 一、引言

在现代社会中，培养的学生是否能适应社会，是否具有实践能力已成为衡量人才的重要标准，实际上也成为衡量大学教学质量的重要标准。知识需要在实践中深化，能力需要在实践中磨砺，素质需要在实践中提升，离开高质量的实践教学，提高教学质量就是空话。因此，实践教学是专业教育的关键环节，是提高教学质量的主要渠道。

同理，金融营销学也绝不是通过系统金融服务理论的学习，就能够实现人才综合素质的全面发展。金融营销学作为实战性较强的学科，需要以实践教学为依托，将金融营销理论与实训有机地结合起来，缩短理论和实践之间的距离。

纵观互联网的迅猛发展，传统的金融营销专业培养方式显然是无法满足不断发展的互联网经济的现实需求。为了顺应互联网经济的发展，大学的专业教学中需要反思“互联网＋”教育这种变革，现代应用型本科人才培养需要通过互联网技术获得“互联网＋”的能力，形成新的“信息能源”，从而推动整个教育行业的快速整合，并利用相关产业和社会资源来充实和丰富教育资源，使得教育更加开放，教师和学生之间联系更加紧密，更易于提供O2O（线上到线下）个性化的教学。

本文以金融营销专业为突破口，梳理金融营销专业实践教学目标，概括基于互联网时代金融营销行业的运行特点，分析金融营销专业实践教学的现状与问题，探讨完善金融营销专业实践教学方式的对策，以期为互联网环境下高校人才培养中实践教学模式研究奠定基础。

## 二、互联网环境下金融营销概念界定

在互联网时代网络营销是金融组织营销系统中的一个重要组成部分，根据市场营销、网络营销、金融营销、电子商务的相关定义，互联网环境下金融营销可以具体描述为：通过非直接物理接触的电子方式，营造网上经营环境，创造并交换客户所需要的金融产品，构建、维护以及发展各个方面关系，从而获取利益的一种营销管理过程。从概念逻辑上看，完整的互联网环境下金融营销含义，包括传统金融产品与服务的网络营销及互联网金融产品与服务的市场营销两个层面的内容，而互联网金融产品与服务的市场营销又包括线上营销和线下营销两个方面。本文所研究的就是基于这种完整含义的互联网金融营销。

## 三、互联网环境对金融营销专业人才需求的挑战

随着互联网科技的迅猛发展，金融营销行业展示出独有的发展趋势，其对人才需求呈现出多元化、多层次、复合型的特点。

### （一）互联网环境下金融营销行业运行特点

#### 1. 互联网环境下新兴金融机构发展迅猛，金融营销模式不断创新

互联网推动了新兴金融机构的出现，如2015年1月首家互联网银行——

深圳前海微众银行在深圳诞生，该银行既无营业网，也无营业柜台，更无须财产担保，而是通过人脸识别技术和大数信用评级发放贷款。其充分考虑顾客购买的灵活性，方便客户接受金融产品。

互联网还推动了第三方支付业务蓬勃兴起，第三方支付组织从提供简单的资金结算，发展成可连接产业链各环节和行业上下游的多元化资源整合机构。第三方支付组织通过灵活多样的方式为社会提供支付服务，满足了社会公众的支付需求，促进了支付服务市场竞争，逐步成为互联网金融市场的重要参与者。根据支付清算协会统计，2015 年中国第三方移动支付交易规模达到 22 万亿元，同比增长 167%。2016 年以及未来的第三方支付交易平台的数据会更加惊人，第三方支付平台的井喷式爆发，促进了我国电子商务、电子支付业务的迅速发展。从行业竞争来看，第三方支付机构加速洗牌，市场面临优胜劣汰，各类支付企业根据自身优势，呈现出不同的发展模式，未来将朝着全面型和专业型两个方向发展，专业化的分工会越来越明确。

**2. 传统金融机构利用互联网积极转型，加速金融营销策略转变**

目前国内 15 家全国性商业银行和绝大多数城市商业银行都建立了独立网站，具备了网络支付、账户信息查询、转账等基本网络银行功能，最新版本的网上银行系统已可实现网上汇兑、网上信用证等业务，极大地方便了个人和企业用户。

传统金融机构营销策略也从传统的“产品营销”“品牌营销”“定位营销”等逐步转变为服务营销和整合营销。其更注重加强对金融营销环境的调研和分析，整合企业的所有资源，培养企业的核心竞争能力，以谋求创立和保持与客户之间长期互利的合作关系，实现企业的战略目标。具体体现在，第一，金融营销方式应用多样化。国内金融业的传播已经从传统媒介营销的竞争如平面、广播、电视等领域转移到了互联网。网络营销工具如搜索引擎、电子邮件、网站、网络广告、微博等在互联网金融市场应用广泛。丰富的网络广告形式包括展示类广告、搜索排名广告、电子邮件广告、视频广告和文字链接广告等。“交互式”营销也成为竞争的常用工具。为了以人们乐于接受的方式推广传统的金融业务，各大金融网站不断推陈出新，充分利用互联网资源，与更多的企业跨行业运作，试图开创一种全新的网络合作营销模式。

还有一些商业银行拓宽业务边界和外延，打造互联网金融服务平台体系以满足客户在不同应用场景下的金融服务需求。如广发银行2015年9月3日广发银行正式推出其自营自建的直销银行产——广发“有米”直销银行，其是以“互联网+存、贷、汇、信息中介”为主体的“泛金融”服务平台体系。该机构推出了一款“慧易保”保险理财产品，1000元起投，预期年化收益率6%，3个月后随时免费领取，最长可持有5年，满足了客户对于一定期限内较高收益的投资需求。第二，金融产品多样化。“互联网+”时代，银行不断用互联网思维来提升产品和服务的灵活度以及客户体验度，纷纷推出线上理财产品。有数据显示，2014年，银行共发行72247款理财产品，其中人民币理财产品70081款，外币理财产品2166款，比2013年的45825款理财产品增加57.66%，说明银行为扩大业务量，吸收大量资金，提升理财产品发行量。

### （二）互联网环境下金融营销行业人才需求挑战

**1. 具有互联网思维的专业技能型互联网金融人才需求急剧增加**

作为一个跨学科的新领域，互联网金融融合了金融、管理、信息和IT等相关专业。以互联网金融为主导的新金融业态具备金融和科技双重属性，因此需要大量高端、复合型人才聚集。从当前的人才需求市场看，无论是传统金融机构还是新兴金融机构，需要的人才从岗位上来说极其相似，包括互联网金融经理、产品经理、产品研发、电商运营负责人、互联网开发测试人员、互联网金融产品分析专员、大数据分析专员、互联网金融产品经理等。这些岗位都需要集金融基本业务、网络技术处理、沟通营销等多种知识技能于一体的具有互联网思维的“互联网金融人才”，在为客户提供优质服务的同时，能熟练地将互联网工具运用到网络营销中，加快业务创新，提高企业竞争力。

**2. 基层复合型金融人才需求量剧增**

随着互联网技术在金融行业的深入应用，金融行业的竞争日益激烈，金融人才成为制约行业发展的重要因素之一，且呈现多元化需求特点。2012年9月18日，中国人民银行发布的《金融业发展和改革“十二五”规划》明确提出，实施金融人才发展中长期规划，统筹推进各类金融人才队伍建设。结合各类金融业务发展的需要，金融人才结构分为高端型、中层型及基层型三类。其中，高端型金融人才能掌握金融理论前沿动态，具有金融创新意识和实际金融问题解决能力；中层型金融人才具有较高金融理论水平和专业技能，具备较强分析问题和解决问题的能力，是金融经营管理人才和专业技术人才；基层型金融人才则专业知识结构合理、技能过硬，是能够胜任特定金融服务岗位的金融服务岗位人才。《国家中长期人才发展规划纲要（2010—2020）》提出，到2020年，专业技术人才总量达到7500万人，占从业人员的10%左右，高级、中级、初级专业技术人才比例为10：40：50。归集到具体岗位，基层型金融人才（如金融客户服务、金融业务营销、理财咨询类、业务操作类人才）是目前我国金融业人才需求量最大的岗位群。他们服务于金融岗位的第一线，直接与客户进行沟通和交流，其技能水平和服务态度直接影响到我国金融行业的服务质量。因此，在“互联网+”时代下，具备扎实的金融服务水平、基本的网络操作技能、一定的客户信息处理能力的基层复合型金融人才对金融机构来说需求量最大。

## 四、金融营销专业方向实践教学现状和问题

为了满足目前互联网环境下金融营销行业人才需求现状，高校金融营销专业方向需以加强学生实践能力为原则构建基于培养目标、课程体系、实施方法等一整套规划方案，实践教学应成为该方案中的重中之重。以下在调查国内财经院校实践教学现状基础上，梳理出目前教学现状和问题。

### （一）现状调查

#### 1. 专业开设

国内众多财经类院校在市场营销专业基础上细化了培养目标，开设了金融营销方向，该方向均授予管理学学士学位。如上海立信会计金融学院工商管理学院开设了该专业方向，其培养目标是通过系统学习市场营销学、金融学理论，掌握金融营销的基本理论和基础知识，使学生具有市场调查、商务策划、金融市场拓展、金融机构服务管理、会展组织等基本技能和良好的专业英语运用能力。广东金融学院对其开设金融营销方向培养目标是培养德、

智、体全面发展，适应金融市场发展的需要，具备扎实的金融营销理论知识和实际操作能力，能在各类企业特别是金融企业从事市场营销实务及管理工作的应用型专门人才。除财经类院校外，国内一些二本院校，如西安培华学院、天津天狮学院也开设了该专业方向。西安培华学院设立了该专业方向，立足陕西、面向西北，培养符合西北区域经济社会发展需要，掌握必要的管理、经济、法律、市场营销等方面的专业基础知识和市场营销的基本方法和技能，高素质应用技能型专门人才。天津天狮学院市场营销（金融营销方向）专业，立足华北，培养具有扎实的市场营销理论基础和金融理财产品知识的跨学科的、创新型实用性的金融营销高等专业人才。

在此基础上，为适应互联网的发展，市场营销专业进一步延展了专业方向广度，如北京邮电大学世纪学院设置了市场营销专业（互联网金融管理方向）主要培养掌握市场营销、管理学、经济学和互联网金融等理论基础知识，具备互联网思维模式，敏感于互联网发展引发的个人消费行为、企业管理与商业模式和金融业态变革，具有较强的营销策划和运营管理技能，能从事互联网金融产品市场管理、营销策划和客户关系管理的综合性高级应用型人才。

各高校市场营销（金融营销方向）专业毕业生就职方向较好，主要在国内外金融服务机构、各类组织从事金融市场分析、金融产品营销管理、金融市场开发与管理等工作及相关工作。

**2. 专业特色**

专业特色是指一所学校的某一专业，在教育目标、师资队伍、课程体系、教学条件和培养质量等方面所具有的特点。这些高校区位培养目标明显，如位于上海的上海立信会计金融学院培养目标立足全国，西安培华学院立足西北，天津天狮学院立足华北。课程体系与学科知识体系结合紧密，课程体系架构均覆盖管理、经济、法律、市场营销、金融学等基础知识。

在立足学校办学定位和区位环境的基础上，进行人才市场和教育市场细分后，这些高校均采取了差异化战略。如广东金融学院具有深厚金融特色积淀和基础，因此该专业方向增加更多的金融理论和实践的课程门数。上海立信会计金融学院以强化和突出全球化视野和市场开拓能力，将市场营销学与会计学、金融学打造成3个上海市属高校应用型本科试点专业。

北京邮电大学世纪学院根据行业发展前沿专业课程体融合金融、大数据、互联网营销与管理课程，并引入互联网金融企业联合共建设施先进功能齐全的互联网金融实验室、数字营销实验室、移动互联网商务实验室和营销模拟对抗实验室。其还创新化设计课程，设置了互联网金融导论、大数据营销、互联网金融产品设计实践、互联网金融项目营销策划等特色课程，注重培养学生的批判性思维能力、持续学习能力以及实践操作能力。

## （二）问题分析

我国高校金融营销人才培养无论在数量上还是在质量上都与现实要求存在较大的差距。我国对营销人才的培养更多是从学科设置上来考虑，而金融机构更看重市场营销专业大学生的工作能力与工作岗位要求匹配的差距。从金融机构对营销人才的要求来看，我国高校的金融营销人才培养存在以下三个方面的问题。

**1. 专业发展未能与行业的发展同步，教学体系未能体现鲜明的行业特点**

传统金融行业随着“互联网＋”的渗透实现着快速转型。在互联网技术的巨大推动下，以第三方支付、P2P（个人对个人）网络贷款平台和众筹为代表的互联网金融新模式也在快速发展，金融行业的新发展对复合型金融营销人才的需求急增，要求不仅要懂营销，更要懂金融和互联网。目前各高校还以培养传统的学术型、科研型人才为主要使命。在互联网发展一日千里并推动着互联网金融发展日新月异的今天，高校难以满足金融企业所需要的“接地气”的人才培养需求，很少高校开展政府一再提倡“产教融合、校企合作”的专业创新发展模式。

**2. 专业课程体系不合理，学生金融行业知识不足，与实践衔接有一定距离**

金融营销人才不仅能熟练应用市场营销理论知识，而且应该具备金融行业背景知识和有关金融专业理论知识。只懂营销理论不懂金融行业特点的人较难做好金融营销工作。虽然我国有的财经类院校在市场营销专业上有意识地设立了金融营销培养方向，在本科生培养方案中添加了一些课程，比如金融学、金融营销学等。但这些课程不足以满足大学生在金融营销工作岗位上的应用需要。由于培养方案不合理，使得市场营销专业的大学生在金融行业知识上普遍不足。由于强调通用性的营销理论教育而忽视了金融行业的专业知识教育，使得大学生在走上金融机构的营销工作岗位之后有较长的一段学习期和适应期。

**3. 教学模式中创新能力体现不足**

目前高校此专业设置，对培养专门人才发挥了一定的作用，但专业知识面的狭窄也制约着学生创新能力的发展。第一，教学内容陈旧，知识体系较难反映学科发展的最新成果和新趋势。第二，教师仍以传授知识为主要教学目标，忽视对学生思维能力和专业技能的训练。“灌输式、填鸭式、传送带式”的教学方法仍在高校教学中占优势地位。这种传统的教学方法，缺乏教学互动，学生参与性差，调动不了学生思维的积极性，不利于学生良好思维习惯的养成和创新能力的提高，严重阻碍了大学生创新能力的发展。第三，教师自身创新意识、创新能力不强，思维不发散，只注重知识的传承，满足于把书本中的现成知识准确地传授给学生，忽视引导学生以批判的眼光审视、接受书本的内容，不去主动发现学生个性，鼓励和引导学生个性发展，培养出来的学生也会思维阻塞，缺少质疑的品质。第四，对学生学习结果的考察方式单一，大多数学科均采取闭卷考试，考试内容大多是一些基础知识、基本理论的记忆和复述，忽视培养学生创造性分析问题、解决问题的能力，没有把课堂教学转化为学生自主探索、总结创新的过程，也不利于学生创新能力的发展。

## 五、金融营销专业方向实践教学模式改革的基本实践

### （一）多元化的教学活动

**1. 理论与实际相结合的教学活动**

（1）创新3G实景教学活动。

实景教学的特点有别于传统的教学模式。第一，实景教学的教学环境复杂，教学难度增大。“走出教室，步入实景”，相对于简单可控的传统教学环境（教室或实训室），实景教学的教学环境有着诸多的不可控因素。第二，实

景教学的教学资源丰富，信息量更大。课堂上书本上所教授的学习内容是从实地场景中提炼总结出来的，内容精炼，纯度高。实地场景中的信息来源相对粗放原始，也更为具体细致。第三，学生在教学实景中更加活跃，求知欲更强。置身于真实的环境，身临其境，学生对所学知识有更为直观的感受。在接受知识的过程中，感官更为机敏，主观上的求知欲望更强（见下图）。

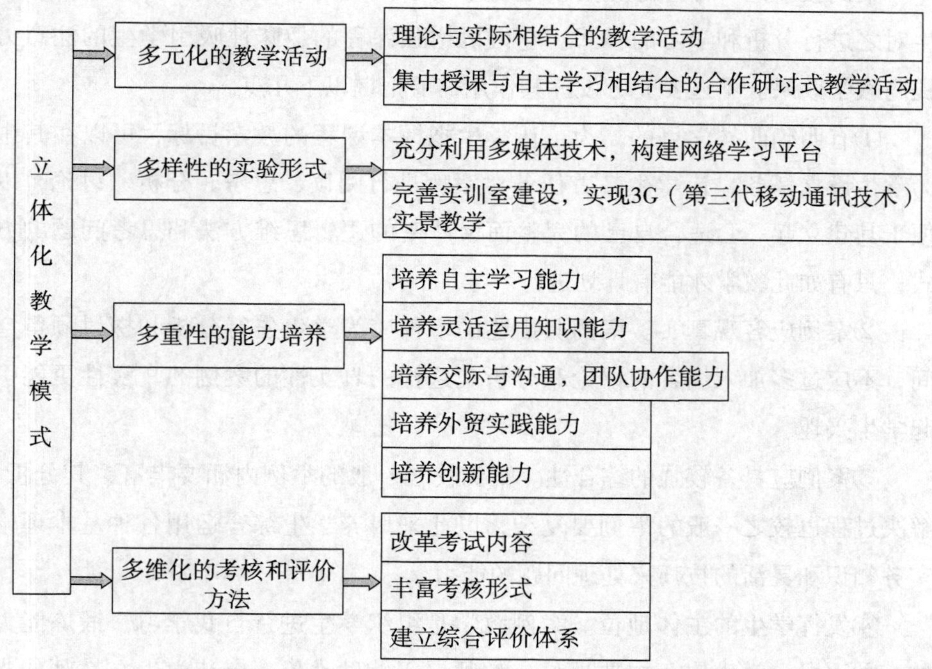


**金融营销专业方向实践教学模式改革的基本实践**

目前随着互联网的普及，信息化的教学活动也越来越多的渗透课堂中。新兴的“3G 实景教学”即是信息化与教育教学的深度融合的产物，其被越来越多的人所关注。“3G 实景教学”，就是利用移动视频采集传输设备，实时采集现场视频、音频信号，将数据利用 3G 无线网络传送到学院专用服务器，通过校园网传送到教室的教师机终端，实现现场的实时教学。教室端的视音频信号按前述路径逆向同步传输到现场，实现与现场端的实时交互。一边进行多现场教学，一边又同步压缩成可反复使用的课件。

3G 实景教学搭建了校企互动信息化教学平台，解决了理论与实践脱节的问题，形成了学校专业教师与现场专家共同教学的模式。同时 3G 实景教学实现了由传统教学模式向新教学模式转变。传统教学模式是单向的，主要是教师教学生，3G 实景教学的信息化实现了不受时间与空间限制的教与学双向互动交流，实现了课堂与业务现场的互动，完全改变了传统的教学模式。

（2）加大案例教学活动。

案例教学是一种把部分真实生活中的事件引入课堂从而可以使教师和学生对之进行分析和学习的模式。它可以增强课程的趣味性吸引学生的注意力提高教学效果。不过要充分发挥其作用需要把握以下几点。

①有明确的教学目的。为了让学生把握本课程的教学目标，可以在其中为学生设立任务，让学生带着任务对案例进行阅读、思考、分析、讨论，以便于其建立起一套适合自己的完整而又严密的逻辑思维方法和思考问题的方式，只有如此教学才能有计划进行。

②案例应客观真实。案例所描述的事件应为学生先行分析和探讨预留空间，不应过多加入编者的评论和分析。这样的真实性的案例的真实性更能引起学生兴趣。

③案例应具备较强的综合性。案例较之一般的举例内涵要丰富，其分析、解决过程也较之一般的举例要复杂，以此来培养学生综合运用各种基本理论实务知识和灵活的技巧来处理问题的能力。

④发挥学生的主体地位。案例教学是组织学生进行自我学习、锻炼能力的一种手段。学生属于主要地位，教师属于辅助地位。应让学生在教师的指导下，参与进来、深入案例、体验案例角色启发学生建立一套分析、解决问题的思维方式。

**2. 集中授课与自主学习相结合的合作研讨式教学活动**

该活动的实施过程可概括为：教学设计—集中授课—目标呈现—小组合作研讨与调研—课堂讨论—指导与总结，简单讲就是将教师的“集中授课”与学生小组的“自主学习”有机统一起来，在传授理论知识的同时，充分调动学生自主学习的积极性，培养学生的团队合作精神。该实施过程的主要环节有集中授课和合作研讨。在“合作研讨式教学”中，课堂教学仍然是学生获取知识、提高能力的最主要途径。但不同的是，不再偏重于知识体系的完整性和教师定性分析的教学方法，而是力求做到“讲授重实质”“引导突主线”“重点精处理”。课堂研讨兼自主学习的合作研讨教学模式使教师和学生的角色定位都发生了改变。以往教师是单纯的知识传授者，学生是被动的知识接受者，改革后，教师身兼学习目标制定者、程序设计者、研讨的参与者、协调者和评价者等数职，而每个学生也不再是孤立的个体和被动的知识“接收器”，学生们成为学习团队的有机组成部分，成为自主思考、勇于质疑、大胆辩论的主动学习者。

## （二）多样性的实验形式

金融营销专业方向实践课除了在目前的实验软件操作基础上，还需利用多媒体技术构建网络学习平台，完善实训室建设，实现 3G 实景教学，营造学生学习的良好氛围，创造学生感性的理解和掌握外贸知识的环境。

**1. 充分利用多媒体技术，构建网络学习平台**

为了拓展学生的学习空间、调动学生的学习兴趣营造一个良好的学习氛围。教师要结合现代信息技术，利用现有的网络资源改变原先单调的教学方式。第一，尽量增加课程信息量，运用多种软件和工具使多媒体教学中的内容更加直观、形象、生动。特别是像国际贸易实务实验课这种实务性强的课程在应用多媒体授课时要结合每节课的主要内容，播放一些真实的贸易流程，以便于学生理解和掌握所学专业内容。第二，为了充分利用学生的课余时间培养学生自主学习能力，教师可以在校园网的基础上建立一个金融营销实验课学习的网络平台。在此平台上应发布教案、多媒体课件、练习题、最新信息、国际贸易网站的一些链接并将其与实训室中的模拟操作软件系统链接以便学生课后能自主模拟操作；同时开设在线答疑，以便随时与学生就一些问题进行交流。

**2. 完善实训室建设，实现 3G 实景教学**

通过建立和完善实训室，实现 3G 实景教学，将为学生提供一个全程参与的亲历式的场景学习模式。通过 3G 实景教学教师可通过视频系统向金融机构现场企业人员发出进行某项操作演练的信号，金融机构兼职教师在现场边操作边讲授，让学生在课堂接受真实工作场景教学。这样学生将在已掌握的理论和实务知识的基础上对每一步操作形成一个全新的感性认识。

为了配合3G实景教学的实行，需引入相应的远程实景互动教学系统，该系统需融合智能跟踪技术、视讯多媒体技术等多项先进技术，通过教学场景智能转换、教学过程自动跟踪录制、教学信息双屏双流输出等功能在远端课堂实况同步重现现场教学的真实气氛并可进行多方实时互动，进行同步录制、本地录制、远程录制，真实记录现场上课场景。该系统是集全景跟踪、录播、互动、课件点播与管理、远程监控等功能与一体的全功能平台。

### （三）多重性的能力培养

按照应用型人才培养的目标，金融营销专业方向立体化教学模式不仅仅使学生获得相应的理论、知识、业务技能，还应培养学生拥有多重性的能力。

**1. 培养学生自主学习能力**

“探讨互动”教学活动立足素质教育，注重过程，培养学生的综合能力。在实验课程教学中，“探讨互动”教学模式更注重学习过程，通过教师创立情境设置疑问，引发学生质疑质问，能使学生对本来比较枯燥的课本知识产生积极的学习兴趣和自主的学习习惯；学生提问要有勇气，这种敢于探究的精神使学生更善于言语表达，更能倾听他人的意见；通过分析、讨论，培养了学生的逻辑思维，提高了学生的分析能力与判断能力。学生通过研读教材、互动讨论、阐述解释、推断等过程训练，学到的知识比较牢固、印象深刻，有利于提高自身综合素质，最终成为既有分析能力又有实际操作能力的复合型人才。

**2. 培养学生灵活运用知识能力**

（1）培养学生国际市场分析与决策能力。

作为金融营销专业方向的学生，首先必须具有较强的国际市场洞察力。因此实验课程中，通过案例等教学方式加强此方面的训练，如学生在进行场景实训之前，将获得一份真实的公司运营的资料，要求做市场调查并撰写立项报告，在这个过程中教师将全程辅导，而且有针对性地对学生的市场分析和决策的能力进行训练，进而培养和提高学生的国际市场分析与决策的能力。

（2）培养学生国际贸易风险防范和管理能力。

面对变幻莫测的国际市场环境，金融业务的整个过程中都可能碰到各种各样的风险，因此金融营销专业方向的学生必须具备金融风险识别评估和控制的能力。在“四多”模式下，实验课程中，学生在仿真和3G实景环境中对外贸的每一个环节进行操作，教师通过引导学生考虑可能面临的风险以及风险可能带来的损失，并讨论采取相应的措施来规避和防范进而提高学生金融风险防范和管理能力。

**3. 培养学生交际与沟通、团队协作能力**

“四多”教学模式注重“探讨互动”教学，特别强调小组讨论和师生互动交流，评价考核时，也不只是依据个体的进步程度，而是注重一个小组的整体进步，每个小组获得的成功都依赖于小组中各位学生的共同努力，使教学活动成为教师、学生、教材、环境之间的多边多向的信息传递活动，突出了学生之间的相互作用，使学生个人目标与群体目标之间相互联系，由此在学生中形成互助、互勉、互爱、互尊的良好人际氛围，培养了学生团结协助的精神，发展了学生积极向上、民主科学的良好品质。

**4. 培养学生营销实践能力**

“四多”教学模式注重对学生营销实践能力培养。通过多元化的教学活动，多样性的实验形式，多重性的能力培养，多维化的考核和评价方法，全方位、立体化、循序渐进地开展本课程实践性教学活动。例如，案例教学增强了学生对营销知识的理解；实景教学增强了学生对本专业的兴趣与热爱；课程实训解决了营销实务内容的掌握和应用；网上模拟使学生学会在金融营销中的业务实际问题的处理。由此将促进学生将所学到的能力和方法应用在实践工作中，学以致用，快速有效地解决问题，全面提高了学生的综合业务素质。

**5. 培养学生创新能力**

“四多”教学模式针对不同教学内容采取不同的教学法以促进培养学生创新地归纳问题能力、创新地发现关键问题能力、创造性地解决问题能力。

首先，多元化教学活动以训练归纳问题能力为目标，通过设计金融营销操作的不同需求，让学生了解归纳问题可以从不同角度入手，使得学生能够从金融、营销、法律等多个层面的不同角度去归纳整理问题。创新地归纳问题需要学生不止是罗列问题，也不仅是简单地把问题进行归类整理，而是能够为了发现问题、为了解决问题去归纳问题。

其次，按照“四多”的教学模式尝试性地采用自我设定问题、设定假设条件、追问细节等方法去发现问题直至发现关键问题。通过追问细节能够让学生深入地发现理论和实务的细节问题，这也是鼓励喜欢探索的学生继续探索的重要引导方法。

最后，实务实训课程多样性的实验形式和多元化的教学活动强调以解决理论问题的方式推动解决实务问题的能力训练，同时也注重以实务为导向推动解决理论问题的能力训练，从而使学生从归类整理问题的角度发现问题本身，并且发现该问题的表现及其源头，并寻求各种可能的解决问题的方式。

### （四）多维化的考核和评价方法

通过不同形式的考察和考核，从不同的侧面了解学生对金融营销基础知识、基本方法、基本技能的掌握程度；了解学生的学习态度；了解学生的知识综合运用能力。多维化的考核和评价方法包括以下几点。

**1. 改革考试内容，确立考试的能力导向**

考试命题严格按照教学大纲要求，根据课程所涉及的知识、能力、素质的要求，对课程的知识、能力、素质进行分析细化，然后根据这些特征确定教和学的方法，最后确定课程效果的评价方法和考核大纲。命题时，除考查学生的基本知识外，应注重专业知识的应用、专业能力的考核，题型根据课程特点进行设置。考试题库应随各种新知识、新政策的快速更新而同步更新。

**2. 丰富考核形式**

打破单一考试模式局面，采用不同的考试方式，如采取闭卷考试、开卷考试、口试、网上考试、案例分析、专题报告或调研报告、课程小论文、小组讨论、操作考试等方式，进而深入、确切地考查学生的知识、能力和素质。

在具体运用时，将考虑具体的考核内容及测试取向。闭卷考试侧重学生记忆知识的数量和理解知识的程度；开卷考试侧重理解、运用、总结知识等综合能力的考评；案例考核能培养学生运用所学知识解决实际问题的能力。

操作考核要求学生进行实际操作，把职业能力、岗位素质要求和考核评价体系引入到实践教学中。

**3. 建立综合评价体系，全面反映教学效果**

建立以突出操作技能和实践能力的考核，加强解决实际问题能力的考核，重视创新能力的考核，探索科学、合理、有效、可操作性强的笔试、口试、面试、技能测试等多种形式的考试方法，做到课程考试与职业资格证相结合，学校考试与企业考核相结合，校内考核与校外考试相结合。

除此之外，在实践课程评估体系中，还应注重通过定性分析与定量评价相结合的方法对学生操作过程进行评估，对学生的操作过程采用形成性评价，即不把评价结果作为最终成绩，或对某人操作技能高低进行定性，而只是作为学生改进、提高教学技能的依据，明确自己在哪些方面还存在着不足或问题。因此，两种评价相结合的方法有利于学生改进和提高，完善自己的操作技能。

综上所述，在现有金融营销专业方向的人才培养基础上，研究构建实践教学需采用因时、因人制宜的教学模式，即多元化的教学活动，多样性的实验形式，多重性的能力培养，多维化的考核办法，适应时代发展的需要，符合创新人才培养模式。对一些具体的实施内容将在实践中进一步完善和改进。

## 参考文献

[1] 徐小龙．关于金融营销人才培养模式创新的思考［J］．北方经济，2012（9）．

[2] 洪林．国外应用型大学实践教学体系与基地建设［J］．实验室研究与探索，2006（12）．

[3] 张云，张丕强．财经类专业一体化实践教学体系构建［J］．现代经济信息，2009（10）．

# 角色扮演法在金融营销学课堂教学中的应用研究

洪　明

**摘　要：**为了在教学过程中培养优秀的金融营销应用型本科人才，需要根据教学内容和培养目标来改革以往“偏理论轻应用”的课堂教学方式，创新课堂教学方法。金融营销课堂的教学目的更偏重于培养大学生“内化”的营销能力，引入角色扮演法的教学方式可以让学生在模拟的职业情境中进行金融营销的“实战”，增加学生的实践体验，锻炼学生的营销技能。为此，本文探讨角色扮演法在金融营销学课堂教学中的实施过程，共包括准备、设计、表演示范、小组命题演出、扮演打分和互动五个阶段。为了使角色扮演法达到良好的教学效果，需要授课老师具有丰富的金融营销实践经验、较强的教学能力和课堂掌控能力，以及善于组织和引导各小组的角色扮演活动，让各小组搭配合适成员，并对小组角色扮演活动设置合理的考核制度。

**关键词：**角色扮演法　金融营销

金融营销学作为金融学与市场营销学的交叉学科，是我校金融营销专业培养方向重要的主干课程之一。为了在教学过程中培养优秀的金融营销应用型本科人才，需要根据教学内容和人才培养目标来改革以往“偏理论轻应用”的课堂教学方式，创新课堂教学方法，进一步提高学生在金融营销工作方面的实践能力。为此，本文拟结合教学实践探讨角色扮演法在金融营销学课堂教学中的应用情况，并为今后的深化课堂教学改革、提高教学质量提出改进措施。

## 一、角色扮演法的含义及其教学应用研究现状

角色扮演法最初由美国心理学家莫雷诺始创于20世纪30年代，和他创建的心理戏剧疗法紧密相关。莫雷诺认为，让患者扮演一定的角色，模仿现实生活情境，通过戏剧演出的自发行动，使他们表现创造性自我，从而开放心灵而发展出积极的情感，这能够改善他们的人际关系和增进解决问题的能力。在扮演某一角色的过程中，患者可以体会角色的情感与思想，从而改变自己以前的行为习惯，消除不适宜的行为反应。同时，心理剧诱发了患者的自发行为，方便心理咨询师直接观察患者的病情。心理戏剧疗法属于集体心理治疗，是一种可以使患者的感情得以发泄从而达到治疗效果的方法，也是精神分析学派的心理治疗方法。莫雷诺认为在自然环境的集体中才能产生人与人之间的心理共鸣，才能有认知、愿望、欲望、选择等各种心理活动的参与。

教学中的角色扮演是指根据教学需要，让学生在已有学习课程知识的经验基础上，运用戏剧表演方法，让学生扮演一定角色，通过对角色的想象、体验、行为模仿、思考和讨论，充分体会角色的行为模式和情感变化，真切地感受教学内容，从而达到学习目的。角色扮演法被归为一种情景教学法已经得到广泛应用。根据中国知网上以“角色扮演”和“教学”作为篇名检索的结果，发现角色扮演法在管理学、市场营销学、人力资源管理、商务谈判、公共关系学、酒店管理、物业管理、社会工作、建筑工程、产品设计、汽车工程、农业经济与管理、国际贸易、信息技术、会计、法律、应用文写作、旅游、体育、护理学、临床医学、外科、心理学、精神病学、思想品德、英语、政治、生物、地理、历史、美术等众多学科课程的教学上都有应用，其中文献研究最多的领域集中在英语和医学类课程方面。

在营销课程教学方面，检索到的国内论文有10篇，大多数发表年份在2011年以后。如杨佩群等人（2011）除了介绍角色扮演法的含义和优点外，分析了运用角色扮演教学方法应注意的问题，并介绍了教学案例实践情况。史保金（2011）认为，在市场营销专业课课堂教学中适当采用角色扮演法，

可以实现课堂情境的岗位化、任务化和问题化，增强学生学习的主动性，帮助学生更好地理解专业知识，掌握专业技能。单文娟等人（2014）指出，角色扮演法体现了以学生为主体的教学理念，在营销心理学教学中，通过感悟体验增加学生认知水平，有效地提高学生职业经验和职业技能。但角色扮演法对教师和学生都提出了较高的要求，运用中应注意典型案例设计、扮演者的选择、重视内心体验以及讨论评价几个环节，以保证实施效果，达到预期教学目的。何飏（2017）对角色扮演法在市场营销实践教学活动中的应用进行了研究，提出开展有效教学的五个步骤是情景设置、情景分析、仿真表演、评委会评议和教学评价总结，旨在提升市场营销的教学效率。这些文献大都论述了角色扮演法在教学中的优点及注意事项，介绍了相关营销课程中的教学实践，对教学效果有肯定性的评价。

## 二、角色扮演法符合金融营销学课程的教学特点

金融营销学的课堂教学方式受到了国内众多学者的关注，谢治春（2016）探讨了情景模拟教学法在金融营销学的教学运用；王荣（2016）总结了现代信息技术在金融营销学教学中的应用；齐河宁（2015）提出了金融营销的立体型体验式实践教学，教学中通过多层面、多渠道以及多种方法交叉，以市场和社会需求为依托，来提高学生的专业能力、自身素质以及综合运用能力；崇岭等人（2013）以举办金融营销优才班实现以能力培养为核心的分层教学实践体系；余光英等人（2013）从课堂教学、课外实践以及课程作业的三个方面构建了金融营销学项目教学法的教学体系；史小坤（2012）从提升学生默会知识的角度，寻求金融营销学教学的具体策略。

金融营销学课程的教学目的是培养既懂金融又懂营销的专业应用型人才，其中涉及金融知识的预修课程包括金融市场学、商业银行学、证券投资基金、保险学、信托与金融租赁、期货与期权、投资理财、金融风险管理、行为金融学、金融工程学等，涉及营销知识的预修课程又包括市场营销学、消费者行为学、组织行为学、市场调研与预测、营销策划、广告学、品牌管理、服

务营销、网络营销、客户关系管理等，在掌握这些课程基本理论的前提下，再把金融和营销二者融合起来，强调金融营销理论知识的运用，提高学生把理论应用于实践的能力，突出金融营销学课程的实践性和应用性。

如前所述，相比传统教学方式，角色扮演法教学具有许多独特优势。D. Larry Crumbley（拉里）等人认为，引入角色扮演法可达到三个目标：第一是提高学生团队合作技巧；第二是提高学生口头和书面沟通技巧，使他们变得更有创造力；第三是使教学变得有趣而有吸引力。在金融营销的专业教学中，需要组织学生参与金融市场的实践分析和金融产品的介绍和推销操作，或者在模拟金融机构的职业情境中进行客户关系管理，从而整合已经学过的知识和能力，以提高学生的专业胜任能力。总体上，金融营销课程的教学目的更偏重于培养大学生的营销能力，需要锻炼和培养对金融市场的信息收集和处理能力、对金融产品和服务的表达能力、与客户打交道的人际沟通能力、面对冲突的协调能力、市场拓展能力等，而且对掌握这些能力的内化程度要求比较高。因此，引入角色扮演法的教学方式可以让学生在模拟的职业情境中进行金融营销的“实战”，增加学生的实践体验，锻炼学生的营销技能，符合金融营销学课程的教学目标。

## 三、角色扮演法在金融营销学课堂教学中的实施过程

为了组织实施学生在金融营销学的课堂上的角色扮演活动，首先将全班学生按照银行、保险、证券、基金、信托、期货、租赁等行业分成不同小组，每个小组5~6人，小组成员自由组合。当班级人数较少时，可以减少期货、租赁等小组，重点扮演银行、保险、证券、基金等行业小组。如果班级人数较多时，可以在银行行业分设不同的业务方向作为不同的小组，如设置理财、信用卡、贷款、网银等方向。根据教学实践，角色扮演法在金融营销学课堂教学中的实施过程可以包括以下五个阶段。

### （一）准备阶段

教师布置任务，要求每个小组首先须完成对所在金融行业的营销内容和

特点的研究作业，形成论文并制作完成相应的PPT（幻灯片演示文稿），作为角色扮演活动后总结发言的材料之一。这些论文和PPT作为平时成绩的一部分，应在角色扮演活动开始之前完成，并提交给老师审核合格以后方能开始进入角色扮演活动的设计阶段。比如，信托小组应在作业中阐明信托的概念、信托合同的内容和特点、信托产品的含义和种类、特点以及与其他金融产品的主要区别、信托产品的营销方式及营销策略、目前存在的主要营销问题及解决措施等内容。

### （二）设计阶段

教师对各个小组的表演剧情设计提出任务要求，首先是角色安排应包括1名客户经理、1名客户副经理、3~4名客户，客户的安排是1名新客户、1~2名老客户、1名违约客户。其次，剧情的主要内容应是通过客户经理与各种客户的业务互动，向大家展示该行业金融产品的推介、咨询、购买、售后服务和违约处理等各个营销环节，每个客户同时提出多个疑难问题，让客户经理予以一一解答。最后，在整个表演过程中，2名客户经理要充分展示业务开展过程中如何做好该行业的4P（产品、价格、渠道、促销）、4C（消费者、成本、便利、沟通）、4R（关联、反应、关系、报酬）等营销工作。根据这些剧情要求，各小组完成自己的剧本设计，剧本内容可以在实现任务基本要求的前提下进行自行发挥，提交给老师审核合格以后方能在课堂上开始角色扮演活动。

### （三）表演示范阶段

为了更好地提升学生的扮演活动，可事先安排学生观看相关的示范视频，让学生在表演前可以了解和参考相似剧情的情节展示，增加表演经验。如本课程选择了电影《夺命金》中的一个片段，即万通银行投资顾问Teresa（特雷莎）的基金销售工作表现。影片开始的时候，Teresa向不少重要客户打了很多电话尝试推销联发四国的股票投资基金，但是都遭到拒绝，业绩欠佳使其考核压力很大，处于被裁边缘。此时，一个再普通不过的市民郑小娟女士，来银行办理100万元的存款到期转存业务。但是3个月的利息非常低，用郑小娟女士的话来说，“只够买几次菜”，“而且物价不断飞涨，钱不断贬值”，因此郑小娟女士对于如此低的利息非常不满意。这种情况被 Teresa 看在眼里，为了保住工作，在经历一番心理挣扎之后，Teresa 问郑小娟女士要不要多赚点，郑小娟的回答是“想多赚滴咯”。于是，Teresa 开始向郑小娟女士介绍联发四国股票投资基金的基本情况，随后对郑小娟女士进行投资者的风险测试，但是风险测试结果没有通过，为了让郑小娟女士的风险测试值提高，Teresa 告诉她所有问题的回答一律是“清楚明白”，但郑小娟女士并不清楚这样的回答都是偏向高风险的选项。问答全程进行了电话录音，最后郑小娟女士通过测试，而 Teresa 的主管也心里明白、顺水推舟核过了郑小娟女士对联发四国股票投资基金的申购。影片展示了 Teresa 如何有意误导风险承受能力低的普通投资者郑小娟女士用储蓄金买入高风险的联发四国股票投资基金，最终结果是遇上亚洲金融危机，损失惨重。显然，这个营销业务过程违反了营销工作准则和相应的法律法规，暴露出了一些金融机构的营销业务过程中的种种问题，既让学生了解到金融营销业务中的不规范行为，吸取反面教训，也让学生观察了银行营业网点中基金的日常销售过程，可以作为下一步表演活动的参考。

### （四）小组命题演出阶段

一些小组在完成作业和剧本以后，参考示范表演视频以后，事先自行进行了排练。准备充分的小组首先进行演示，在课堂上小组成员先全部就位，一一进行角色自我介绍以后即开始剧情演出。在剧情演出过程中，如信托小组的角色扮演应包括以下演出内容。

（1）客户经理介绍某信托公司的基本情况、信托产品的销售情况。

（2）新客户上门向客户经理咨询某信托产品的投资信息，包括投资门槛、投资收益率、募集资金投向、风险控制情况、信托投资合同等问题，所有咨询信息通过对话和讨论表达出来，对话过程中客户副经理、老客户、违约客户也可以参与，表达出各自的观点和疑问。

（3）老客户关注自己的信托产品即将到期的产品终止情况、投资收益分配问题、有没有在售的信托新产品等，此时老客户的投资满意度成为一个重要的讨论主题。

(4) 违约客户在信托产品没有到期的情况下要求赎回，净值遭受较大损失，感觉非常不满意，要求公司予以补偿，与客户经理进行激烈争辩。此时，其他成员也可以参与争论。

(5) 演出结束以后，客户经理或小组全体成员配合 PPT（幻灯片）演示对信托产品的营销要点进行总结。

### (五) 扮演打分和互动阶段

角色扮演活动结束以后，由其他每个小组的一名代表和老师组成评审委员会，就表演小组的角色扮演表现进行综合打分。打分的观察内容主要针对表演过程中该金融行业产品的 4P、4C、4R（3 种不同的营销理论）等方面营销工作的完成效果，如果营销扮演活动中：①产品介绍清晰、说服力强、感染力高；②客户服务到位、礼仪着装得体；③表演具有吸引力、有原创性、整体效果较好。则得分较高。

打分结束以后，进入小组与班级其他学生的互动阶段。大家就角色扮演中的各种问题进行提问和讨论，如产品的营销问题、销售纠纷处理问题、表演的问题、角色的分配和定位问题等。观众（包括学生和老师）向演出小组以建设性、支持性的方式，非判断性地表达自己的观感和反应，共同讨论对演出过程的感受和效果。演出小组则向大家分享自己的创作过程、演出体验，对该金融行业产品营销的内省和感悟，重点讲述自己以前没有学习到的新知识和新体验。

教师公布小组的得分，作为平时成绩的一部分。对小组的表演进行总结，首先对表现好的方面进行鼓励和表扬，其次以角色扮演活动为基础，帮助大家发现金融营销工作的关键点，特别要充分了解容易产生问题的环节，并做到有效克服，从而提升学生的营销实践能力。

## 四、角色扮演法在金融营销学课堂上的教学效果评价及改进

角色扮演法作为一种新型教学方法，自尝试以来获得了学生的普遍欢迎，

成为提高教学效果的一个重要手段。主要表现在，角色扮演法把理论知识和实践活动有机结合在一起，使课堂教育变成“动口、动脑、动手、动情”的活动，课堂气氛热烈，学生参与感强，极大地调动了学生学习的兴趣和积极性。由于模拟情景的形象性和真实性，所有参与的学生能够在认知上、感情上和思想上获得深刻的直观体验，从而取得了更好的教学效果。同时，通过角色扮演，学生根据其自身的角色来揣摩当时可能发生的真实状况，使将来工作的时候遇到类似问题或状况时，能因为受过这类训练而能迅速做出反应，可以使任务和工作顺利进行，问题也可得到顺利解决。这也体现了金融营销人才“做中学”“学中做”的培养特征，积极地把知识学习转化为工作技能。

把学生分成各金融行业小组，可以让学生积极自主地进行学习，有利于完成金融不同行业的营销知识的建构。通过角色扮演活动，可以让各小组生动地诠释出金融各行业的营销特点，加上课堂上的互动和交流，可以让全班学生接触和掌握金融所有主要行业的营销知识和营销技能，从而获得共同进步。

为了让角色扮演法达到更好的教学效果，教学过程中还需注意把握好以下几个方面。

### （一）授课老师应掌握丰富的金融营销实践经验

授课老师需要既懂金融知识又懂营销知识，对银行、保险、证券、基金、信托、期货等各行业的营销都有深入的了解。一方面，教师要自觉地不断学习，及时更新金融各行业的营销知识；另一方面，教师要积极“走出去”，深入银行系统、证券机构、保险公司的一线岗位进行学习和交流，只有参与实地考察和操作，总结经验，才能结合当前的金融产品热点看到新问题，接触到主流、前沿的金融产品信息与营销手段，同时也可以有效规避可能存在的金融营销风险，在教学过程中少走弯路。

### （二）授课教师要善于组织和引导角色扮演活动

为了让学生做好角色扮演活动，事先教师应布置好小组任务，要求每个小组通过查找资料和集体讨论学习的方法准备好前期论文和 PPT 资料。对于金融产品理解不够清楚、营销分析表达不够深入的营销小组，教师应加以辅导，及时帮助小组达到预期水平，方能审核通过。教师应对各个小组的表演剧情设计提出要求，在剧情任务中一定要体现出该金融产品行业的4P、4C、4R等营销工作。示范视频播放完毕以后，教师应提示大家注意其中的关键点，要设法把前期论文等资料和营销的知识点融入剧情。如果小组在角色扮演之前能够事先进行彩排，邀请教师现场指导或者手机拍成视频发给教师查看，效果会更好。在角色扮演活动开始之前，教师要求其他每个小组出一名代表组建评审委员会，告知评分规则。角色扮演的互动环节结束以后，教师公布小组得分，对小组的表演进行分析和总结，要帮助学生充分发掘该行业金融营销工作的关键点，在总结中帮助大家提升营销实践能力。

### （三）小组角色扮演活动的考核要合理

从前期准备开始到角色扮演活动结束，小组从收集资料、学习和消化理解金融产品的营销特点、撰写论文、彩排到课堂上演出，需要花费大量的时间和精力，因此，小组角色扮演活动在课程成绩考核中应占有较高的比例。对于除了已经满足老师任务布置基本要求之外的演出，还有自己的创新部分和出彩部分，应给予额外奖励。而对于敷衍了事、态度不认真的小组，则给予较低的成绩。各小组一般按照银行、保险、证券、基金、信托、期货、租赁等行业来划分，但是在任务难易程度方面，银行、保险行业因为和大家日常生活接触的比较多，其营销工作相对较为容易把握，而信托、期货和大家几乎是零接触，对其理解和营销业务相对较难把握，因此对银行、保险小组的角色扮演活动要求较高，而对信托、期货小组的要求相对低些，对证券、基金小组的要求居中。老师应在划分小组之前明示这些考核规则，以激励大家做得更好。

### （四）小组成员搭配要合适

虽然每个小组的成员选择原则是自由组合，但是为了取得较好的效果，一般建议每个小组应有一个性格较为活跃的学生作为中心人物，比如担任客户经理，领导大家顺利完成角色扮演活动。不太建议都是性格偏内向的学生组合在一起，如果出现这种情况，教师应进行观察和交流，以免最终的表演过于严肃、不够生动甚至变得索然寡味，影响了其他小组的士气，使得角色扮演法的教学效果无法发挥出来。

## 五、结语

大部分金融产品的营销渠道都是“短而直接”。角色扮演法直接模拟金融机构面向客户的现实工作情境，让学生如同身临其境，进行营销工作的面对面“实战”训练，这对迅速提高学生从校园到工作岗位的职业能力有立竿见影的效果。但是要想达到良好的教学效果，还需要授课教师具有丰富的金融营销实践经验，以及具有较强的教学能力和课堂掌控能力，善于组织和引导各小组的角色扮演活动，让各小组搭配合适的成员，并对小组角色扮演活动设置合理的考核制度。

## 参考文献


［1］王爱芬．浅析角色扮演法及其在学生心理发展中的意义［J］．教育理论与实践，2007，27（S2）：91－93.

［2］杨佩群，吴雁彬．角色扮演法在市场营销学课程教学中的应用［J］．北方经贸，2011（2）：112－114.

［3］史保金．角色扮演法在市场营销专业课堂教学中的应用［J］．河南科技学院学报，2011（4）：114－117.

［4］单文娟，王传芸，马正奇，等．角色扮演法在营销心理学课堂教学中存在的问题及对策［J］．湖北经济学院学报（人文社会科学版），2014，11（5）：195－196.

［5］何飚．角色扮演法在市场营销实践教学中的应用［J］．才智，2017（1）：145.

［6］谢治春．情景模拟教学法与金融营销学的教学改革［J］．金融理论与教学，2016（2）：66－69.

[7] 王荣．基于信息技术应用的民办高校金融营销学教学改革［J］．吉林省经济管理干部学院学报，2016，30（2）：148－151.

[8] 齐河宁．金融营销的立体型体验式实践教学［J］．智富时代，2015（S2）：147.

[9] 崇岭，吕继红，周胜林．强化金融营销优才班教学管理的思考与探索［J］．上海商业，2013（6）：30－31.

[10] 余光英，高燕．基于"三位一体"功能的金融营销学项目教学研究［J］．学理论，2013（9）：216－217.

[11] 徐小龙．关于金融营销人才培养模式创新的思考［J］．北方经济，2012（17）：73－75.

# 金融营销应用型本科人才培养的互动教学方法研究

王东明

**摘　要**：互动教学是通过各种互动教学方法激发学生学习兴趣，有助于学生实践动手能力的培养，更为契合应用型人才培养的需求。对于应用型财经高校金融营销专业人才培养来讲，应强化互动教学的教学准备工作和教学环节控制，通过课堂提问、课堂展示与讨论、校企合作教学和案例教学等教学形式，提高学生课堂学习效果，提高应用型人才培养质量。

**关键词**：互动教学　教学方法　教学质量　人才培养

传统课堂教学缺乏互动性，教师教学满堂灌，没有关注到学生的教学反应，教师在一味地唱“独角戏”，久之会使得学生产生厌听的情绪，造成课堂教学效果不高和人才培养质量下降的情况。从笔者所在校学生往年评教来看，课堂教学缺乏互动，是学生对课堂教学反应的主要问题之一。培养应用型人才，需改变教学中以教师为中心、学生被动接受的传统授课模式，要注重培养学生的学习兴趣，鼓励教师采用多样化的教学形式。

互动教学是四种典型的教学模式之一（乔伊斯和威尔，1974），其从“人本主义”出发，认为学习者是学习的中心，肯定了学生的主体地位，鼓励学生在课堂互动中构建和生成知识，充分发挥学生个性和挖掘其潜能。在课堂互动学习中，通过各种教学方式激发学生学习兴趣，让学生学会自己学习、学会合作以及有效发展个人人格（刘野，2011；路征，2015）。在互动教学中，师生共同参与和开发教学过程，不断丰富教学内容，能够显著提升课堂教学效能，从而提高应用型人才的培养质量（吕璀璀等，2015）。目前对互动教学的研究多关注于课堂教学不同主体之间的关系处理，而对于具体的教学方式和教学策略的研究重视不够。本文将结合互动式课堂教学特点，研究金融营销课堂互动教学的具体方式方法和教学环节控制，并提出互动教学实施的制度保障建议。

## 一、互动式课堂教学的内涵和特点

常见的教学模式有传递接受式、自学辅导式、范例教学式等，不同的教学模式拥有不同的特点，适用不同的教学内容和教学环境。互动式教学模式源于互动理论的研究和发展，强调个体作为处于社会中的实体单位，是相互影响的，具有主动接受和自我调整社会影响的能力。互动式教学的理念来自认知发展论，强调人的心理是在人与人的相互交往过程中发展起来的。具体应用到教学上，体现在教师的“教”和学生的“学”两个方面，突出内部讨论、磋商和协调等合作学习，通过师生和学生之间的交流沟通，提高学生学习效果，表明了以学生为中心的教育理念。简言之，互动教学是师生共同开发和创新课程，丰富教学内容的过程（刘野，2011）。

具体来讲，互动教学具有以下三个基本特点：一是强调学生的主体地位，培养学生独立处理问题的能力。在互动教学的过程中，不再强调传统的理论知识的“死记硬背”，而是通过启发、互动交流和各类思想碰撞，让学习理解知识，能够大胆地怀疑，不盲从，敢于争辩，从而使学生在不断发展中学习。这种学习方式，既可以共享整个班级（包括教师和所有学生）的有效资源，又能够丰富更新知识和完善个人的独立性。二是学习内容的成长性，利于培养学生的实践能力。在互动教学过程中，教师和学生学习互动的内容不是一成不变的，是随着互动过程不断发展的，并且通过互动不断丰富更新，内容的成长性特点显著。这种内容的成长性，需要学生不断思考问题，然后通过多层次的交流沟通，分享他人的资源，进而将书本的理论知识、社会实践问题和个人理解力结合起来，更好地解决问题。因此，互动教学，不同于传统的传导接受式教学，知识不断融合、修正和发展，可以通过互动提高学生对相关问题的理解深度和应用相关知识解决实践问题的能力。三是教学形式的多样性和灵活性，利于激发学生的学习主动性。互动教学注重教学和学习过程的交互性，在实践教学中可采取多种形式进行教学，例如问答、角色扮演、案例教学、课堂展示、小组讨论等。在互动过程中，教师和学生均有一定的感情投入，通过对话、交流、兴趣引导等，形成共同学习、共同发展的良性循环模式，进而在不断的互动中提升对相关知识的兴趣。

## 二、互动式课堂教学的具体方法

应用型财经高校的人才培养目标，在于培养适应社会发展需求的应用型和创新型人才，以满足行业需求为目的，强调所教知识的应用性和实践性。而互动教学具有内容成长性和教学的交互式特点，更加适合现代应用型财经大学的人才培养需求。传统课堂强调课堂纪律、重视学生遵守纪律，关键是教师较少和学生进行互动，课堂教学甚至成为教师的“一言堂”，这是和经济快速发展和市场需求不符的。培养应用型人才和学生的创新能力，是大学教师都应该认真思考并在实践中积极探索的问题。互动教学模式刚好满足这一发展趋势，其灵活的教学形式和实施机制为学生提高了良好的创新学习环境，符合应用型人才的培养方向，并且通过互动能够让教师不断更新自身的教育观念，让学生提高实际动手能力和知识运用于社会实践的能力，培养出应用型人才和具有创新精神的人才。

具体到金融营销来讲，金融营销行业的创新日新月异，营销策略和营销环境也在不断变化，单纯依靠书本知识很难满足金融市场的发展需求。这使得教学内容和教学形式必须适应金融营销行业发展的新需求，才能有助于提高学生的专业能力和综合素质。相对于其他学科来讲，金融营销专业人才需具有金融专业和营销专业知识、宽阔的知识面以及良好的沟通交流能力，这使得金融营销相关课堂教学更需注重实践性和交互性，通过精心设计的互动教学模式，超越传统的书本知识传授，提高对金融问题和营销环境的分析能力，深入地了解金融市场和金融产品销售的运动特质，进而保证学生的可持续学习能力。以金融营销方向的专业课堂教学为例，适合其课程特点和人才需求的教学形式有课堂问答教学、课堂展示与讨论、校企合作教学、案例教学和兴趣小组讨论教学等多种教学形式。

### （一）课堂提问

在我国课堂教学中，从小学到大学，课堂互动方式中运用最广泛的就是课堂提问。课堂提问可以由教师根据教学内容、实时教学情况和学生学习情况等，通过灵活多变的提问形式（教师向学生提问、学生向教师提问等）和不同类型的课堂问题进行，实时的课堂提问可以提高学生对相关知识点的关注度，激发学生的学习兴趣，锻炼其独立思考能力和语言表达能力。同时，通过学生（教师）的回答，可以让教师及时把握学生对具体知识点的学习程度，及时调整教学计划，对相关知识点进行讲解。

具体到金融营销课堂的教学实践中，课堂提问的一些技巧和关键环节值得重视：一是提问应贴近社会实践。大学课堂上，任课教师提问多数是涉及基本概念或经济金融理论，但是这些问题往往要求对专业知识点理解或记忆较好，但学生对专业问题的学习刚刚开始，认知程度不高，加上课前准备和课后复习缺乏，回答起来较为困难，也容易扼杀学习学习的积极性。笔者认为，课堂提问时，所提问问题应贴近社会现实，如经济金融热点问题，问题提的应该具有开放性，充分发挥学生自身的知识积累和学习潜力，进而引起学生的学习兴趣。例如，在理财产品营销问题上，在讲授理财产品和营销专业知识时，可以引入热门的互联网理财产品（各类“宝宝类”理财产品和校园贷产品），这些既贴近大学生的生活，又能复习相关知识点，易于激发学生的学习兴趣。二是提问的形式应灵活多样。教师进行课堂提问时，往往会提问课堂活跃或者听课认真的学生，集中于简单的问题回答。实践中，多数学生在课堂上往往不太积极主动回答问题，尤其是性格内向的学生。这需要教师在进行课堂提问时，在提问形式上，可以灵活多样化，可引入营销相关知识，丰富提问方式和给予学生回答问题予以一定激励。比如，随机选择学号或者座位，在金融营销课堂教学中根据日期选择学号，或者根据课程章节内容选择座位等方法，对学生进行随机提问，这极大程度地活跃了课堂氛围，也拉近教师跟学生之间的距离。三是合理把握提问的时点。课堂教学具有一定的时限性，学生学习的集中精力时间也是如此。互动教学强调课堂上的师生互动，这种互动需要教师根据教学环境把握好时机，这也是课堂教学和其他教学方式的区别之一，这是营销时点的选择原理一致。这样，教师可以通过课堂实例讲授金融营销的相关理论知识点，或者根据课堂讲授知识点结合经典案例进行适当提问，可以显著提高课堂教学效果。

## （二）课堂展示与讨论

国外大学教学相比于国内而言，最大的区别在于留给学生的空间更大和学生的参与度高，而这种高参与度主要是通过课堂展示和讨论来实现的。随着教学理念的不断发展，以“学生为主体”的大学课堂教学越来越受到推崇，大学教师也积极鼓励学生参与到课堂教学中来。这种课堂互动的形式主要有课堂展示和小组讨论等，通过将讲台“让给”学生，体现合作教学和共同学习的教学理念。在课堂展示环节，由教师拟定一个大致主题，比如营销策略问题，让不同学生选择在产品、渠道、价格、促销 4 个方面结合较好或者某个方面突出的金融营销案例，让学生在课下准备，然后在课堂上进行 8～10 分钟的课堂演讲，并就相关演讲内容进行课堂讨论。例如，2015 年热门的问题保险代销，让学生阐述银行进行保险代销的动因和具体影响策略，尤其是结合当下影响比较成功的商业银行真实案例进行分析，这样既可以让学生了解国内商业银行报销代销市场的概况，也能学习相关金融营销理论。同时，通过课堂演讲和师生讨论，可以加深对相关市场的最新发展，更为契合应用型人才培养的要求。

教师在进行课堂展示和讨论环节时，可以采用任务教学法或兴趣小组教学法。任务教学法是由教师在学生进行课堂展示讨论前，明确各小组需要完成的任务（单一任务或多个自选任务均可），规定具体完成的时间和标准，并根据学生提交的相关材料和课堂展示等进行评定。举例来讲，在商业银行营销管理中，有服务营销、整体营销、关系营销和品牌营销，并且随时营销理念的发展，其定价策略和市场竞争亦不同。此时，可让学生根据自己的兴趣和关注点进行分组讨论，然后去选择不同的商业银行真实营销案例进行分析，最后进行课堂展示和讨论。这种互动教学既能让学生学习知识和掌握市场实践情况，又能锻炼学生案例搜寻、数据查找、资料处理和具体理论知识的理解能力。整个过程教师仅负责指导，学生自身主导整个过程，这增加了学生的学习主动性和团队意识。

### （三）校企合作教学法

校企合作教学一直是职业教育体系倡导的教学方式，这种教学更加具有针对性和实践性。简单来讲，企业需要什么人，学校就应该培养什么样的人才。随着我国大学教育的精英色彩的淡化，大学教育已成为大众化教育，应用型已成为很多高校的人才培养定位。这使得人才培养应充分利用全社会的有效资源，共同培养，使得专业知识学习和企业实践需要有机结合。从国内外的实践来讲，校企合作教学或者积极邀请实务精英授课，逐步成为一些大学教书育人的重要途径。

在长江三角洲地区高校中，已经有浙江工商大学、上海立信会计金融学院等多所高校引入了社会实务人士直接走进课堂，通过"实务精英进课堂"，社会精英直接向学生讲授相关知识，使得课堂学习更"接地气"。这些社会实务精英相对于大学教师而言，具有社会相关行业的丰富工作经验，可以直接向学生传递行业的第一手信息和一些具体业务操作，让学生明白相关行业的实际发展和人才需求等实务题。通过对近三个学期的"实务精英进课堂"的调研（笔者所在学校），学生对此活动反应较为积极，觉得这种形式有利于学生应用能力的提升。因此，笔者觉得，今后可以在金融营销这类偏实务的课堂上（商业银行经营管理、理财等课程），在经费和时间允许的情况下应邀请更多的实务专家对相关内容进行讲授，比如商业银行理财产品销售、存贷款业务营销、银行业务品牌营销等可以邀请商业银行的实务精英，让他们根据自身的工作经历来讲授相关知识点，会极大提高课堂学习效果。

### （四）案例教学法

案例教学法源于法学，主要是采取案例研究锻炼学生研究问题和解决问题的能力，案例教学是互动教学中运用比较广泛的一种教学方式。和理论教学强调理论知识学习不同，案例教学侧重培养学生通过实践案例发现问题解决问题的能力。

具体到经济金融专业课堂教学上，出于学生实践能力的培养和经济生活经典案例的不断涌现，越来越多的教师在教学过程中采用案例教学法。在本科教学阶段，教会学生将理论知识转化为实践，是课堂教学的一个重要目标。理论来源于实践并指导社会实践更好地前行，经济知识的应用性更为显著，这要求大学教师在教学过程中要充分挖掘国内外的经典、有意义和代表性的经济事件，并将其升华为课堂教学的经典案例。比如，网红营销——微期宝：基于直播平台的微期宝超级期货王大赛，创意跨界营销——Uber联合平安壹钱包：Uber联合平安壹钱包在上海打造10个亿万富翁，品牌代言——百度钱包：全新宣传片，胡歌深沉告白品牌无缝植入，创意线下活动——多伦多道明银行：自动取款机变身自动感谢机，视觉营销——华夏基金：给80后的时光机海报，这些最新较为典型的营销案例，可以由老师提供素材或者老师和学生一起查找材料，由老师结合课程教学提高讨论的方向和主要问题，在课堂上进行自由辩论，由学生进行自由发言或评价他人的言论，培养学生的独立思考能力和判断力，鼓励学生主动学习和主动研究，从而提高课堂学习的学习氛围和学习效果。

## 三、互动教学的教学准备工作和教学环节控制

互动教学由于其互动性和灵活性的特点，对教师的备课和教学控制要求更高。课堂上，教师和学生、学生之间的互动需要教师课下充足的教学准备和良好的课堂教学环节控制，比如对理论知识的充分理解运用、选择适宜经典的教学案例及对于教学重点环节的合理安排等。

### （一）互动教学的准备工作

#### 1. 备课时注重理论知识和实践的有机结合

在课堂教学中，强调培养学生的实践能力和动手能力的提升，并不代表理论知识不重要，而是要将理论知识和社会实践有机结合起来，达到学以致用的学习效果。这要求大学教授需要在课堂讲授理论知识前，首先，自身进

行良好的吸收消化。理论知识本身往往是枯燥的，老师自身的学习和消化也是如此，这需要大学教师在备课时对于理论知识的具体内容、关键词语和核心思想等充分理解，准确地传达给学生。其次，大学老师通过浅显易懂和生动有趣的语言将理论知识传授给学生。在老师对经济理论理解基础上，如何通过语言的组织将理论知识讲授给学生，这是大学教师在进行教学准备时的重要工作。一个优秀教师的教学大纲和教学计划，可以媲美电影剧本，精确到每一句话或每个分钟的具体安排。最后，课堂上注重理论讲授和实践热点的有机结合。对于大学生而言，课堂知识学习的最终目标是在今后工作生活中的使用，提高工作效率和生活质量。同理，课堂教学的归宿理论和实践的有机结合，实现“惊险的一跃”，而这往往是大学课堂教学中最难的，也是目前课堂教学中容易忽视的环节。由于多数大学教师缺乏相应的社会工作和实践经验，对于实践认知受到一定限制，加之理论知识和现实的脱节，使得他们在课堂教学时过于强调理论知识的学习，忽视理论的实践应用。对此，大学教师在明晰理论知识的要点和含义的同时，在教学准备时应积极查找和思考相关经济理论与社会实践、社会热点的内在关系，做到理论讲授和实践应用的有机结合。

**2. 精心选择经典案例和社会热点问题**

对于金融营销专业而言，提高学生的学习兴趣，一个重要的途径就是在课堂教学中，引入经典案例和热点问题。因此，大学教师在教学准备时，应结合教学内容和教学目标，精心选择热点问题和经典案例，运用热点和案例阐释经济理论。案例选择要具有代表性、现实性和新颖性。关于同一个知识点，已有案例往往是很多的，但是任课老师在选择案例时应首先注重案例的代表性和时效性，该案例能够代表所讲述问题或理论知识点且贴近社会现实。目前，大学课堂教学案例中，很多是照搬国外课堂的成熟案例，这些案例放在国外可以，但是未必适应中国。不同国家经济发展和经济制度不同，经济理论的运用也需注重具体的国情，同样的问题会有不同的解决方法。因此，在相同情况下，应尽可能选择贴近我国发展实际的案例。

**3. 完善课堂激励机制**

互动教学要充分调动学生的学习积极性和主动性，形成师生之间的良性互动，这需要大学教师制定完善的课堂激励机制，通过良好的制度鼓励学生参与课堂互动。在大学课堂上，学生除了关注知识的学习以外，出于奖学金、出国和考研等现实需要，对于学分和成绩很重视。大学教师对于课堂参与积极、学习态度认真、案例分析透彻的学生给予充分的肯定。比如，笔者在每学期开学的第一次课上，都会明白地告诉学生平时成绩的评定办法，学生积极发言、参与讨论和提问等都会增加平时分，并可以在一定条件下拿来抵补缺课减少的平时成绩，在每次课堂互动中进行简要记录，以便公平地对待每一位学生。此外，在大班教学中，由于人数较多，很难做到每位学生都进行互动交流，也会告诉学生平时成绩会和座位的前后有密切关系，老师会在其他条件相同的情况下，认为坐在前面的学生相对较好，给更高的平时成绩，以此鼓励学生坐在前排认真听讲。

### （二）教学环节控制

#### 1. 合理安排不同形式的教学时间

互动教学的一个难点是在完成大纲教学任务情况下，合理安排不同形式教学的课堂时间。传统的讲授式授课方式，教师对于教授时间控制较为容易，时间控制的主动权全部在教师手里。而互动教学不同教学形式，所需花费的教学时间是有显著差异，而且由于学生参与度、讨论程度差异等，使得课堂时间控制比较困难。因此，对于教师来讲，合理安排教学时间变得尤为重要。

专业课程教学基本都是学期制的，一学期学习考试结束，这要求大学教师首先要合理安排整学期不同形式教学的时间。一门课程的教学需根据教学大纲要求，完成既定的教学计划。教师需要平衡理论讲述和不同互动教学的时间安排，在保证完成教学计划的前提下，采取多样化教学，提高课堂教学质量。另外，每节课课堂教学时间中互动时间安排需适度。互动教学是出于引发学生的学习兴趣或者帮助学生理解知识点，最终还是要学习掌握相关知识的。因此，互动教学的时间安排和教师的讲课时间需结合课程特点和教学内容进行合理灵活安排，不能一味追求互动。

### 2. 及时调控课堂学习氛围

互动教学环节控制中，一个重点是及时调控课堂学习氛围。在大学课堂上，教师的教学情绪和学生学习氛围之间是相互影响的。一个教师热情洋溢、积极认真的教学态度，会得到学生课堂上的积极反馈。而学生的有效反馈，会进一步激发教师的教学热情，形成师生之间的良性互动。反之，教师单调乏味的一人独白，学生低头玩手机，课堂学习氛围会每况愈下。因此，在课堂教学中，教师要充分发挥现场教学的优势，根据课堂学生实时反馈情况，调整教学方式，提高课堂教学效果。比如，当讲述理论知识较多时，若发现学生注意力不集中或者听不懂时，应及时通过简单提问或者讲述生活小案例，帮助学生集中注意力。而在温暖的下午上课时，学生比较容易困，这时候可以通过灵活多变的提问游戏（不同形式的学号尾号提问）或者讨论（课程内容或者社会热点），帮助学生兴奋起来。而发现学生发言过长或者讨论偏离主题时，可以通过提示学生注意时间或讨论主题范围等，提高互动教学的效率。

## 四、小结

教学质量和人才培养目标是大学教学工作的出发点和归宿点，提高课堂教学质量，是提高培养应用型人才培养质量的核心环节。金融营销人才培养更应侧重应用能力的培养，互动教学能够有效激发学生课堂学习兴趣，有利于提高学生实践动手能力、培养团队合作意识和完善人格品质，更能契合金融营销市场的人才需求，提高应用型财经人才培养质量。因此，在相关专业课堂教学中，应实施互动教学，丰富教学形式。在教学中采取互动并依赖于对话沟通，强调激发学生的兴趣和发挥学生的创新能力等优点，极大地提升了课题教学质量。同时，完善教学准备工作，强化教学环节控制。互动教学具有互动性和灵活性的特点，对教师的备课和教学控制要求更高。课堂上，教师和学生之间的互动需要教师课下充足的教学准备和良好的课堂教学环节控制，比如对理论知识的充分理解和运用、选择适宜经典的教学案例以及对于教学重点环节的合理安排等。

## 参考文献

[1] 安海．教师在教学中如何激发学生学习兴趣、改进教学方法［J］．山东省青年管理干部学院学报，2009（3）：150－152.

[2] 刘野．互动教学内涵及实施策略［J］．天津市教科院学报，2011（6）：11－13.

[3] 路征．教学适应性、教学方式偏好与大学生学习兴趣——基于大学一年级学生的调查分析［J］．中国人民大学教育学刊，2015（1）：91－101.

[4] 吕璀璀，孙明玉，宋英杰．体验式教学效果评价与优化研究——基于SBM—DEA 模型的实证分析［J］．湖州师范学院学报，2015（4）：101－106.

[5] 秦笑．金融教学方法改革的探索［J］．长春教育学院学报，2012（6）：103－104.

# 女性从事保险营销职业的比较优势分析

赵 荔

**摘 要：** 本文通过总结保险营销职业特点和分析保险营销人员胜任特征因素，引入比较优势理论，评价女性保险营销从业人员职业技能的比较优势，从而解释我国保险营销从业人员中为什么女性从业人员在数量占比上和总体业绩贡献上都有一定优势，对保险公司招聘保险营销人员、开展保险营销工作有一定的指导意义。

**关键词：** 女性 保险营销 优势

在2015年《中华人民共和国保险法》修订取消保险代理人从业资格证书要求之后，从事保险代理、保险经纪业务的保险营销专门从业人员大幅增长。据保监会披露的数据，2017年一季度末全国保险营销员达697.45万人，比2015年6月末统计的378.3万人增长1.8倍。通过到保险公司实地调研分析，与其他职业相比，在保险营销从业人员中，女性从业人员在数量占比上和总体业绩贡献上都有一定优势。

## 一、保险营销职业特点和胜任特征因素分析

### （一）保险营销概况

保险产品主要通过外部机构代销渠道、直销渠道和保险代理人营销渠道三种渠道对外营销与销售。外部机构代理营销渠道是指寿险公司通过与银行、证券公司、保险代理公司、保险经纪公司等金融机构和保险中介机构合作销

售保险产品，例如保险公司利用银行作为销售点，并向银行支付一定的费用，满足客户多元化金融需求。直销渠道包括信函销售、电话直销和网络销售，我国主要是电话直销和网络直销。代理人营销渠道是指保险公司通过建立保险代理人团队，通过保险代理人营销的方式销售保险产品。保险代理人营销是国内外大多数寿险公司的主要营销渠道。

保险营销人员是以保险这一特殊商品为客体，以消费者对这一特殊商品的需求为导向，以满足消费者转嫁风险的需求为中心，运用整体营销或协同营销的手段，将保险商品转移给消费者，以实现保险公司长远经营目标系列活动的从业人员构成。我国保险营销人员主要是由数量庞大的保险代理人和数量较少的保险经纪机构从业人员构成。我国保险经纪机构较少，保险经纪机构的从业人员较少，保险代理人是保险营销人员的绝对主体，本文主要以保险代理人为主体来分析保险营销的职业特征。

### （二）保险代理人的定位

保险代理人是指根据保险人的委托，在保险人授权的范围内代为办理保险业务，并依法向保险人收取代理手续费的单位或者个人，从定义来看，保险代理人的委托人是保险公司，为其所受雇的保险公司推销保险产品，主要代表的是保险人的利益（相对保险经纪人主要代表投保人的利益来说），主要服务对象为中、小型企业及个人。保险代理人在保险公司中扮演重要角色，为保险市场的开拓、保险业务的发展起到了功不可没的作用，在英国、美国、日本等国家约有 80% 以上的保险业务是通过保险代理人招揽的。

保险代理人从法律上来说是独立于保险公司的主体，不属于保险公司的员工，与保险公司签订保险代理协议，不在保险公司领取工资（部分保险公司对新进保险代理人给予一定补贴，不属于保险公司工资薪金支出，属于营销费用），通过销售保险获得代理佣金的方式取得收入。但是，保险代理人仍然受到保险公司的统一管理和严格控制，主要向客户提供复杂产品及解决方案。随着竞争的加剧，保险公司建立大规模代理人队伍需要付出的成本和维护队伍的成本都很高。

### （三）保险代理人管理制度与激励机制

保险代理人有一套特有的管理制度，与直销团队管理有一定相似之处。保险代理人按照层级管理，保险代理人团队一般下设3～4个层级，一个大的团队下设若干分团队，分团队下设若干业务小组，业务团队一般由团队负责人和团队成员通过逐步招聘和培育新人——“增员”的方式组建。业务团队负责人按照全团队成员的保费收入和佣金收入的一定比例提取管理津贴；分团队负责人按照所在分团队成员的保费收入和佣金收入的一定比例提取管理津贴；业务小组负责人按照所在小组成员的保费收入和佣金收入的一定比例提取管理津贴。保险代理人团队组织关系如下图所示。

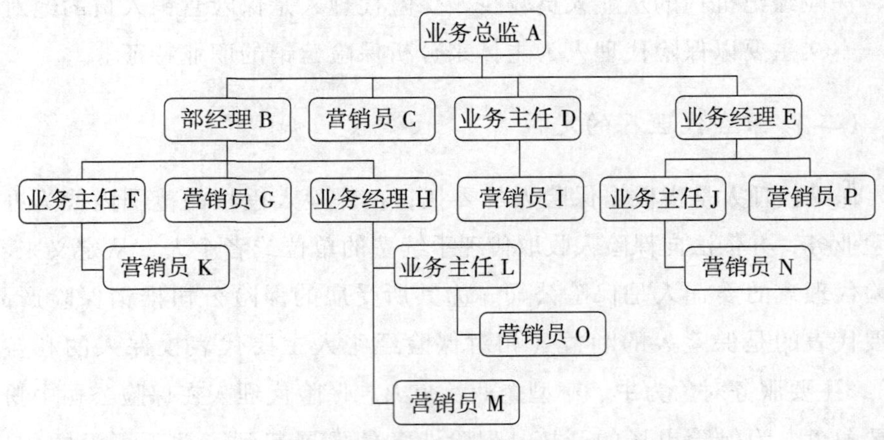


**保险代理人团队组织关系**

资料来源：《寿险公司内部控制研究》，经济科学出版社。

保险公司和保险代理人团队共同负责保险代理人的日常管理。通过召开晨会、夕会、举办业务培训班来提高业务能力和熟悉保险产品条款。通过类似“成功学”的培训，强化成功的自我心理暗示，提高保险代理人和团队的士气。通过师傅带徒弟、一对一沟通交流的方式进行业务能力的提升和心理疏导来缓解压力；通过业务竞赛、参与式目标管理等方式提高业务拓展动力。

与一般的委托人与代理人的关系不同，保险公司除了承担委托人职责外，还承担更多职能，包括保险代理人团队的规范与管理、培训与服务、考核与激励等职能。保险公司与保险代理人团队之间保持紧密关系，通过建立内部营销部门、培训部门、客服部门来管理、支持保险代理人团队。

保险代理人的激励既包括物质层面的，又包括精神层面的。物质层面的激励机制明确、刚性、简单、有效，通过销售保险产品获得佣金收入，通过增员建立团队获得管理津贴收入，保险公司通过发放佣金和管理津贴的方式直接激励保险代理人营销保险产品和增员。精神层面的激励机制主要是通过培训、升迁、竞赛、目标管理、表扬、现身说法等方式提升工作主动性、缓解工作压力，降低离职率。李朝辉（2006）把保险代理人的激励因素归为三类：物质型激励因素，包括佣金、津贴、奖金、实际总收入、各种保险和旅游奖励；活动型激励因素，包括培训、升迁、业务竞赛、参与式目标管理；社会型激励因素，包括同事、主管、团队、主管赞扬、公开表扬。在各项激励因素种，重要性排在前五位的是：实际总收入、佣金、各种保险、培训和同事；各项激励因素满意度排在前五位的是：同事、公开表扬、升迁、国内外旅游奖励和各种奖金。各项激励因素激励效果比较好的是同事、主管和团队。

### （四）保险营销职业的特点和胜任特征因素

根据保险代理人承担的工作任务与工作职能，保险代理人的职业具有以下特点：

一是工作时间安排较为自由。保险代理人是相对独立的主体，不是以工作时间为主要考核标准，而是以结果为导向，考核本人所销售保险产品数量收取的保费收入和所管理团队销售业绩为考核主要标准。

二是销售产品与管理团队并重。保险代理人一方面要不断拜访客户，向潜在投保人推荐保险产品；另一方面要不断增员，建立和管理团队，促进团队成员销售更多保险产品。

三是刚性的考核与物质型激励。保险代理人考核主要是保费收入和所管理团队的保费收入，明确、刚性。主要激励来源于保费佣金收入和根据管理团队保费收入而获得的管理津贴。

四是较大的工作压力。保险产品是特殊的商品，只是一纸合同，在中国保险产品不是刚需，购买保险的观念还没有深入人心，销售保险产品较为困难。而对于保险收入考核又是刚性的，保险代理人承担较大的工作压力。

五是精神激励具备重要作用。正因为较大的工作压力，物质型激励的刚性，所以活动型激励和社会型激励等精神类的激励就显得非常重要。

六是有一定的复合业务知识要求。金融知识、法规知识，以及在与客户沟通过程中的综合知识，因此保险代理人需要复合的知识储备。

对于胜任特征的定义，Spencer（斯宾塞）夫妇（1993）提出胜任特征是“能将某一工作（或组织、文化）中有卓越成就者与表现平平者区分开来的个人的潜在特征，它可以是动机、特质、自我形象、态度或价值观、某领域知识、认知或行为技能——任何可以被可靠测量或计数的并能显著区分优秀与一般绩效的个体特征。”按照魏红果、李海（2012）通过定性元分析，把保险营销员的胜任特征的公共因素总结为 ETV 胜任模型，职业专长（Expertise）、特质（Traits）和价值观（Value）。职业专长包括行为技能（沟通技巧、销售技巧）；认知技能（应变能力、认知能力），产品知识。特质包括责任心和外倾性。价值观包括道德观念和客户导向。除了公共因素，还有附加因素，包括：非神经质、开放性、宜人性，服务知识、法规知识，客户选择技巧，工作热情，成就动机，集体荣誉感，职业经历和教育经历。保险营销职业胜任特征因素及具体表现，如表 1 所示。

**表 1　保险营销职业胜任特征因素及具体表现**

| 归类 | 胜任特征因素 | 具体表现 |
|---|---|---|
| 专业知识 | 产品知识 | 丰富的保险知识；关于产品和行业的知识 |
| | 职业礼仪知识 | 个人仪表；举止 |
| | 法规知识 | 熟悉法规知识 |
| 行为技能 | 销售技巧 | 与客户形成密切关系；迅速处理客户投诉；向客户提供客观信息；娴熟的推销技巧 |
| | 沟通技巧 | 幽默化；不要打断对方的谈话；人际沟通技能 |
| | 客户选择技巧 | 说服那些购买欲望强烈，购买量大的客户；相同群体，多地一点 |

续 表

| 归类 | 胜任特征因素 | 具体表现 |
|---|---|---|
| 认知技能 | 认知能力 | 语言能力；数学推理；创造力 |
| | 应变能力 | 适应性销售；社会适应性；洞察力 |
| 特质 | 外倾性 | 自信心；自尊；外向性 |
| | 责任心 | 责任感；上进心；讲信用、尊重人 |
| | 非神经质 | 处事冷静；自我控制能力；情绪调节 |
| | 开放性 | 勤于思考、勇于创新；开放性地接受各种信息 |
| | 宜人性 | 宜人性；运动员精神 |
| 动机 | 成就动机 | 成就导向；成就欲 |
| 态度 | 工作热情 | 工作投入；工作热情 |
| | 集体荣誉感 | 行业认同感；尊重工作 |
| 价值观 | 客户导向 | 忠诚于客户利益；客户服务倾向 |
| | 道德观念 | 为保户保密；遵守职业道德；处理好个人利益与服务之间的关系 |
| 经历 | 职业经历 | 丰富的工作经历 |
| | 教育经历 | 较高的学历 |

## 二、从比较优势理论来看女性从事保险营销职业

### （一）引入比较优势理论作为职业选择的理论分析框架

比较优势贸易理论是国际贸易基础理论，由大卫·李嘉图在其代表作《政治经济学及赋税原理》中提出。比较优势理论认为，国际贸易的基础是生产技术的相对差别（而非绝对差别），以及由此产生的相对成本的差别。每个国家都应根据“两利相权取其重，两弊相权取其轻”的原则，集中生产并出口其具有“比较优势”的产品，进口其具有“比较劣势”的产品。国家生产和出口机会成本较低的产品，而进口机会成本较高的产品。对于个人在职业选择而言，个人之间的技能禀赋存在差异，在选择职业时，每个人也应该按照“两利相权取其重，两弊相权取其轻”的原则，选择能够

让具备比较优势的技能禀赋发挥关键作用的职业，而避开比较劣势的技能禀赋发挥关键作用的职业，让具有比较优势的个人技能充分发挥作用，获得最大收益。

## （二）保险营销人员胜任特征因素比较优势评分

按照魏红果、李海（2012）通过收集国内对保险营销人员的研究文献，对文献中保险职业胜任特征因素进行定性元（Qualitative - Meta - Analysis，QMA）统计分析，得到出现频次占比。

通过调查问卷的方式，随机选取正式从事保险营销职业 1 年以上的 100 名男性保险代理人和 100 名女性保险代理人参与对自身优势评估调查。请各位保险代理人根据自己的实际情况对 20 个保险营销职业胜任特征因素的优势大小进行排序，如果认为自己在这一因素的优势最强就得 20 分、次强得 19 分，以此类推，如果认为自己在这一因素优势最弱就只得 1 分。在收集调查问卷之后，分别按照各位男性保险代理人和女性保险代理人对各胜任特征因素的评分进行简单算术平均得出各胜任特征因素评分。通过因素频次与评分乘积分别计算出男性和女性的保险营销各职业胜任特征因素的加权平均值。利用加权平均值之和来评价男性保险代理人和女性保险代理人从事保险营销职业的比较优势。

保险职业胜任特征因素的 QMA 结果和调查平均得分结果如表 2 所示。

**表 2　　保险职业胜任特征因素的 QMA 结果和调查平均得分结果**

| 归类 | 胜任特征因素 | 频次（%） | 评分（男） | 评分（女） | 加权平均（男） | 加权平均（女） | 归类平均（男） | 归类平均（女） |
|---|---|---|---|---|---|---|---|---|
| 专业知识 | 产品知识 | 6.27 | 17 | 10 | 1.0659 | 0.627 | 1.3797 | 1.1136 |
| | 职业礼仪知识 | 3.14 | 9 | 15 | 0.2826 | 0.471 | | |
| | 法规知识 | 0.78 | 4 | 2 | 0.0312 | 0.0156 | | |
| 行为技能 | 销售技巧 | 7.45 | 20 | 18 | 1.49 | 1.341 | 3.3572 | 3.5926 |
| | 沟通技巧 | 10.20 | 16 | 19 | 1.632 | 1.938 | | |
| | 客户选择技巧 | 1.96 | 12 | 16 | 0.2352 | 0.3136 | | |

续 表

| 归类 | 胜任特征因素 | 频次（%） | 评分（男） | 评分（女） | 加权平均（男） | 加权平均（女） | 归类平均（男） | 归类平均（女） |
|---|---|---|---|---|---|---|---|---|
| 认知技能 | 认知能力 | 6.27 | 11 | 17 | 0.6897 | 1.0659 | 1.6781 | 2.4779 |
| | 应变能力 | 7.06 | 14 | 20 | 0.9884 | 1.412 | | |
| 特质 | 外倾性 | 8.63 | 6 | 13 | 0.5178 | 1.1219 | 3.7588 | 3.2014 |
| | 责任心 | 13.73 | 15 | 12 | 2.0595 | 1.6476 | | |
| | 非神经质 | 4.71 | 18 | 5 | 0.8478 | 0.2355 | | |
| | 开放性 | 1.57 | 19 | 8 | 0.2983 | 0.1256 | | |
| | 宜人性 | 1.18 | 3 | 6 | 0.0354 | 0.0708 | | |
| 动机 | 成就动机 | 3.53 | 7 | 7 | 0.2471 | 0.2471 | 0.2471 | 0.2471 |
| 态度 | 工作热情 | 4.30 | 10 | 14 | 0.431 | 0.6034 | 0.4624 | 0.6505 |
| | 集体荣誉感 | 1.57 | 2 | 3 | 0.0314 | 0.0471 | | |
| 价值观 | 客户导向 | 9.02 | 8 | 11 | 0.7216 | 0.9922 | 1.4353 | 1.4863 |
| | 道德观念 | 5.49 | 13 | 9 | 0.7137 | 0.4941 | | |
| 经历 | 职业经历 | 2.75 | 5 | 4 | 0.1375 | 0.11 | 0.1414 | 0.1139 |
| | 教育经历 | 0.39 | 1 | 1 | 0.0039 | 0.0039 | | |
| 合 计 | | 100 | — | — | 12.46 | 12.8833 | 12.46 | 12.8833 |

### （三）女性从事保险营销职业的比较优势分析

根据男性保险代理人和女性保险代理人的职业胜任特征因素优势排序评分，从表2可以看出，女性保险代理人的保险营销职业胜任特征因素评分加权平均之和要大于男性保险代理人，总体来看，说明女性从事保险营销职业有一定的比较优势。

从各分类来看，男性保险营销员在专业知识、特质、经历方面有更大比较优势。女性营销员在行为技能、认知技能、态度、价值观方面有更大比较优势。

## 三、结论与讨论

按照保险营销人员的胜任特征因素，通过引入比较优势理论作为个人职业选择的理论分析框架，分析得出女性从事保险营销职业存在一定比较优势。这可以解释为什么与其他一些职业相比，我国保险代理人中女性无论从数量占比，还是从总体业绩贡献方面都有一定优势。这一分析结论对我国保险公司开展营销工作有一定现实意义。同时，我国保险公司可以以比较优势理论为指导来招聘保险营销人员，从而提高保险营销工作效率、降低营销成本。

不过，本文只是分析了女性保险代理人在保险营销职业胜任特质因素中的比较优势，除了这20个胜任特征因素之外，影响女性职业选择的还有更多技能变量。另外，除了考察个人技能变量的比较优势之外，还可考虑限制性因素的影响，例如，很多女性因为需要照顾家庭、孩子，只能选择可灵活安排上班时间的工作，而保险营销从业人员可相对灵活安排工作时间，这一特殊因素也影响了较多保险代理人的职业选择。

## 参考文献

[1] 陈国平，陈俊松．保险业师徒关系对营销员销售绩效的影响研究——情绪智力及目标取向的角色［J］．重庆大学学报（社会科学版），2016（6）．

[2] 贾贺棋，罗洪诗映，黄潇剑．关于保险行业营销团队的绩效管理的研究——以太平洋寿险营销团队为例［J］．经营管理者，2015（12）．

[3] 黄为，毕岩．国际寿险营销体制的发展趋势［J］．中国金融，2011（2）．

[4] 赵尚梅，张敏敏，傅杰．寿险营销员离职倾向影响因素分析——以山东省寿险营销员为样本［J］．保险研究，2010（10）．

[5] 魏红果，李海．保险营销员胜任特征模型——一个定性元分析［J］．管理评论，2012（7）．

[6] 北京保监局《寿险公司内部控制研究》课题组．寿险公司内部控制研究［M］．北京：经济科学出版社，2006.

# 金融营销应用型本科人才的培养模式探析

张高煜

**摘　要**：现在的金融机构特别重视营销能力强的人才，为了适应社会发展需求，高校对金融专业的学生也加强了营销能力方面的培养，其意义在于帮助金融专业的毕业生能在毕业的时候通过自身能力找到一份稳定的工作，提升竞争力，为社会的经济发展做出贡献。高校需要在教学目标、人才培养方向和教育模式等方面开展进一步的探讨与研究，要在实际的教育过程中，不断提出教学创新，进一步完善教学体制，综合提升专业人员的能力，为社会发展提供活力。

**关键词**：金融营销　应用型本科　人才培养模式

## 一、金融营销应用型本科人才培养模式改革的必然性

### （一）金融自身的发展为金融营销人才培养模式提出了新的要求

自2006年以来，随着中国金融业全面对外开放及由美国金融危机所引发的全球经济危机，我国金融市场发生了结构性的变化，各类金融类企业实行经营转型。面对日趋激烈的市场竞争，我国的金融企业开始意识到金融营销的重要性。这种国际化趋势给我国金融行业带来了很多就业机会，同时也加大了行业的竞争，进而对金融人才提出了更高的要求。为了适应这种新的形势，全国大部分高校金融专业将金融人才培养目标设定为培养具有丰富的经济学、金融学理论知识，熟悉金融市场运作，熟练掌握行业操作技能的应用型人才。

金融营销学是一门建立在金融学和管理学基础上的应用型学科。它既涉及金融学知识，又涉及营销学知识，它是把营销学的理念和方法应用在金融领域中，从而促进金融业更好更快地发展。随着我国金融业的全面开放，国外金融业的风险控制方法、金融服务的先进理念，促使我国金融业认识到自己的不足，开始重视金融营销的重要性，开始借鉴发达国家金融业在金融产品、金融业务流程、金融业务管理和金融服务理念的先进经验。面对这种情况，金融营销学课程教学中应该紧跟时代发展的步伐，将一些新的金融产品和教学方法融入课堂中。

### （二）我国经济发展变革对金融专业人才素质提出了新的要求

我国经济形势发展需要大量的金融人才。我国近几年来经济增长速度仍将维持在7%~9%的水平，这和整个国际经济1%~3%的经济增长预期仍将形成鲜明的对比。经济的发展需要资金的支持，筹资与融资的速度与规模必将加快，这就需要大量的专业人才的加入。

资本市场对外开放力度不断加大。随着世界经济的发展，国际经济的合作也在不断加强，跨境的收购、并购也越来越多，这些都需要大量的专业人才加入。境外金融机构在中国的金融业务规模在增大，境内金融机构对外的业务也在不断加大，这也需要大量的专业人才加入。

金融市场规模进一步加大。随着经济的快速发展，我国金融市场的市值已超过GDP（国内生产总值）的一半。目前我国上市公司数量众多，证券公司、信托投资公司、证券营业部及其他投资机构数量也在增加，参与金融投资与交易的人也越来越多。金融业的纵深发展，需要吸收大量的专业人员。金融工具和金融业务的创新，金融产品多元化、银行服务全能化，是金融业的发展趋势。

## 二、金融营销应用型本科人才培养模式的研究现状

### （一）国外研究现状

美国金融市场是世界上规模最大和最具有流动性的市场，2014 年创造了

美国 GDP 的 7.2%，雇用了 599 万名员工。美国金融业主要由银行、保险、证券、资产评估和风险投资等行业组成，行业内部竞争非常激烈，对金融营销人才的需求一直处于增长状态。据估计，到 2018 年仅证券业对人员的需求将增长 12%。美国高校不仅要满足金融企业对金融营销人才的数量要求，还要满足在行业激烈竞争背景下的人才质量要求。金融业对美国高校本科毕业生一直有着相当的吸引力。为了更好地满足各级金融机构的营销人才需求，美国一些高校开始从宽泛面向各行各业培养市场营销人才转向有针对性地培养金融营销本科人才，开设相应的金融营销专业，形成了一套有效的金融营销人才培养模式。

美国一流大学，迈阿密大学设置了国际金融营销专业，作为与市场营销、金融学并列的独立本科专业，由金融系负责，授予工商管理学士学位（BBA）或者工商管理理学学士学位（BSBA）。迈阿密大学工商管理学院以培养具有创新精神和原则性，能改变全球商业和社会的领袖为使命。国际金融营销专业的培养目标就是以强大的国际课程方案为基础，建立兼顾国际金融和国际市场营销的综合性课程，为国际金融机构或者国际商务界培养具有批判性思维技能的决策型金融营销人才。美国普通高校尼古拉斯州立大学工商管理学院是一所通过 AACSB（国际商学院协会）认证的商学院。2011 年，它就专门开设了金融营销本科专业，把金融营销专业设在会计与金融系，作为与金融学并列的专业。金融营销专业将金融市场和金融机构的知识与销售职业技能融合在一起，目的是培养学生沟通、技术、批判性思维和伦理决策能力。金融营销人才培养面向的岗位主要有理财规划师、个人理财顾问、股票经纪人、投资组合经理和保险代理人等。

### （二）国内研究现状

随着国内外经济金融环境的不断变化，我国教育界一直在努力地探索和推进金融专业教育教学的相应改革。20 世纪 80 年代，为了适应改革开放后国内金融市场的建立和快速发展的要求，金融专业人才培养目标从计划经济模式下，面向政府的金融管理干部和财经工作者，向包括政府、金融机构、企事业单位和教育科研部门在内的整个金融市场培养专业人才转变。加入 WTO

(世界贸易组织)以后，面对金融的全球化和一体化的挑战，金融专业教学也从培养封闭性的国内金融服务人才向培养开放性的国际型金融服务人才转变。进入21世纪后，在企业和个人对金融服务多样化、个性化要求的日益强化以及金融机构混业经营的趋势下，高校金融专业又纷纷从单一专业化人才培养向强调培养综合性复合型人才转变。同时，随着高校数量和规模的快速扩大，高校金融人才培养也从精英型人才向大众化与精英型人才同时并举转变。这些转变都非常客观地反映了经济金融发展的实际与高校自身发展的特点，为我国金融业的发展提供了人才保障。

然而，随着市场结构性变化和金融机构经营转型，金融人才培养和需求之间又出现了新的矛盾：一方面，需求缺口非常大，另一方面，金融专业毕业生纷纷抱怨工作难找而大量改行，造成这种现象的原因，主要是人才培养方向不对路。这些年，高校金融专业一直把精力集中在培养学生的金融业务能力上，很少重视营销能力培养。如今，面对经营转型所引发的对营销类金融人才的爆炸性需求，使金融专业忽视营销能力教学的缺陷暴露得更加明显，已经到了非改不可的程度。据了解，目前国内有1000多所高校开设金融类专业，其中，设置金融营销类课程的没有几所。就以教育部“21世纪中国金融学专业教育教学改革与发展战略研究”项目的四所主持高校为例，在2004年以前的课程设置计划中，只有一所高效金融专业开设了营销课程，而且是一般的市场营销，改革项目的主持者都如此，其他院校更可想而知了。

实际上，即使少数院校金融专业开设了金融营销课程，也还存在着明显的问题：一是忽视金融营销的专业化特点，只是简单的嫁接，即在金融专业的基础上加上一门市场营销课。一些金融营销教材由非金融专业的教师编写，甚至主讲金融营销课的人竟不懂金融业务。众所周知，金融营销的专业性很强，不具备必要的金融专业基础即便营销能力再强也难以胜任，这是金融营销与一般市场营销的最大不同，也是我们主张金融营销人才要由金融专业来培养的原因。二是忽视大众化的人才培养。金融营销人才包括初、中、高级不同层次，而目前社会需求量巨大的则是一线的初、中级人才。目前国内已有部分高校开始培养专业化的营销类金融人才，但是普通高校的重点是所谓“一流”或“高端”型人才。就人才教育的梯次性而言，有几所确有实力的名牌大学侧重于培养高层次人才是无可厚非的，问题是一些院校不问自身实力，不问社会需求，一味地都去追求“一流”和高层次，这不仅不现实，也是不可取的。在高等教育早已大众化了的当今社会，大多数普通高校金融专业还是应当实事求是地将目标定位于初级、中级实用性人才的培养上，努力提高学生的就业竞争力。

## 三、高校金融营销应用型本科人才培养三位一体人才培养架构

为了保障应用型人才培养目标的实现，构建了理论知识、能力素养、综合素质三位一体的金融营销专业本科应用型人才培养体系，进而实现应用拓展。

**1. 理论知识**

从知识所涵盖的范围看，应用型金融营销人才的知识结构主要包括基础知识、专业知识、相关知识。应用型金融营销专业人才应具备较强的基础知识和学科专业知识，基础知识是指面向全体学生传授的基础性语言、历史、文化等科学知识，还要有一定的经济管理、沟通谈判等方面的复合性知识，以及计算机、语言等方面的知识，表现为知识结构多样化的特征。不仅要有知识广度，还要有一定的知识深度。

**2. 能力素养**

能力是掌握一定知识的体现。应用型金融营销专业人才的能力主要包括两个层次：通用能力和专业能力。通用能力包括学习能力、人际沟通能力、团队协作能力、创新能力等；专业能力除了比较扎实的经济、管理、金融理论知识，还包括软件应用能力、市场开拓能力、市场分析能力、市场调研与预测能力等。

**3. 综合素质**

在素质要求方面，应用型金融营销专业人才不仅要有较高的专业素养，还需要具备一定的综合素养。应用型金融营销专业人才具备的综合素质应包括四个方面，归纳为四个字，分别是：“德”“学”“才”“体”。“德”指的是具备良好的思想道德素质和政治素质，具备正确的世界观、人生观、价值

观，有一定的政治觉悟。“学”指的是应该具备一定的知识，可以归纳为“工”字形知识体系，上边短横指的是应具备政治、法律知识，基本的生活常识和科学知识，包括马列主义基本理论知识、党的各项路线、方针、政策等；中间一竖指的是专业知识，掌握金融营销专业有关专业知识和理论，了解前沿水平和发展趋势；下边长横指的是管理学知识，学会娴熟地运用管理学知识所提供的各种方法、技术和技巧，解决实际工作问题。“才”指的是应具备的专业能力。“体”主要指的是较强的心理素质和身体素质。

**4. 应用拓展**

必须明确应用拓展的内涵与目标，以培养学生精神品质、综合能力、延伸专业核心能力为宗旨，要根据学生的个性差异和兴趣爱好来设计应用拓展项目，重视专业核心能力的提升，创建并逐步完善金融营销专业应用拓展体系。专业知识的熟练运用和能力的充分发挥与较强的责任心和团队合作精神等非专业素养紧密地联系在一起，不仅要致力于拓展学生的专业技能、技术创新等专业素养，还要有利于学生文化素质的陶冶和身心品质的锤炼、促进学生综合能力的全面提升。

## 四、金融营销应用型本科人才培养的课程体系

### （一）理论教学体系设计

理论课程设置应遵循“宽口径，厚基础”的原则，培养学生的思维和创新能力，以解决课程体系的完善问题。理论课程设置应充分体现知识结构的合理性，避免给学生带来学习负担和产生负面效应，以解决课程的量和度的问题。理论课教学应与专业技能培养目标相一致，以解决理论课与专业课的衔接问题。理论课教学应本着“实际、实用”的要求，强调理论与实践的紧密结合，以解决课程的效果问题。

**1. 调整教学计划，体现“学以致用”**

在教学计划的制定上，打破高等院校金融本科专业“三段式”模式（即公共基础课，专业基础课，专业课），按照“双线齐进”的新模式制定教学计

划。双线齐进是指应用技能教学和专业技能教学两条主线齐头并进，三年持续不断。应用技能教学主要包括经济数学，英语，计算机等课程教学，按照课程的难易程度，层次高低及行业需要，安排教学计划；专业技能教学主要包括货币银行学，银行信贷实务，银行储蓄与出纳，证券投资分析，金融企业市场营销，国际金融实务等课程，按照课程的内在联系逐次安排教学进度与计划，从而实现教学内容与教学目标的一致，突出高职高专的应用型特色。

**2. 采取多样化的理论课教学方法**

在讲清经济金融概念的基础上，强化应用、课堂提问、讨论、辩论等形式应占理论课教学课时的1/3，以鼓励学生独立思考，培养其创新意识和能力。

**3. 改变单纯以闭卷笔试为主的理论课考试方式**

适当增加口试、答辩、现场测试、操作演示等多种考试形式，以提高学生综合运用理论知识解决实际问题的能力。

### （二）实践教学体系设计

实践教学以培养学生的认识问题、分析问题、解决问题的能力为目标。实践教学课程设置以培养“岗位群”为出发点，使学生在实际工作中有较强的适应能力。教师队伍以“双师型”建设为重点，满足实践教学的需要。教材建设充分体现专用性和操作性。教学实践环节以培养学生动手能力为主线。

（1）在课程设置上，加大银行业务操作流程，市场营销业务操作流程，证券公司业务操作流程以及银行会计，企业会计等实务方面的比重，实践教学环节在总学分中约占40%。

（2）在教学手段上，鼓励教师使用多媒体课件和教学辅助材料，如电子图书馆、电子教材、电子资料室。在银行会计教学中，可使用模拟商业银行软件；银行信贷教学可使用案例教学软件；证券投资与外汇交易教学可使用多媒体。

（3）在实践教学环节上，建立模拟商业银行、模拟证券公司、模拟保险公司等校内实践基地，使学生不出校门即可初步了解掌握金融业务的基本操作流程。

### （三）素质教育体系的设计

为了全面提高学生的综合素质、构建终身学习型教育理念，素质教育应该全方位贯穿于专业教育教学的全过程，各门显性课程（包括理论教学、实践教学）都有素质教育目标，并成为素质教育的主要渠道。同时积极创设隐性课程，科学安排课外教学活动，结合投身社会实践，使学生在校期间具备适应未来社会工作、学习、生活的基本素质。素质教育实施的途径主要有专业理论课、专业实践课、劳动课、军训课、活动课（体育活动、文化活动、大学生读书活动等）、讲座（科技讲座、人文化科类讲座、社团活动、兴趣小组等）、心理咨询、假期社会实践、专业技能竞赛等。

第二课堂与第一课堂相配合，充分发挥第二课堂的特殊作用。在年度教学计划中，在课堂教学以外组织和引导学生开展各种有教育意义的社会实践活动。以学生为主，自愿参加，在教师的指导下独立开展各种活动，有利于调动学生的积极性、主动性和创造性，形成生动、活泼、自由的学习环境；让学生按照自己的兴趣、爱好和专长在知识的海洋里驰骋，充分体现因材施教的原则。这样接受两个课堂教育和锻炼的学生才能很好地找到自身与社会对接的切点，才能以最快的速度步入社会经济生活，并且充分自信地发挥作用。利用第二课堂开展“三创”教育（创造、创新、创业教育）、成功学教育（包括积极心态、明确的目标、正确的思考方法、高度的自制力、培养领导才能、建立自信心、迷人的个性、创新制胜、充满热忱、专心致志、富有合作精神、正确对待失败、永葆进取心、合理安排时间和金钱、保持身心健康和养成良好的习惯等）、大学生职业生涯规划辅导等，可以为学生走向社会，在社会上发挥自己的才智搭建一座桥梁。

## 五、改革教学方法与手段以适应金融营销应用型本科人才培养的需要

### （一）理论教学

构建“基础 + 专业 + 特色”的模块教学体系，基础指的是公共基础知识，可以设置必修和选修两个环节，专业知识是必修课程，根据市场动态，把握理论前沿，及时更新专业课程，特色模块是根据我校的金融特色和社会发展

趋势，将金融营销专业分为几个方向作为选修课程，同时，根据市场发展和社会需要及时补充相应特色方向，最终达到基础扎实、专业稳固、特色分流。

1. **公共基础知识**

公共基础知识应包括公共必修和选修基础知识两个部分，公共必修基础知识主要由思想道德修养与法律基础、英语、计算机、政治理论课、经济数学、应用文写作等公共课程构成；同时注重文理融合，还需要注意相关知识的学习，开设选修基础课，主要是开设自然科学类、社会科学类、人文艺术类的选修课，允许跨专业的其他专业课作为公共选修课，促进文理相通，让学生有更大的个性发展空间，为学生可持续发展奠定基础。

2. **专业理论知识**

课程设置具体原则有：①“实践、实际、实用”原则，突出金融营销专业教育特色，以培养学生的创新能力和实践能力为宗旨，理论与实践相结合，理论教学侧重于知识的交叉性和应用性，实践教学强调操作技能和创新能力。②强化基础，淡化专业原则。公共课和专业基础课占到一半以上课时，为学生提供了持续发展的可能；淡化各类金融类专业限制，开拓学生思维，使之触类旁通，更易适应变化中的经济金融形势。③主观能动性原则。根据市场和就业的需要，进一步打破专业设置界限，培养复合型的技术应用型人才，增强学生自由选择课程的力度，提高学生自修能力。④提高单位学时效率原则。将逐步大力推广使用多媒体、投影仪等手段教学，以增强学生兴趣，提高教学效率和效果。

3. **特色模块**

应用型金融营销专业人才突出应用，要充分考虑社会对金融营销专业人才的全方位要求，提高学生的综合素养，拓展学生的知识面，注重专业与学科之间的联系，要增强这种联系，必须增加学科发展与专业的敏感度，即增加跨学科专业或方向，突出专业中学科特色的体现，建立特色培养方向，作为地方性金融院校，要突出金融特色，同时紧紧把握市场前沿。

### （二）实践教学

实践教学要强调针对性和适应性，突出技术领域，满足金融营销职业岗位群的需要，重在培养能够在生产工作现场分析和解决实际问题的能力。应用型人才一个非常重要的特点就是具备创新思维和创新能力，能够以不同的角度看待事物，甄选创意资源，并顺畅地表达创新想法，这种能力很大程度上需要在实践教学中锻炼。可以设置一定量的技能训练课程，采取研讨案例、拓展训练等多种方式，为学生创造参加科研的机会，鼓励学生参加相关专项培训以及考取专业证书，使学生在技能培训中提高素质，获得相应的专业技能，综合培养学生的表达能力、适应能力、组织协调能力、沟通能力和分析判断能力。

此外，从应用型人才培养的角度来看，应用转化的关键是缩短人才培养与社会需求的距离，加强校内外实习基地的建设，每年选拔部分学生到实习合作单位顶岗实习，实习形式分散与集中相结合，毕业设计与岗位工作相结合。

### （三）保障措施

**1. 加强师资建设**

金融营销是个应用性很强的专业，根据应用型人才培养对理论基础、能力素养和综合素质的要求，任课教师需要既懂理论又懂实务，而且知识面要求较为宽泛，同时师资队伍具有动态性和时效性，所以必须打造一支理论与技术并进的教学团队，由营销教研室教师、具有行业实践背景的专业技术人员、指导学生实践教学的辅导教师、客座教师共同构成。鼓励教师参与教学建设与改革，全方位提高教师的业务能力和教学水平，对做出贡献的教师给予奖励，建立科学合理的教学评价与激励办法，营造健康的积极向上的工作环境。

**2. 科学教学与考核评价**

目前在金融营销教学过程中，对学生的评价更多地局限于其掌握理论知识的多少，而忽视了对学生潜能的培养。首先，要转变教学观念，要以学生为中心，不仅仅禁锢于对理论知识的讲解，应注重培养学生的学习能力，着重于学生自学能力和创造性创新性思维的培养，克服狭隘的学科局限性，加强教学过程中的文理融合，把最新的前沿的内容包括新见解、新成果、新突破等不断充实到课堂教学内容中，采用现代化的教育手段、灵活运用多种教学方式方法，在课堂中以学生为主体，加入案例讨论、无领导讨论等教法营造民主的教学氛围。其次，要建立合理的学习评价体系，以课程实验和实践教学考察为主，理论考试形式为辅，使学生重视实践教学环节，明确实践教学内容考核办法，制定实践环节的评分细则，使考试更能全面评价学生，促进市场营销专业学生实践能力的提高。

**3. 加强现代化校园建设**

除了进一步完善教学设施和手段之外，必须加强规范化管理，提升校园文化建设，从规划校园环境做起，为广大师生创造一个和谐的学习生活环境；从校风、教风、学风抓起，积极宣传校训，打造具有金融学院特色的大学精神；秉承依法治校、依法治教，增强教职工和学生遵纪守法的意识，保障校园的正常教学、工作和生活秩序；积极开展心理健康知识普及，努力提高大学生的思想政治素质，打造现代化和谐校园。

## 六、启示

国际经济国际化进程加快，国际资本流动加速，使我国金融业面临的压力也越来越大，国民经济连续数年持续快速增长，资金的供给与需求状况已经发生很大变化，这要求金融业能够不断提供高效稳健的金融服务，同时，我国这几年经济的高速发展，使我国成为全球经济举足轻重的一部分，据预测，2040 年左右，中国的经济实力将超过美国。但是，随着中国金融的全面开放，国际资本势力的进入，国际银行家大举深入中国的金融腹地，中国能否在 21 世纪成为世界经济的真正强国，则需要中国在金融体系加强防御能力和竞争能力，需要提早做好金融专业人才的储备，以充分地应对未来的可能的金融大战的威胁。而任何高新技术在转化成社会生产力时，不仅需要的是优秀的学术性、研究性人才，还需要大量掌握这种技术的应用型人才。同时，为使国内企业积极、有效地融入世界一体化进程，高校必须加快培养懂得国际通行规则与惯例的金融、保险、贸易、管理、会计、营销等方面的专业应用型人才，才能提供充足的智力支持，迎接经济全球化。因此，培养高技术、高素质的应用型人才，为高新技术产业的蓬勃发展提供服务，迎接知识经济时代的到来，是我国当代高等教育改革必须解决的重要问题。

## 参考文献

[1] 李季．美国高校市场营销专业人才培养模式研究［J］．成功教育，2013（4）：18－22.

[2] 芮晓武，刘烈宏．中国互联网金融发展报告［M］．北京：社会科学文献出版社，2014.

[3] 徐小龙．关于金融营销人才培养模式创新的思考［J］．北方经济，2012（17）：73－75.

[4] 李洪涛．就业导向的高职教育实践教学目标体系的构建［J］．教书育人，2012（9）：125－126.

[5] 吴英杰．后危机时代的高校金融教学改革：理论发展与实践模式［J］．广东技术师范学院学报（社会科学版），2012（4）.

[6] 谢文德．高校市场营销专业应用型人才培养模式研究［J］．知识经济，2012（11）：46－48.

[7] 黄宇，陈阳．中美高校市场营销专业应用型人才培养模式比较研究及启示［C］．湖南省市场营销学会论文集，2010.

[8] 陈进．网络金融服务［M］．北京：清华大学出版社，2011.

# 附件1　市场营销(金融营销方向)本科专业培养计划

Marketing（Financial Marketing）Major For Bachelor

## 一、培养目标

本专业培养德、智、体、美全面发展，掌握现代市场营销理论和金融营销方法，拥有金融市场开拓、金融营销策划和金融营销管理等方面的能力和创新意识，能胜任金融营销工作的应用型专门人才。

Ⅰ. Target

This major aims at cultivating financial marketing professionals who are well developed in moral, intellectual, physical and aesthetic aspects and modern marketing theories and financial marketing methods. Equipped with comprehensive knowledge in economy, management, financial marketing, the students are able to develop financial markets and construct marketing plans. They can do financial marketing in many financial organizations.

## 二、培养要求

本专业培养具备市场营销及工商管理的基本理论和知识，能够分析和解决金融营销问题的专门人才。本专业注重金融营销方法与技巧方面的基本训练。

毕业生应获得以下几方面的知识和能力：

1. 具有良好的思想政治素质和道德品质，有很强的责任心和敬业精神。

2. 具备参与竞争的良好身心素质，能积极适应并融入社会。

3. 具备良好的实践能力，并在实际工作中体现出创新精神。

4. 具备沟通能力，有良好的团结协作精神。

5. 具备较强的中文表达及写作能力。

6. 具有熟练运用英语和计算机的能力。

7. 系统掌握经济，管理和金融营销的基础知识和专门技能。

8. 具有开展金融市场调研、产品销售、广告策划、促销宣传、顾客服务以及营销战略制定等方面的能力。

9. 熟悉国家有关金融市场营销的方针、政策和相关的经济法规。

10. 具有创新意识和分析问题、解决问题的能力，能独立从事市场营销实际工作。

Ⅱ. Requirements

The major aims at cultivating students who have basic knowledge and capability in financial marketing and business administration, and who possess basic skills to analyze and solve financial marketing problems. The major lays emphasis on the training of basic methods and skills in financial marketing.

Our graduates have the following knowledge and abilities:

1. Be morally excellent and dedicated.

2. Be healthy mentally and physically and willing to accommodate the environment and participate in the society.

3. Be creative and willing to practice in their work.

4. Have communicative skills and team work spirit.

5. Be good at expressing their ideas in oral and written Chinese.

6. Have good command of English and computer applications.

7. Possess basic knowledge and skills in economics, management, and financial marketing.

8. Be able to carry out financial marketing research, selling, advertisement

planning, sales promotion, customer service and marketing strategy formulation.

9. Be familiar with relevant policies, regulations and laws in financial marketing.

10. Possess problem－solving skills, creativity and practical abilities to do marketing work.

## 三、核心课程

市场营销学、管理学、营销精要（全英语）、现代服务营销（全英语）、金融营销学、消费者行为学、商务文化与交流（全英语）、金融市场学。

Ⅲ. Core Courses

Marketing, Management, Essentials of Marketing (English Teaching), Modern Service Marketing (English Teaching), Financial Marketing, Customer Behavior, Business Culture and Communication (English Teaching), Financial Markets.

## 四、主要实践性教学环节

专业实验、综合实验、专业实习、毕业实习、毕业论文（设计）、军事理论与训练、第二课堂、实验超市项目、创新创业教育项目、创新创业教育课程。

Ⅳ. Main Practice Teaching

Major Experiment, Comprehensive Experiment, Major Practice, Graduation Practice, Graduation Thesis (Project), Military Theory and Training, Extra curricula Activity, Experimental Supermarket Project, Innovation and Enterprise Project, Innovation and Enter-prise Education.

## 五、主要专业实验

市场营销专业实验、金融营销综合实验、实验超市项目、创新创业教育项目。

Ⅴ. Main Major Practice Teaching

Marketing Experiment，Financial Marketing Comprehensive Experiment，Experimental Supermarket Project，Innovation and Entrepreneurship Project.

## 六、修业年限：四年

Ⅵ. Years for Completing the Subject：4

## 七、授予学位：管理学学士

Ⅶ. Degree：Bachelor of Management

## 八、教学安排表（参见附表一）

Ⅷ. Teaching Arrangement Table（Appendix Ⅰ）

## 九、实践教学安排表（参见附表二）

Ⅸ. Practice Teaching Arrangement Table（Appendix Ⅱ）

## 附表一 （Appendix I）

# 教学安排表
# （Teaching Arrangement Table）

学制：四年（4 Years）　　　　专业：市场营销（金融营销方向）Major：Marketing（Financial Marketing）

| 课程模块（Curriculum Module） | 所属院系（Department） | 课程代码（Codes） | 课程名称（Course Names） | 学分（Credits） | 学时（Period） | 学时分配（Allocation of Period）理论教学（Total Class Hours for Theory Teaching） | 课内实践（Class Hours for Practice） | 按学期周学时分配（Credit Distribution in Academic Terms）一 | | 二 | | 三 | | 四 | |
|---|---|---|---|---|---|---|---|---|---|---|---|---|---|---|---|
| | | | | | | | | 1 | 2 | 3 | 4 | 5 | 6 | 7 | 8 |
| 公共基础模块（Basic Common Learning） | 10 | 130×0340 | 形势与政策（Current Affairs and State Policies） | | | | | | | | | | | | |
| | 14 | 131×0586 | 大学生健康教育与体质测试（Health Education for College Students and Physique Test） | 1 | | | | | | | | | | | |
| | 10 | 13660482 | 毛泽东思想和中国特色社会主义理论体系概论（Introduction to Mao Zedong's Thought and Chinese Characteristic Socialism Theories） | 6 | 102 | 68 | 34 | | | | 6 | | | | |

续 表

| 课程模块（Curriculum Module） | 所属院系（Department） | 课程代码（Codes） | 课 程 名 称（Course Names） | 学分（Credits） | 学时（Period） | 学时分配（Allocation of Period） |  | 按学期周学时分配（Credit Distribution in Academic Terms） |  |  |  |  |  |  |  |
|---|---|---|---|---|---|---|---|---|---|---|---|---|---|---|---|
|  |  |  |  |  |  | 理论教学（Total Class Hours for Theory Teaching） | 课内实践（Class Hours for Practice） | 一 |  | 二 |  | 三 |  | 四 |  |
|  |  |  |  |  |  |  |  | 1 | 2 | 3 | 4 | 5 | 6 | 7 | 8 |
| 公共基础模块（Basic Common Learning） | 10 | 13330441 | 马克思主义基本原理概论（Introduction to Primary Principles of Marxism） | 3 | 51 | 45 | 6 |  |  | 3 |  |  |  |  |  |
|  | 10 | 13330438 | 思想道德修养与法律基础（Moral Education and Basics of Law） | 3 | 51 | 34 | 17 |  | 3 |  |  |  |  |  |  |
|  | 10 | 13220437 | 中国近现代史纲要（Outline of Modern Chinese History） | 2 | 32 | 26 | 6 | 2 |  |  |  |  |  |  |  |
|  | 10 | 13220350 | 应用文写作（Practical Article Writing） | 2 | 34 | 34 |  |  |  | 2 |  |  |  |  |  |
|  | 05 | 13331854 | 剑桥商务英语（初级）（一）（全英语考证课）（BEC Preliminary Level I English Teaching） | 3 | 48 | 48 |  | 3 |  |  |  |  |  |  |  |
|  | 05 | 13331855 | 剑桥商务英语（初级）（二）（全英语考证课）（B EC Preliminary LevelII English Teaching） | 3 | 51 | 51 |  |  | 3 |  |  |  |  |  |  |

续　表

| 课程模块（Curriculum Module） | 所属院系（Department） | 课程代码（Codes） | 课程名称（Course Names） | 学分（Credits） | 学时（Period） | 学时分配（Allocation of Period） | | 按学期周学时分配（Credit Distribution in Academic Terms） | | | | | | | |
|---|---|---|---|---|---|---|---|---|---|---|---|---|---|---|---|
| | | | | | | 理论教学（Total Class Hours for Theory Teaching） | 课内实践（Class Hours for Practice） | 一 | | 二 | | 三 | | 四 | |
| | | | | | | | | 1 | 2 | 3 | 4 | 5 | 6 | 7 | 8 |
| 公共基础模块（Basic Common Learning） | 05 | 13331856 | 剑桥商务英语（中级）（一）（全英语考证课）（BEC Vantage LevelI English Teaching） | 3 | 51 | 51 | | | | 3 | | | | | |
| | 05 | 13331857 | 剑桥商务英语（中级）（二）（全英语考证课）（BEC Vantage Level II English Teaching） | 3 | 51 | 51 | | | | | 3 | | | | |
| | 14 | 13120289 | 体育（一）（Physical Education I） | 1 | 32 | 2 | 30 | 2 | | | | | | | |
| | 14 | 13120290 | 体育（二）（Physical Education II） | 1 | 34 | 2 | 32 | | 2 | | | | | | |
| | 14 | 13120291 | 体育（三）（Physical Education III） | 1 | 34 | 2 | 32 | | | 2 | | | | | |
| | 14 | 13120292 | 体育（四）（Physical EducationIV） | 1 | 34 | 2 | 32 | | | | 2 | | | | |

续 表

| 课程模块（Curriculum Module） | 所属院系（Department） | 课程代码（Codes） | 课 程 名 称（Course Names） | 学分（Credits） | 学时（Period） | 学时分配（Allocation of Period） | | 按学期周学时分配（Credit Distribution in Academic Terms） | | | | | | | |
|---|---|---|---|---|---|---|---|---|---|---|---|---|---|---|---|
| | | | | | | 理论教学（Total Class Hours for Theory Teaching） | 课内实践（Class Hours for Practice） | 一 | | 二 | | 三 | | 四 | |
| | | | | | | | | 1 | 2 | 3 | 4 | 5 | 6 | 7 | 8 |
| 公共基础模块（Basic Common Learning） | 03 | 13330158 | 计算机应用基础（一）（计算机一级考证课）（Applied Computer BasicsI） | 3 | 48 | 24 | 24 | 3 | | | | | | | |
| | 12 | 13441858 | 经济应用数学基础（一）（Economic Mathematics I） | 4 | 64 | 64 | | 4 | | | | | | | |
| | 12 | 13221859 | 经济应用数学基础（二）（Economic Mathematics II） | 2 | 34 | 34 | | | 2 | | | | | | |
| | 12 | 13331860 | 经济应用数学基础（三）（Economic Mathematics III） | 3 | 51 | 51 | | | | 3 | | | | | |
| | 05 | 13111833 | 工商管理导引（新生研讨课）（Introduction of Business Management） | 1 | 16 | 16 | | 1 | | | | | | | |
| | 小计（Subtotal） | | | 46 | 818 | 605 | 213 | 15 | 10 | 13 | 11 | | | | |

续 表

| 课程模块（Curriculum Module） | 所属院系（Department） | 课程代码（Codes） | 课程名称（Course Names） | 学分（Credits） | 学时（Period） | 学时分配（Allocation of Period） | | 按学期周学时分配（Credit Distribution in Academic Terms） | | | | | | | |
|---|---|---|---|---|---|---|---|---|---|---|---|---|---|---|---|
| | | | | | | 理论教学（Total Class Hours for Theory Teaching） | 课内实践（Class Hours for Practice） | 一 | | 二 | | 三 | | 四 | |
| | | | | | | | | 1 | 2 | 3 | 4 | 5 | 6 | 7 | 8 |
| 公共基础模块（博雅教育）（Basic Public Optional Courses Liberal Education） | | | 应选（Required Credits） | 8 | 见“公共基础选修课（博雅教育）安排表”（See the Arrangement Table of Basic Public Optional Courses [Liberal Education] for Undergraduates） | | | | | | | | | | |
| 专业基础模块（Basic Courses） | 04 | 33331748 | 经济学原理（Principles of Economics） | 3 | 51 | 45 | 6 | | 3 | | | | | | |
| | 01 | 33330180 | 金融学（Finance） | 3 | 51 | 51 | 6 | | | | 3 | | | | |
| | 02 | 33330144 | 会计学（Accounting） | 3 | 51 | 45 | 6 | | 3 | | | | | | |
| | 12 | 33330293 | 统计学（Statistics） | 3 | 51 | 45 | 6 | | | | 3 | | | | |

续 表

| 课程模块（Curriculum Module） | 所属院系（Department） | 课程代码（Codes） | 课程名称（Course Names） | 学分（Credits） | 学时（Period） | 学时分配（Allocation of Period） | | 按学期周学时分配（Credit Distribution in Academic Terms） | | | | | | | |
|---|---|---|---|---|---|---|---|---|---|---|---|---|---|---|---|
| | | | | | | 理论教学（Total Class Hours for Theory Teaching） | 课内实践（Class Hours for Practice） | 一 | | 二 | | 三 | | 四 | |
| | | | | | | | | 1 | 2 | 3 | 4 | 5 | 6 | 7 | 8 |
| 专业基础模块（Basic Courses） | 05 | 33330103 | 管理学（Management） | 3 | 51 | 45 | 6 | | 3 | | | | | | |
| | 02 | 33330029 | 财务管理学（Financial Management） | 3 | 51 | 45 | 6 | | | | | | 3 | | |
| | 01 | 33330295 | 投资学（Investment） | 3 | 51 | 42 | 9 | | | | | 3 | | | |
| | 05 | 33330232 | 人力资源管理（Human Resource Management） | 3 | 51 | 42 | 9 | | | 3 | | | | | |
| | 05 | 33331934 | 物流理论与实务（Logistics Theory and Practice） | 3 | 51 | 42 | 9 | | | | | 3 | | | |
| | 05 | 33330325 | 消费者行为学（Consumer Behavior） | 3 | 51 | 42 | 9 | | | | | 3 | | | |
| | 05 | 33331935A | 现代服务营销（全英语）（Modern Service Marketing English Teaching） | 3 | 51 | 42 | 9 | | | | | 3 | | | |

续 表

| 课程模块（Curriculum Module） | 所属院系（Department） | 课程代码（Codes） | 课程名称（Course Names） | 学分（Credits） | 学时（Period） | 学时分配（Allocation of Period）理论教学（Total Class Hours for Theory Teaching） | 学时分配（Allocation of Period）课内实践（Class Hours for Practice） | 按学期周学时分配（Credit Distribution in Academic Terms）一 1 | 一 2 | 二 3 | 二 4 | 三 5 | 三 6 | 四 7 | 四 8 |
|---|---|---|---|---|---|---|---|---|---|---|---|---|---|---|---|
| 专业基础模块（Basic Courses） | 05 | 33330183 | 金融营销学（Financial Marketing） | 3 | 51 | 42 | 9 | | | | | | 3 | | |
| | 05 | 33330243A | 商务文化与交流（全英语）（Business Culture and Communication English Teaching） | 3 | 51 | 42 | 9 | | | | | 3 | | | |
| | 05 | 33330823A | 营销精要（全英语）（Essentials of Marketing English Teaching） | 3 | 51 | 42 | 9 | | | | 3 | | | | |
| | | | 小计（Subtotal） | 42 | 714 | 612 | 108 | | 9 | 3 | 9 | 15 | 6 | | |
| 职业资格模块（必修）（Occupation Qualification） | 05 | Z33331916 | 市场营销（营销经理从业资格证书考证课）（Marketing） | 3 | 51 | 42 | 9 | | | 3 | | | | | |
| | 05 | Z33221917 | 银行从业公共基础（银行从业资格考证课）（Basic knowledge of Bank） | 2 | 34 | 28 | 6 | | | | | | 2 | | |
| | | | 小计（Subtotal） | 5 | 85 | 70 | 15 | | | 3 | | | 2 | | |

续 表

| 课程模块（Curriculum Module） | 所属院系（Department） | 课程代码（Codes） | 课程名称（Course Names） | 学分（Credits） | 学时（Period） | 学时分配（Allocation of Period） | | 按学期周学时分配（Credit Distribution in Academic Terms） | | | | | | | |
|---|---|---|---|---|---|---|---|---|---|---|---|---|---|---|---|
| | | | | | | 理论教学（Total Class Hours for Theory Teaching） | 课内实践（Class Hours for Practice） | 一 | | 二 | | 三 | | 四 | |
| | | | | | | | | 1 | 2 | 3 | 4 | 5 | 6 | 7 | 8 |
| 职业资格模块（选修）（Occupation Qualification） | 05 | Z53221918 | 个人贷款（银行从业资格证书考证课）（Personal Loans） | 2 | 34 | 28 | 6 | | | | | | 2 | | |
| | 05 | Z53221919 | 个人理财（银行从业资格证书考证课）（Personal finance） | 2 | 34 | 28 | 6 | | | | | | 2 | | |
| | 05 | Z53221920 | 公司信贷（银行从业资格证书考证课）（Business Credit） | 2 | 34 | 28 | 6 | | | | | | 2 | | |
| | 小计（Subtotal） | | | 6 | 102 | 84 | 18 | | | | | | 6 | | |
| | 应选（Required Credits） | | | 2 | | | | | | | | | | | |
| 专业选修模块（Occupation Skill） | 05 | 53220653 | 市场调研与预测（Marketing Research and Forecast） | 2 | 34 | 28 | 6 | | | | | 2 | | | |
| | 05 | 53221921 | 网络营销实务（Internet Marketing Practice） | 2 | 34 | 28 | 6 | | | | | 2 | | | |
| | 05 | 53331933 | 谈判与沟通技巧（Negotiation and Communication Skill） | 3 | 51 | 42 | 9 | | | | | | 3 | | |

续　表

| 课程模块（Curriculum Module） | 所属院系（Department） | 课程代码（Codes） | 课程名称（Course Names） | 学分（Credits） | 学时（Period） | 学时分配（Allocation of Period） |  | 按学期周学时分配（Credit Distribution in Academic Terms） |  |  |  |  |  |  |  |
|---|---|---|---|---|---|---|---|---|---|---|---|---|---|---|---|
|  |  |  |  |  |  | 理论教学（Total Class Hours for Theory Teaching） | 课内实践（Class Hours for Practice） | 一 |  | 二 |  | 三 |  | 四 |  |
|  |  |  |  |  |  |  |  | 1 | 2 | 3 | 4 | 5 | 6 | 7 | 8 |
| 专业选修模块（Occupation Skill） | 05 | 53331936A | 国际营销实务（全英语）（International Marketing Practice English Teaching） | 3 | 51 | 42 | 9 |  |  |  |  |  | 3 |  |  |
|  | 05 | 53221926 | 营销渠道管理实务（Marketing Channel Management Practice） | 2 | 34 | 28 | 6 |  |  |  |  | 2 |  |  |  |
|  | 05 | 53221924 | 会展实务（Conferences and ExhibitionsPractice） | 2 | 34 | 28 | 6 |  |  |  |  | 2 |  |  |  |
|  | 05 | 53330828B | 广告理论与实务（双语）（Advertisement Theory and Practice Bilingual Teaching） | 3 | 51 | 42 | 9 |  |  |  |  | 3 |  |  |  |
|  | 05 | 53221927 | 营销策划实务（Marketing Planning Practice） | 2 | 34 | 28 | 6 |  |  |  |  |  |  | 2 |  |
|  | 01 | 53330476A | 金融市场学（全英语）（Financial Markets English Teaching） | 3 | 51 | 51 |  |  |  |  |  |  | 3 |  |  |

续 表

| 课程模块（Curriculum Module） | 所属院系（Department） | 课程代码（Codes） | 课程名称（Course Names） | 学分（Credits） | 学时（Period） | 学时分配（Allocation of Period） | | 按学期周学时分配（Credit Distribution in Academic Terms） | | | | | | | |
|---|---|---|---|---|---|---|---|---|---|---|---|---|---|---|---|
| | | | | | | 理论教学（Total Class Hours for Theory Teaching） | 课内实践（Class Hours for Practice） | 一 | | 二 | | 三 | | 四 | |
| | | | | | | | | 1 | 2 | 3 | 4 | 5 | 6 | 7 | 8 |
| 专业选修模块（Occupation Skill） | 01 | 53331066 | 商业银行学（Commercial Banks） | 3 | 51 | 51 | | | | | | | 3 | | |
| | 05 | 53330197 | 客户关系管理（Customer Relationship Management） | 3 | 51 | 42 | 9 | | | | | | 3 | | |
| | 05 | 53221922 | 互联网金融营销（Internet Marketing of Financial Service） | 2 | 34 | 28 | 6 | | | | | | | 2 | |
| | 12 | 53331530 | SAS 商业数据挖掘（SAS Business Data Mining） | 3 | 51 | 42 | 9 | | | | | | | 3 | |
| | 05 | 53331923 | 创业营销实务（Marketing Practiceof Entrepreneurship） | 3 | 51 | 42 | 9 | | | | | | | 3 | |
| | 小计（Subtotal） | | | 36 | 612 | 522 | 90 | | | | | 11 | 15 | 10 | |
| | 应选（Required Credits） | | | 18 | | | | | | | | | | | |
| 专业实践模块（Practice Courses） | 小计（Subtotal） | | | | 27 | 见实践教学安排表（Practice Teaching Arrangement Table） | | | | | | | | | |
| 合计（Total） | | | | | 148 | | | | | | | | | | |

# 附表二 （Appendix II）

## 实践教学安排表
## （Practice Teaching Arrangement Table）

学制：四年（4 Years）

专业：市场营销（金融营销方向）Major：Marketing（Financial Marketing）

| 课程模块（Curriculum Module） | 实践名称（Types） | 课程名称（Course） | 课程代码（Codes） | 学分（Credits） | 周数（Weeks） | 按学年及学期分配（Allocation of Years and Semesters）第一学年（1st Year） | | 第二学年（2nd Year） | | 第三学年（3rd Year） | | 第四学年（4th Year） | |
|---|---|---|---|---|---|---|---|---|---|---|---|---|---|
| | | | | | | 第一学期（1st） | 第二学期（2nd） | 第三学期（3rd） | 第四学期（4th） | 第五学期（5th） | 第六学期（6th） | 第七学期（7th） | 第八学期（8th） |
| 专业实践模块（必修）（Compulsory Courses for Major Practice Teaching） | 专业实验（Major Experiment） | 模拟银行业务（Simulation Banking） | 6322 1805 | 2 | 16 | | | | | | 2 | | |
| | | 市场营销专业实验（Marketing Experiment） | 6322 1448 | 2 | 16 | | | | | 2 | | | |
| | 综合实验（Comprehensive Exper iment） | 金融营销综合实验（FinanciaMarketing Compreh ensive Experiment） | 6322 1929 | 2 | 16 | | | | | | 2 | | |
| | 金融机构专业实习（Major Practice） | | 631 × 1932 | 1 | 4 | | | | | | 1 | | |

续 表

| 课程模块 (Curriculum Module) | 实践名称 (Types) | 课程名称 (Course) | 课程代码 (Codes) | 学分 (Cre-dits) | 周数 (We-eks) | 按学年及学期分配 (Allocation of Years and Semesters) | | | | | | | |
|---|---|---|---|---|---|---|---|---|---|---|---|---|---|
| | | | | | | 第一学年 (1st Year) | | 第二学年 (2nd Year) | | 第三学年 (3rd Year) | | 第四学年 (4th Year) | |
| | | | | | | 第一学期 (1st) | 第二学期 (2nd) | 第三学期 (3rd) | 第四学期 (4th) | 第五学期 (5th) | 第六学期 (6th) | 第七学期 (7th) | 第八学期 (8th) |
| 专业实践模块（必修）(Compulsory Courses for Major Practice Teaching) | 金融行业实践（Practice in Financial Industry） | | 631×1930 | 1 | 4 | | | | | 1 | | | |
| | 毕业实习（顶岗实习）(Graduation Practice) | | 636×1931 | 6 | 12 | | | | | | | | 6 |
| | 毕业设计（论文）(Graduation Project Thesis) | | 636×0021 | 6 | 8 | | | | | | | | 6 |
| | 军事理论与训练（Military Theory and Training） | | 631×0628 | 1 | | | 1 | | | | | | |
| | 小计（Subtotal） | | | 21 | | | | | | | | | |
| 专业实践模块（选修）(Optional Courses for Major Practice Teaching) | 第二课堂（Extra curricula Activity） | | 632×0589 | 2 | √ | √ | √ | √ | √ | √ | √ | √ | √ |
| | 实验超市项目（Experimental Supermarket Project） | | | | 2 | | √ | √ | √ | √ | √ | √ | √ |
| | 创新创业教育课程（Innovation and Entrepreneurship Education Course） | | | | 2 | | √ | √ | √ | √ | √ | √ | √ |
| | 应选（Required Credits） | | | | 6 | | | | | | | | |
| 小计（Subtotal） | | | | | 27 | | | | | | | | |

注：实验超市项目、创新创业教育课程见“实验超市项目安排表”“创新创业教育课程安排表”。

Note: Experimental Supermarket Project and Innovation and Enterprise Education Course refer to Experimental Supermarket Project Arrangement Table and Enterprise Education Course Arrangement Table respectively.

# 附件 2　金融营销应用型本科教学改革创新理论与实践总结报告

## 一、试点专业人才培养方案的研制修订情况

### 1. 开展试点专业人才培养目标定位调研论证

试点专业全体教师就市场营销专业的培养目标定位、适应岗位和培养方法曾走访了上海部分开设市场营销专业的职业院校和国内同类本科院校，对相关资料进行了搜集、分析和比较。同时，还对社会各界及用人单位对市场营销人才培养的看法和毕业生评价意见进行了调查，分析了上海社会经济发展，特别是金融行业对不同层次的市场营销人才的需求。在此基础上，多次组织专题讨论会，分别邀请校内外专家对人才培养目标定位、适应岗位、培养方法进行了研究和论证，形成了一致性的看法。

通过调研国内开设市场营销专业的高校有 520 多家，本科高校以金融营销为市场营销专业方向的院校尚不多见，作为原人民银行总行系统的金融院校，我们的试点专业将金融和营销有机结合起来，以金融营销方向作为专业建设的特色，直接面向金融机构培养营销人才。把培养应用型金融营销人才作为本专业建设的宗旨，依托上海立信会计金融学院的金融历史背景，充分利用金融专业资源和金融行业资源，按照金融行业和职业岗位所需要的专业知识、能力和素质作为本专业建设的方向，实现专业建设与金融企业需求无缝对接，凸显金融特色。

2. **形成具有行业特色的试点专业人才培养目标定位**

对应我校整体定位和办学特色，本试点专业确定了“培养德、智、体、美全面发展，掌握现代市场营销理论和金融营销方法，拥有金融市场开拓、金融营销策划和金融营销管理等方面的能力和创新意识，能胜任金融营销工作的应用型专门人才”的培养目标。毕业生主要面向网络银行、各类投资公司、保险、证券、期货、金融咨询及其他金融机构等企事业单位，从事市场调研与信息处理、客户开发与管理、金融产品销售、营销策划与执行、客户服务等金融营销和金融营销管理工作的应用型、复合型、创新型、国际化的高技能人才。

金融营销试点专业在建设中充分利用学校专业资源和金融行业资源，按照金融行业和职业岗位所需要的专业知识、能力和素质作为本专业建设的方向，对接就业岗位、对接岗位能力、对接职业资格证书要求，将职业标准融入课程标准、职业技能鉴定考核融入课程考核，实现课程内容与职业标准对接，课程考核标准和职业技能鉴定标准完全一致。实现本科毕业证书与职业资格证书两类证书内涵的衔接与对应，将职业标准融入课程标准之中，实现学历教育与职业资格的融通。

在金融营销试点专业的人才培养方案中，我们以“专业课程对接就业岗位”为切入点，学校、金融行业、金融企业和有关社会组织等多方参与，共同构建“培养职业素质、强化专业技能、就业岗位明确”的模块化课程体系。在职业岗位能力课程中，选择学生要参加考试或者鉴定的职业岗位，开设相应课程，实现课程对接就业岗位。我们对现有的课程内容进行了调整，将理论课程向应用方向转化，由理论性内容向实务性内容倾斜，融入现代职业标准和从业职业资格要求，课程设置将学历教育与职业教育有机结合，学生的实践课程、实验课程和毕业设计融入以金融企业服务和经营实际问题为导向，实现课程内容与职业标准相对接。

3. **讨论确定试点专业人才培养方案与建设思路**

为此，以金融营销为方向制定了一套完整的人才培养方案和专业课程体系。课程体系以满足金融营销岗位的专业人才需求为导向，突出金融与营销交叉的知识内涵，使得学生既具备金融专业基础，又掌握营销理论和营销实务技能。

一是“产教融合”，以“产教融合”作为专业建设的核心。从人才培养方案制定、课程体系开发、教学过程实施到考核评估的全过程，实现深度的“校企”合作。让产业和行业的专家参与人才培养过程，同时，也让学校的教学过程与金融行业的服务过程有机融合，实现人才的综合培养。

二是对接标准，以对接职业标准作为专业建设的基础。将职业标准融入课程标准、职业技能鉴定考核融入课程考核，实现课程内容与职业标准无缝对接，课程考核标准和职业技能鉴定标准完全一致。

三是突出特色，以金融营销方向作为专业建设的特色。把培养应用型金融营销人才作为本专业建设的宗旨，依托上海金融学院的金融历史背景，充分利用金融专业资源和金融行业资源，按照金融行业和职业岗位所需要的专业知识、能力和素质作为本专业建设的方向，实现专业建设与金融企业需求无缝对接，凸显金融营销特色。

四是塑造品牌，以建设高水平的品牌专业作为专业建设目标。专业建设借鉴国际高水平同类专业建设的模式和要求，参照国际认证标准，坚持“高起点、严要求”，努力建设成上海市和金融行业高度认可的特色鲜明的本科优质品牌专业。

**4. 制定试点专业人才的培养途径与课程体系**

一是建立“中本贯通”“本硕贯通”的课程体系。在课程体系结构上，采用模块化的课程方式与专业有效衔接，打造中职教育与本科升级版模块课程。同时，也注意与专业硕士的课程体系保持有机联系，为学生进入专业硕士阶段的深造奠定必要的专业基础。

二是引进了美国市场营销管理协会（AMMA）营销人才评价标准和国内金融从业人员职业标准，借鉴国外先进金融营销人才培养课程体系，重新构建课程体系，使得课程设置与金融行业就业岗位需求的标准相一致。为此，将增加与职业资格鉴定相结合的职业岗位综合能力课程模块，构建以金融营销能力为本，符合金融服务行业标准的课程体系。

三是以金融营销为方向建立专业课程体系。课程体系以满足金融营销岗位的人才需求为导向，突出金融与营销交叉的知识内涵，使得学生既具备金融专业基础，又掌握营销理论和营销实务技能。

四是建立本科毕业证书与职业资格证书相互融通的课程体系。实现两类证书内涵的衔接与对应，将职业标准融入课程标准之中，实现学历教育与职业资格培训的融通，实现“一教双证”。让学生在学习完成相关课程后，就可以参加职业资格鉴定，凸显“课岗融合、课证融合”课程设置的优势。

课程体系建设对按照学科建立的传统课程体系进行深度变革，建立以岗位和能力为主线的课程体系。金融营销试点专业人才培养方案实行了全校统一的模块化课程体系，有公共基础模块、专业基础模块、职业资格模块、专业选修模块和专业实践模块五个模块。其中，职业资格模块和专业实践模块包括必修课程和选修课程两个子模块组成。职业资格模块直接对接营销经理从业资格证书和银行从业资格证书。本专业人才培养方案执行4年的标准学制，学生可在4~6年内完成学业。毕业学分不少于148学分，其中，必修课为114学分，占77%；选修课为34学分，占23%；职业考证课程为22学分，占14.9%；专业实践教学课程为27学分，占18.2%。

课程建设及教学方法遵循“三个对接”原则，即专业课程对接就业岗位，课程内容对接职业标准，教学方法对接岗位能力。

一是专业课程对接就业岗位。以“专业课程对接就业岗位”为切入点，学校、金融行业、金融企业和有关社会组织等多方参与，共同构建“培养职业素质、强化专业技能、就业岗位明确”的模块化课程体系。在职业岗位能力课程中，选择学生要参加考试或者鉴定的职业岗位，开设相应课程，实现课程对接就业岗位。

二是课程内容对接职业标准。将现有的课程内容进行调整，将理论课程向应用方向转化，由理论性内容向实务性内容倾斜，融入现代职业标准和从业职业资格要求，课程设置将学历教育与职业教育有机结合，学生的实践课程、实验课程和毕业设计融入以金融企业的服务和经营实际问题为导向，实现课程内容与职业标准相对接。增大实际应用课程的比重，为此，将开发和编写符合专业特色要求的教材，包括《融营销学》《金融营销案例》《金融营销实训教程》《金融服务推销实训教程》《商务谈判实训教程》《金融营销策划实训教程》《金融服务客户关系管理实训教程》《金融网络营销实训教程》

等实践实训教材。

三是教学方法对接岗位能力。采取以能力培养为主的教学方法。以理论教学为基础，应用型教学为主导。弱化讲授教学法，广泛采用真实案例教学法、项目教学方法、角色扮演教学法、情境教学法、合作式教学法、教练式教学法和实战教学法等多种能有效提升学生实践能力的教学方法。改革学生考核方式，对部分实务课程引进行业专家评价，实行职业资格考试与课程考试对接的考核方式。

## 二、“双证融通”的落实情况

### 1. 试点专业所选取职业证书的必要性

本专业立足于“市场营销（金融营销）”这一跨金融与营销两大重要领域，主要面向网络银行、各类投资公司、保险、证券、期货、金融咨询及其他金融机构等企事业单位，培养具有更高层次经济、管理、市场营销、金融和法律等方面的专业理论知识，具备营销服务业务技能，信息技术和外语能力兼优，沟通交际、时间管理、团队合作等通用能力，能在金融服务第一线从事调研与信息处理、客户开发与管理、金融产品销售、营销策划与执行、客户服务等市场营销（金融营销）管理工作，具有扎实的职业生涯发展基础的应用型、复合型、创新型、国际化的高技能人才。

### 2. 所选取职业证书的特性

（1）行业广泛认同的权威性。

中国市场学会经国家民政部批准于 1991 年成立，是全国知名的社会团体，由从事市场和营销理论研究的专家学者、从事营销实务的企业及经济管理部门的高层主管人员组成。中国市场学会颁发的“市场营销经理助理资格证书”在各行业具有良好的声誉。“市场营销经理资格证书”为营销管理人员提供了一个业务标准，被用人单位在社会上招聘营销管理人员作为重要的参考标准和依据。中国市场学会主办的全国高校市场营销大赛深受全国高校师生和企业界欢迎。中国市场学会有关营销职业技能鉴定和资格认证在国内外享有较高声誉，其权威性、专业性和公正性得到了社会各界的认可。

中国银行业协会成立于2000年，是由中华人民共和国境内注册的各商业银行、政策性银行自愿结成的非盈利性社会团体，经中国人民银行批准并在民政部门登记注册，是我国银行业的自律组织。该协会及其业务接受中国人民银行的指导、监督和民政部的管理。中国银行业协会负责建立并推行银行业从业人员资格认证制度，对从事银行业专业岗位人员的学识、技术和能力提出基本要求。自2006年试点考试以来，中国银行业协会组织实施的中国银行业从业人员资格认证考试得到了广大会员单位和从业人员的普遍认可与支持，建立了广泛的行业公信力和社会认可度。

（2）与本科学历培养层次的匹配性。

在金融行业，报考资格证书要求的条件并不高，银行从业资格证、证券从业资格证、会计从业资格证等，只需要具备高中及以上文凭就能报考。但是，主流的金融机构越来越注重金融营销岗位员工的素质和发展潜力。金融营销岗位已经从传统的体力岗位转变为智力岗位。针对金融营销专业资格证书对学历要求的调查中，大专及以上学历的占82.61%，中职类的占17.39%。一方面，这反映出大专及以上学历的考取资格证书受限较小。另一方面，也表明以银行为主体的金融机构既注重金融营销岗位的学历层次，又关注金融营销岗位的职业技能鉴定。获得银行业从业人员资格证书是市场营销专业大学生在银行业从事金融营销岗位的基本能力要求。根据金融机构对营销人才需求的发展趋向，在金融营销本科人才培养中必然需要建立本科毕业证书与职业资格证书相互融通的课程体系。实现两类证书内涵的衔接与对应，将职业标准融入课程标准之中，实现学历教育与职业资格培训的融通，实现“一教双证”。让学生在学习完成相关课程后，就可以参加职业资格考试，凸显“课岗融合、课证融合”课程设置的优势。从事金融营销岗位的人才既需要具备市场营销理论与技能，又需要深入理解金融服务行业的特点和金融业发展规律。我们对这些职业资格证书的选择与金融营销岗位人才的培养具有良好的匹配性。

（3）与该专业培养方向和特色的匹配性。

本专业以金融营销方向作为专业建设的特色。把培养应用型金融营销人才作为本专业建设的宗旨，依托上海金融学院的金融历史背景，充分利用金融专业资源和金融行业资源，按照金融行业和职业岗位所需要的专业知识、能力和素质作为本专业建设的方向，实现专业建设与金融企业需求无缝对接，凸显金融特色。为此，以金融营销为方向建立专业课程体系。课程体系以满足金融营销岗位的人才需求为导向，突出金融与营销交叉的知识内涵，使得学生既具备金融专业基础，又掌握营销理论和营销实务技能。

本专业充分利用学校专业资源和金融行业资源，按照金融行业和职业岗位所需要的专业知识、能力和素质作为本专业建设的方向，对接就业岗位、对接岗位能力、对接职业资格证书要求，将职业标准融入课程标准、职业技能鉴定考核融入课程考核，实现课程内容与职业标准无缝对接，课程考核标准和职业技能鉴定标准完全一致。实现本科毕业证书与职业资格证书两类证书内涵的衔接与对应，将职业标准融入课程标准之中，实现学历教育与职业资格培训的融通。

## 三、“校企”合作进展情况

**1. 学校与金融行业联手推进专业建设**

首先是成立专业建设指导委员会，由“校企”双方代表和有关专家组成，通过制定章程，对专业建设进行规划，明确校企合作的内容和方式，建立日常性联络制度，形成长效合作机制。在人才培养模式创新、课程体系重构、课程标准制定、教学方式改革、实训教材开发、评价模式构建、金融营销人员入职标准制定、金融营销实战案例库开发、双师结构队伍建设等多个方面，学校都与金融行业、金融企业共同进行调研，联合完成。

**2. “校企”建立互相融合的紧密型合作关系**

与知名的金融企业建立稳定的合作办学关系，整合双方的办学资源，建立互利互惠的双赢办学模式。金融企业选派人员担任学校的兼职老师和实训实习指导教师，学校选派教师到金融企业挂职锻炼、顶岗实践。整合双方资源，“校企”联合共同开发模块化课程，将部分入职培训课程以及实践类的实务课程设在企业实习中心进行，由企业培训教师实施完成，学校负责指导和监控教学全过程。

成立本专业的“校企”合作委员会，由主管教学的校领导、工商管理学院领导和参与合作的企业领导组成，定期开展市场营销专业的产学研合作会议，就与企业联合办学及企业储备人才培养开展交流和研讨。通过各种合作方式，实现学校与金融企业的双向“交流”，互惠互利，合作共赢。

**3. 学校与企业联合招生，订单培养，定向就业**

在招生和就业方面，采取“校企”双方联合招生、订单培养和定向就业的深度合作模式。订单培养的学生组成金融企业冠名班，学生享受金融企业提供的奖学金，接受金融企业的准员工管理。学校将为冠名班学生营造金融企业文化氛围，提高学生职业素养。目前，已与宁波银行上海分行、花旗银行上海分行、兴业银行上海分行达成初步协议。

## 四、实验教学建设情况

**1. 注重理论联系实际的培养理念**

在本专业的人才培养中，我们以“专业课程对接就业岗位”为切入点，学校、金融行业和有关社会组织等多方参与，共同构建“培养职业素质、强化专业技能、就业岗位明确”的模块化课程体系。在职业岗位能力课程中，选择学生要报名参加考试或者鉴定的职业岗位，开设相应课程，实现课程对接就业岗位。我们对现有的课程内容进行了调整，将理论课程向应用方向转化，由理论性内容向实务性内容倾斜，融入现代职业标准和从业职业资格要求，课程设置将学历教育与职业教育有机结合，学生的实践课程、实验课程和毕业设计融入以金融企业的服务和经营实际问题为导向，实现课程内容与职业标准相对接。

我们采用以能力培养为主的教学方法。以理论教学为基础，应用型教学为主导。弱化讲授教学法，广泛采用案例教学法、项目教学法、角色扮演教学法、情境教学法、合作式教学法、教练式教学法和实战教学法等多种能有效提升学生实践能力的教学方法。改革学生考核方式，对部分实务课程引进行业专家评价方式，实行职业资格考试与课程考试对接的考核方式。显然，这些职业资格证书所衡量的相关知识和能力要求是金融营销人才培养课程体系的基本组成部分，又与本专业培养方向和特色具有良好的匹配性。

**2. 构建多层次实践实验教学体系**

实践教学是检验学生对专业知识的掌握程度，并使之在实践中学到书本中所没有的知识，使其具有毕业后直接进入金融机构从事金融营销活动的能力。实践教学分为课程的教学实践和专门的实践教学。每门专业课程都安排了一定时数的实验和实践活动。专门的实践教学内容包括市场营销专业实验、管理综合实验、专业实习、毕业实习和毕业论文（设计）。市场营销专业实验和管理综合实验选用相关的软件在实验室完成教学。专业实习和毕业实习则选择在实习单位进行，由实习单位和专业教师共同担任指导教师指导学生完成实习任务。实践教学考核方式按照课程要求进行，该部分成绩记入总成绩，实践教学部分无成绩或未通过者不得取得该课程学分。按照专业培养目标，借助精品课程的教学网络平台，逐步实现对课程教学资源进行整合、梳理，完善课程教学大纲。分阶段建立书面教材、电子课程、课堂案例、系列参考书等教材体系。提供网上反馈式互动学习，实现网上答疑、网上练习与测评等教学服务，实现教学资源网络共享，从而丰富学生的学习方式，实现教师与学生多层次教学互动。

**3. 建设开发专业金融营销实验中心**

试点专业贯彻金融人才培养理念，以学生创新精神的培养和实践能力的提高为主线，以信息技术为手段，引进银行和企业正在使用的业务软件，模拟仿真业务环境，构建稳定、高效的实验教学软硬件平台，开发了金融营销实验实训中心系列软件。

（1）开发金融营销职业素质测评软件。

金融营销职业素质测评软件旨在让学生在金融服务企业的特定环境下，测试自己对金融企业的服务特征以及金融服务市场供求关系的理解；对金融营销概念的理解。该软件的目的在于训练学生专业性的职业素质，通过该软件的练习，学生可以把课堂教学中所学到的金融营销理论予以实践，并有机会学习如何通过营销获得企业竞争力和盈利能力有机整合和融会贯通。

（2）开发金融营销岗位模拟实训软件。

该软件让学生置身于金融服务企业中，练习营销的各种方法，适应金融服务的动态性。体验金融服务的特性：无形性、不可分割性、不可储存性、需求波动性、所有权不可转让性、产品形式的同样行、品质的差异性以及利益与风险相平衡性等。通过对金融服务市场的特征体现，让学生在实践中体会发生金融服务时顾客消费的行为特征和金融企业服务的特征。

（3）开发金融营销战略规划实训软件。

该软件让学生体验全面性的战略运营和实施理念，避免战略的片面性，让学生在练习的过程中体会到市场规律和企业社会责任感。该软件注重战略的多样性、系统思维和整体布局等方面，培养具有健康的自觉性意识的金融营销人才。

将以金融业运营的案例为基础，让学生形成不同的战略方案，同时需要顾及各个不同区域的策略。

（4）开发金融营销客户关系管理软件。

该软件让学生体验到如何设计顾客需要的产品、如何为客户服务，以及讲究效率的管理。其核心是培养参与者理解并掌握金融营销的整体概念，为客户创造价值、沟通价值和传递价值的过程。软件将以营销管理为基础，案例将使用金融行业的产品为主。学生在过程中需要掌握金融行业快速发展变化的特点，针对不同的客户群体的特点和喜好，选择不同的金融产品，对其进行价格制定、营销费用制定和金融产品销售渠道分布等营销整合整体方案的提供。

（5）开发金融营销分析决策模拟软件。

让学生在决策过程中体验如何以买方的思维和营销理念去营销和经营金融服务企业。同时体验到如何在金融服务企业中，以营销理念来统领金融服务企业的运营。该软件同时让学生体验随着政府参与和法规实施过程中，竞争格局的改变，技术创新和消费者行为对金融服务的影响。

（6）开发金融营销创业模拟实训软件。

该软件主要让学生通过对金融市场发展变化的了解，对影响金融营销决策的因素有所理解，增强对金融行业的商业现实感。让学生在课程中学会判断决策依据，从大量数据中如何选择对自己决策有用的信息。该软件将立足于金融产品的市场定位和客户选择，以某一特色业务为基点，横向构建一个“全能”的业务体系，差异化的服务将为金融企业增添核心竞争力。学生需要适应金融市场的变化和节奏，以客户需求为导向的意识将在很大程度上影响金融业的发展趋势。